2023年国家自然科学基金项目（项目批准号：62266054）
云南师范大学教育学一流学科建设成果

Research on Blended Learning Design
for College Students
Oriented by Higher-Order Thinking

高阶思维导向的大学生混合学习设计研究

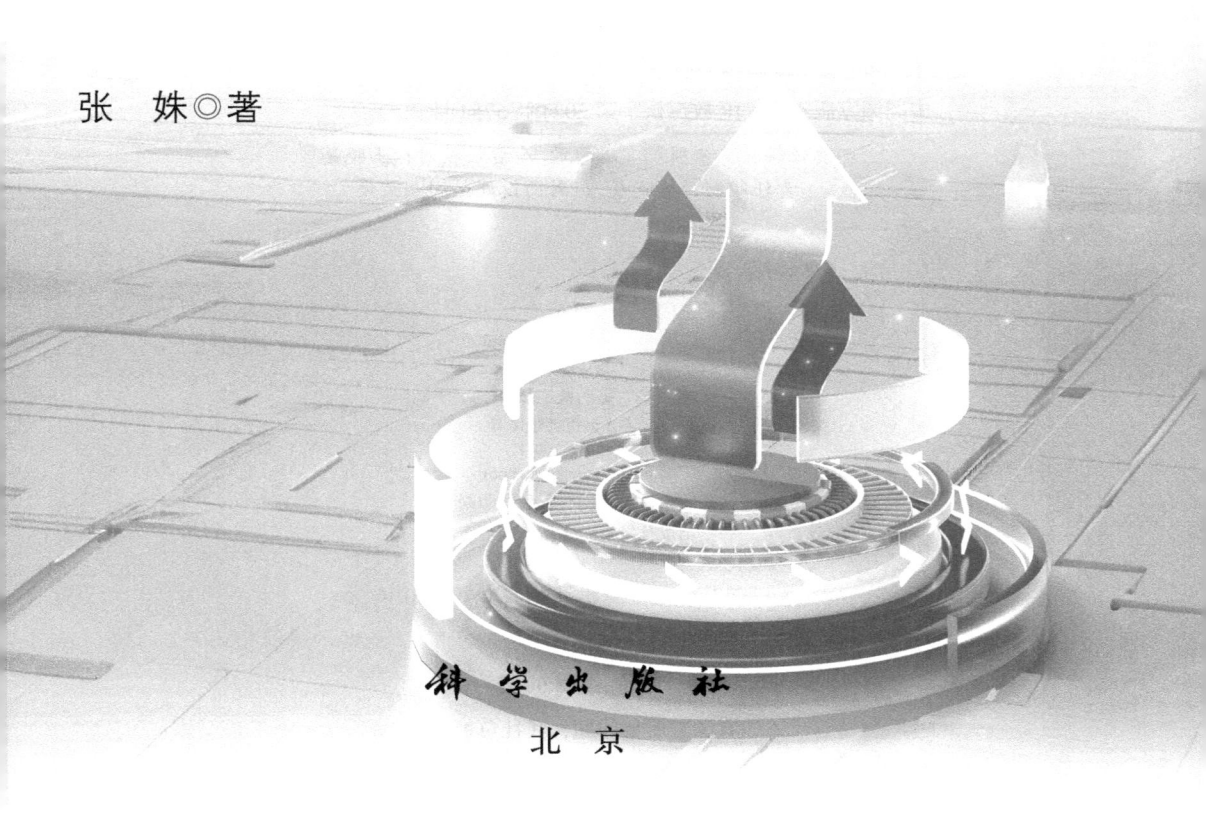

张 姝◎著

科学出版社
北　京

内 容 简 介

针对目前大学生混合学习存在的信息化与教育教学"两张皮"、课堂教学低效、学生学习"浅层化"、混合学习缺乏系统性设计以及大学生高阶思维发展成效不够明显等突出问题，本书融合了全视角学习理论和教学设计理论研究成果，采用理论思辨与调查分析相结合的研究范式，以发展学生高阶思维为导向，开展大学生混合学习设计的理论与实践研究，主要包括既相对独立又相互联系，并且逐渐深入的四个部分——理论研究、现状调查、学习设计和应用检验。

本书适合教育信息化、高等教育学领域的研究者、高校教师，以及师范类学生，尤其是教育学专业本科生、研究生等阅读。

图书在版编目（CIP）数据

高阶思维导向的大学生混合学习设计研究 / 张姝著. -- 北京：科学出版社, 2024.9. -- ISBN 978-7-03-079453-6

Ⅰ. G642

中国国家版本馆 CIP 数据核字第 2024EY5754 号

责任编辑：朱丽娜　冯雅萌　/　责任校对：王晓茜
责任印制：徐晓晨　/　封面设计：润一文化

科学出版社 出版
北京东黄城根北街 16 号
邮政编码：100717
http://www.sciencep.com

北京建宏印刷有限公司印刷
科学出版社发行　各地新华书店经销

*

2024 年 9 月第 一 版　　开本：720×1000　1/16
2024 年 9 月第一次印刷　　印张：17 1/4
字数：302 000
定价：108.00 元
（如有印装质量问题，我社负责调换）

前　　言

随着信息技术的飞速发展和互联网时代的到来，将在线学习与面对面课堂学习有机结合的混合学习（blended learning，BL）成为高校教育教学的"新常态"。为适应信息技术时代对高等教育教学变革的新要求，提升高等教育人才培养质量，彰显高等教育促进人发展的本体功能，越来越多的高等教育实践者采用混合学习方式进行教学。然而，基于诸多因素，大学混合学习实践并没有达到人们预期的效果，仍然存在信息化与教育教学"两张皮"、课堂教学低效、学生学习"浅层化"、混合学习缺乏系统性设计以及大学生高阶思维发展成效不够明显等突出问题。因此，亟须优化混合学习设计，提高大学生混合学习效果，发展大学生高阶思维，满足新时代高层次专门人才培养的现实诉求。

目前，针对混合学习的研究，学者大多是以教师或教学设计者的视角进行教学设计的。随着"以学生为中心"的教育范式变革逐渐受到关注，"教学设计"也逐渐向"学习设计"转变，"为学习而设计教学"的理念凸显。现有对混合学习设计的研究主要集中于两个方向：一是基于传统教学设计理论和方法，研究如何在数字化环境中创新学习活动设计；二是基于学习科学理论和方法，研究教师如何由学科专家、知识传递者向学习设计者和促进者转变。为此，本书融合了学习科学理论和教学设计理论研究成果，采用理论思辨与调查分析相结合的研究范式，以发展学生高阶思维为导向，开展大学生混合学习设计的理论与实践研究，这既对丰富高等教育学习理论和学生混合学习理论具有重要的学术价值，也对指导大学教育教学实践工作具有长远的现实意义。首先，本书运用文献研究法，分析了国内外相关研究现状，厘清了高阶思维、混合学习、混合学习设计和大学生混合学习设计的内涵与特征，并分析了全视角学习理论和教学设计理论在大学生混合学习设计中的运用，为开展实证研究提供了理论支撑。其次，本书运用调查研究法和统计分析法，基于全视角学习理论，编制大学生混合学习量表，对国内19 所高校开展问卷调查，发现目前大学生混合学习存在缺乏明确的学习目标指引、批判性和创造性思维薄弱、线上线下学习衔接不到位等主要问题。究其原因，主要在于教师对大学生学习动机缺乏关注、应试教育存在一定的不足、缺乏对混合学习的精心设计、技术支持不到位、评价体系不完善等。再次，本书运用统计分析法，进一步探索大学生混合学习中影响学生高阶思维发展的内容、技术、互动和动机因素，发现在大学生混合学习中，技术、互动、动机三个因素对高阶思维有显著正向影响，明确了高阶思维导向的大学生混合学习设计思路，并在此基础上，以全视角学习理论和教学设计理论为理论支撑，以学习发生的机制、大学生认知发展特点和混合学习设计原则为依据，从宏观层面构建了由前端分析、学习目标制定、学习活动设计、活动支持设计和学习评价设计五个要素构成的高阶思维导向的大学生混合学习设计模式，并将其映射到大学课堂教学中进行具体的课程设计。最后，本书运用准实验研究法，对高阶思维导向的大学生混合学习设计应用效果进行检验，结果发现：相较于传统课堂教学，高阶思维导向的大学生混合学习设计在提高大学生课程学习成绩、发展大学生高阶思维能力、提升大学生学习满意度、变革课堂教学结构等方面均更具优势。

除附录外，本书分为绪论、正文、结语三个部分。

第一部分，绪论，主要论述了研究背景与意义、理论基础、研究思路与方法和本书框架。

第二部分，正文，包括第一章至第六章。

第一章是混合学习与高阶思维的研究现状。该章旨在厘清混合学习和高阶思维的定义、内涵及特征，并深入分析国内外相关研究现状，发现目前研究的不足。

第二章是大学生混合学习现状调查分析。该章基于全视角学习理论，编制大学生混合学习量表，使用该量表对国内 19 所高校开展问卷调查，分析目前大学生混合学习存在的主要问题及其产生的原因，以使大学生混合学习设计更具针对性和靶向性，更能体现"以学生为中心"的设计理念。

第三章是大学生混合学习中高阶思维发展的影响因素探索。该章根据大学生混合学习量表设计的维度，构建影响因素假设模型，采用结构方程模型对假设模型进行验证，厘清各影响因素之间的关系，探索大学生混合学习中影响学生高阶思维发展的因素。

第四章是大学生混合学习设计的宏观模式构建。该章基于全视角学习理论和教学设计理论，以学习发生的机制、大学生认知发展特点和混合学习设计原则为依据，从宏观层面构建高阶思维导向的大学生混合学习设计模式，并对各个要素进行解析，探讨各要素的一致性。

第五章是大学生混合学习设计的微观课程建设。该章从微观层面，以"Python程序语言设计"课程为例，从教学策略、教学方法等方面对高阶思维导向的大学生混合学习进行具体的课程设计，并利用新兴信息技术设计开发学习支持平台，有效助推混合学习优势的充分发挥。

第六章是大学生混合学习与传统课堂教学的比较研究。该章通过一个学期的教学实施，将高阶思维导向的大学生混合学习与传统课堂教学进行比较，验证大学生混合学习设计的可行性和有效性。

第三部分，结语，包括研究结论、创新之处和未来研究的展望。

本书提出了大学生混合学习设计方案，解决了设计、实施和评价三个关键问题，能够有效改善大学生学习"浅层化"现状，提高大学生混合学习效果，促进大学生的高阶思维发展。具体体现在三个方面：第一，大学生混合学习设计应综合考虑学习目标、学习活动、学习资源、技术支持、学习评价等关键要素。其中学习活动设计是大学生混合学习设计的核心，是学生高阶思维发展的过程载体。本书设计了激发学习动机、掌握学习内容、促进课堂互动"三维一体"的学习活动，为完善和优化大学生混合学习设计提供了参考借鉴。第二，技术支持是大学生混合学习得以实施的有力保障。本书设计开发了基于知识图谱的智能推荐学习平台，作为学习资源承载工具、交流互动工具、学习数据记录工具，以及学习测评和反馈工具，为学生的个性化和差异化学习提供了有效支撑。第三，学习评价应侧重于学生的高阶思维发展和情感体验。本书采用大学生线上和线下学习过程表现与知识掌握、高阶思维发展、情感体验并进的多元评价方案，证明了高阶思维导向的大学生混合学习设计有助于提升学生的学习质量和形成以学生为中心的课堂教学结构，为科学测评大学生混合学习效果提供了参考依据。

本书得到了国家自然科学基金地区科学基金项目"基于学科知识图谱的在线教育资源动态生成与推荐关键技术研究"的基金资助，我的恩师伊继东教授给予了我极大的鼓励、关心和帮助，从本书的选题、撰写、修改直至完成都是在他的悉心指导下进行的，在此深表感恩。科学出版社朱丽娜等编辑给予了诸多支持和帮助，她们为本书的出版付出了辛勤的劳动，在此表达深深的谢意！

大学生混合学习的研究是一项颇具挑战性的工作。作为一种典型的信息化学习方式，混合学习涉及技术参与度高、时间空间场域多、学习活动设计复杂、教师信息化素养要求高等问题，使得研究工作充满艰辛和挑战。拘囿于本人对教育学理论知识涉及的深度和广度，本书在内容上仍然可能存在不足，方法上可能有所偏颇，殷切期望能够得到读者的批评和指正。

张　姝

目 录

前言

绪论 ·· 1

第一章　混合学习与高阶思维的研究现状 ························· 21
　第一节　混合学习的研究现状 ··· 22
　第二节　高阶思维的研究现状 ··· 43
　本章小结 ·· 64

第二章　大学生混合学习现状调查分析 ····························· 67
　第一节　调查高校与样本量的确定 ·································· 68
　第二节　调查问卷的编制与实施 ····································· 70
　第三节　调查结果分析 ··· 81
　第四节　大学生混合学习存在的主要问题及成因分析 ······ 93
　本章小结 ·· 97

第三章　大学生混合学习中高阶思维发展的影响因素探索 ··· 99
　第一节　影响因素假设模型 ··· 100
　第二节　影响因素假设模型检验 ··································· 103
　第三节　检验结果分析 ··· 108
　本章小结 ··· 112

第四章　大学生混合学习设计的宏观模式构建……………………113
　第一节　大学生混合学习设计的意涵……………………………114
　第二节　大学生混合学习设计的生成机制解析…………………123
　第三节　大学生混合学习设计的模式借鉴………………………129
　第四节　大学生混合学习设计模式构建…………………………137
　本章小结……………………………………………………………161

第五章　大学生混合学习设计的微观课程建设……………………163
　第一节　前端分析…………………………………………………164
　第二节　学习目标制定……………………………………………171
　第三节　学习活动设计……………………………………………175
　第四节　活动支持设计……………………………………………186
　第五节　学习评价设计……………………………………………208
　本章小结……………………………………………………………212

第六章　大学生混合学习与传统课堂教学的比较研究……………213
　第一节　比较研究的实验设计……………………………………214
　第二节　比较研究的实验实施过程………………………………215
　第三节　比较研究的实验数据分析………………………………225
　第四节　比较研究的实验结论……………………………………244
　第五节　比较研究的实验反思……………………………………246
　本章小结……………………………………………………………248

结语………………………………………………………………………249

附录………………………………………………………………………257

绪　　论

在信息技术高速发展的当今社会，学校正处在传统学习与信息技术学习混合并存的时代，学校的教育观念、育人目标、教学模式、教学方法、学习模式、学习环境等都发生了巨大的变化。2012年，教育部印发的《教育信息化十年发展规划（2011—2020年）》指出，要推动信息技术与高等教育的深度融合，创新人才培养模式。2019年，中共中央办公厅、国务院办公厅发布的《加快推进教育现代化实施方案（2018—2022年）》指出，支持学校充分利用信息技术开展人才培养模式和教学方法改革，逐步实现信息化教与学应用师生全覆盖。因此，信息技术与高等教育深度融合，变革高校的教学模式、教学方法、学习模式、学习环境等，已成为适应信息社会发展的必然需求。与此同时，随着云计算、大数据、物联网、人工智能等新一代信息技术的发展与应用，大量重复性高、烦琐枯燥的低阶工作将逐渐被这些新兴技术所取代，高阶思维成为当代社会人才需求的重要导向，也是高等教育改革中必不可少的课题。在新的时代背景下，如何利用新一代信息技术优化教学设计、教学资源、教学环境，发展学习者的高阶思维，有待深入研究。

一、研究背景与意义

（一）研究背景

1. 高阶思维是高等教育创新型人才培养的时代诉求

信息技术的发展使人们的思考模式和学习模式发生了巨大的变化，使人们向着学习型社会迈进。在这一时代背景下，人们需要具备更高的素质和思维能力。高阶思维是学习者适应新时代所必需的素质，是当代社会对人才培养的时代诉求。如何培养学习者的高阶思维，是当代社会研究的热点问题。高校作为社会人才的主要输出单位，培养创新型高层次专门人才是其第一要务，也是高等教育改革中亟待解决的重大课题之一。

高阶思维是美国针对教育质量改革而提出来的。20世纪以来，美国一直在持续进行着教育改革，但是其教育质量仍在不断下滑。1983年，美国全国优质教育委员会发布的《国家在危急之中：教育改革势在必行》（A Nation at Risk：The Imperative For Educational Reform）报告指出，高阶思维能力低下是美国教育的致命伤[1]。1994年，美国政府在《2000年目标：美国教育法》（Goals 2000：Educate America Act）中，将批判性思维、有效沟通、问题解决等高阶思维能力列为教育培养目标[2]。奥巴马于2015年在《每一个学生成功法案》（The Every Students Succeeds Act）上签字，呼吁"高阶思维要面向每一个人"，呼吁学校将教育的重点放在培养批判思考能力和问题解决能力上，而非机械的教育[3]。2015年，联合国教科文组织发布《反思教育：向"全球共同利益"的理念转变》（Rethinking Education：Towards a Global Common Good），提出要变革仅注重传授知识、技能的教学模式，强调要注重培养学生的高阶思维能力[4]。

在我国，1999年，中共中央、国务院发布的《关于深化教育改革全面推进素

---

[1] 盛群力. 旨在培养解决问题的高层次能力——马扎诺认知目标分类学详解[J]. 开放教育研究，2008(2): 10-21.
[2] 季明峰. 高阶思维的概念辨识[J]. 上海教育科研，2022(11): 29-36.
[3] 转引自邓莉. 美国21世纪技能教育改革研究[D]. 上海：华东师范大学，2018: 5.
[4] 联合国教科文组织. 反思教育：向"全球共同利益"的理念转变[M]. 联合国教科文组织总部中文译. 北京：教育科学出版社，2017: 26-29.

质教育的决定》提出，实施素质教育，就是全面贯彻党的教育方针，以提高国民素质为根本宗旨，以培养学生的创新精神和实践能力为重点。2016年，《中国学生发展核心素养》提出，中国学生发展的六大核心素养包括人文底蕴、科学精神、学会学习、健康生活、责任担当、实践创新等方面[①]。2017年，中共中央办公厅、国务院办公厅印发的《关于深化教育体制机制改革的意见》提出，培养认知能力，引导学生具备独立思考、逻辑推理、信息加工、学会学习、语言表达和文字写作的素养；培养合作能力，引导学生学会自我管理、与他人合作、过集体生活、处理好个人与社会的关系，遵守、履行道德准则和行为规范；培养创新能力，激发学生好奇心、想象力和创新思维，养成创新人格，鼓励学生勇于探索、大胆尝试、创新创造；引导学生践行知行合一，积极动手实践和解决问题。2019年，中共中央、国务院印发《中国教育现代化2035》，要求强化合作能力、创新能力的培养。

由此可见，不管是国外还是国内，均将高阶思维列为21世纪人才培养的现实诉求。

2. 混合学习为发展大学生高阶思维提供了可行路径

传统课堂教学中，教师大多将自己精细加工的知识"灌输"给学生，学生变成了教师"灌输"知识的"存储器"[②]。这种教学模式虽然可以提高死记硬背式任务的考试成绩，但学生缺乏对学习内容的多角度思考和深度理解，往往处于被动学习的状态。传统课堂教学模式下，学习资源往往由教师安排，教师往往缺少对学生的需求分析，相对忽视学生的差异性，导致学生兴趣索然，参与度和满意度较低，不利于其主动性的发挥和创新思维的培养。

作为目前在高等教育领域被广泛应用的一种学习方式，混合学习将传统课堂教学与在线学习的优点相结合，强调了教师对教学过程的指导、启发和监控，同时也关注学生作为学习主体的主动性、积极性和创造性。2009年，美国教育部通过对1996—2008年高校的调查资料进行元分析，得出了如下结论：相对于单纯的面对面教学和单纯的在线教学，混合学习是更有效的学习方式[③]。美国的调查资料

---

① 核心素养研究课题组. 中国学生发展核心素养[J]. 中国教育学刊, 2016(10): 1-3.
② 保罗·弗莱雷. 被压迫者教育学[M]. 修订版. 顾建新, 赵友华, 何曙荣译. 上海: 华东师范大学出版社, 2014: 8-9.
③ 詹泽慧, 李晓华. 混合学习: 定义、策略、现状与发展趋势——与美国印第安纳大学柯蒂斯·邦克教授的对话[J]. 中国电化教育, 2009(12): 1-5.

显示，美国四年制或三年制的大学中有两年都是采用混合学习方式，而美国大多数的培训机构、大学教育机构，以及 K-12 学校都采用了混合学习方式[①]。2015 年，我国教育部发布的《关于加强高等学校在线开放课程建设应用与管理的意见》提出，通过在线学习、在线学习与课堂教学相结合等多种方式应用在线开放课程，不断创新校内、校际课程共享与应用模式。2019 年，教育部发布的《关于一流本科课程建设的实施意见》指出，从 2019 年到 2021 年，完成 6000 门左右国家级线上线下混合式一流课程。受新冠疫情影响，2020 年，教育部发起了"停课不停学"的倡议。同步/异步在线学习与线下学习相结合的混合学习成为疫情期间"停课不停学"的新常态[②]。

新兴信息技术的支持使得大学生混合学习成为常态化。课堂教学的重心逐渐从教师讲授陈述性知识和程序性知识转向学生探索发现复杂情境中的策略性知识。在此背景下，教师和学生在课堂中教与学的行为都将被赋予新的内涵。冯晓英等指出，混合学习并不是基于信息技术对传统课堂教学的简单搬家或课外延伸，也不是简单地以信息技术部分"替代"或"补充"课堂面授教学，混合学习正在形成新的教学法或教法学[③]。混合学习改变了传统的灌输式教育方式，让学生在线上构建基础知识结构，并在线下内化知识，有助于提高学生的学习能力和解决问题的能力，为发展大学生高阶思维提供了可行路径。

3. 大学生混合学习的优势发挥及应用效果亟待提高

作为目前被普遍应用的一种学习方式，混合学习在教育领域尤其是在高等教育领域被广泛应用。不论是研究者、教学实践者，还是政府和教育机构，已对其基本达成了以下共识：混合学习将成为未来教育的"新常态"[④]。为适应信息技术时代对高等教育教学变革的新要求，提升高等教育人才培养质量，彰显高等教育促进人发展的本体功能，越来越多的高等教育实践者采用混合学习方式进行教学。

然而，事实似乎并不如此。正如"乔布斯之问"——为什么信息技术改变了

[①] Spanjers, I. A. E., Köenings, K. D., Leppink, J., et al. The promised land of blended learning: Quizzes as a moderator[J]. Educational Research Review, 2015, 15: 59-74.

[②] 宋灵青, 许林. 疫情时期学生居家学习方式、学习内容与学习模式构建[J]. 电化教育研究, 2020(5): 18-26.

[③] 冯晓英, 孙雨薇, 曹洁婷. "互联网+"时代的混合式学习：学习理论与教法学基础[J]. 中国远程教育, 2019(2): 7-16.

[④] 冯晓英, 王瑞雪, 吴怡君. 国内外混合式教学研究现状述评——基于混合式教学的分析框架[J]. 远程教育杂志, 2018(3): 13-24.

几乎所有领域,却唯独对教育的影响小得令人吃惊?混合学习应用并没有达到人们预期的效果。2016 年,教育部颁布的《教育信息化"十三五"规划》指出,信息化与教育教学"两张皮"现象仍然存在。信息技术与课堂教学整合层次较为肤浅,课堂教学如何利用信息技术推动教与学的变革、促进学生能力发展尚缺乏有效举措。目前,混合学习中面对面教学与在线学习的衔接不到位,缺乏系统性设计,没有充分发挥混合学习的优势,产生了课堂教学低效、学生学习"浅层化"和大学生高阶思维发展成效不够明显等突出问题。多召军等认为,混合学习应用中缺少行之有效的将在线学习与面对面学习深度融合,以及合理分配在线学习和面对面学习比例的策略与方法,导致混合学习在实际应用无法全面开展[①]。敖谦等认为,混合学习只是将"粉笔+黑板"的教学方式变成了"电脑+投影"的方式,其本质上是将"口头传授"变成了"多媒体传授",教师灌输的教学方式并没有发生实质上的改变,学生的思维能力没有得到提升,这与高校创新性人才培养需求背道而驰[②]。彭飞霞和阳雯认为,在实践中,因为理论知识和教师能力不足、制度环境不适应、对数据采集和发掘的方法还不够深入等问题,一些教育改革面临着"虚有其表"的境况[③]。周荣和彭敏军指出,学生在线上学习中的参与积极性不高,而线下学习中的学习内容多且时间紧,导致无法实现学习目标[④]。景玉惠和沈书生通过对 40 名教师的访谈发现,混合学习存在线上线下学习内容关联不紧密或相互割裂、线上线下学习任务缺乏关联或关联不紧密、学习结构松散等问题[⑤]。李利和高燕红认为,混合学习"浅层化"主要体现在对这种教学方式认识上的误区:大部分教师把线上学习看作面对面教学的辅助,线上学习的设计主要以提供预备性、补充性、拓展性的学习材料为主体,以视频、课件或相应的资源为载体,从而供学生自主学习,而单纯依靠视频、课件或资源浏览等方式极易使学生产生"浅层化"的学习效果。此外,在设计混合学习时,教师很少考虑学生的线上学习情

---

① 多召军, 赵蔚, 李玉斌等. 问题解决学习视角下基于网络学习空间的混合式学习设计[J]. 电化教育研究, 2018(2): 32-38.
② 敖谦, 刘华, 贾善德. 混合学习下"案例-任务"驱动教学模式研究[J]. 现代教育技术, 2013, 23(3): 122-126.
③ 彭飞霞, 阳雯. 混合学习如何加深学习深度——兼及教育大数据如何支持学习分析[J]. 现代远距离教育, 2017(2): 31-39.
④ 周荣, 彭敏军. 混合式学习中促进深度学习的助学群组构建与应用研究[J]. 教育现代化, 2017(33): 202-205.
⑤ 景玉慧, 沈书生. 走出混合学习误区: 误区剖析与破解之策——以"音视频加工与制作"课程为例[J]. 现代教育技术, 2019, 29(7): 66-72.

况，没有根据学生的线上学习效果来调整自己的授课内容和教学设计[①]。

综上所述，尽管混合学习为发展大学生高阶思维提供了可行路径，但缺乏系统性的设计是混合学习应用效果不佳的主要原因。作为一种典型的信息化学习方式，混合学习由于涉及技术参与度高、时间空间场域多、学习活动设计复杂、教师信息化素养要求高等问题，很难发挥真正优势。因此，亟须优化混合学习设计，提高大学生混合学习效果，发展大学生高阶思维，满足新时代高层次专门人才培养的现实诉求。如何设计大学生混合学习才能发展大学生的高阶思维，这是本书的核心研究问题。本书将通过分析借鉴国内外相关研究方法和经验，在调查分析国内大学生混合学习现状的基础上，探索大学生混合学习设计的理论与实践，逐步完善混合学习的理论体系。

（二）研究意义

目前针对大学生混合学习设计的研究，大多是"以教师为中心"探索教学设计、教学模式、教学策略和方法等，而"以学生为中心"探索学习设计的研究较少。随着创新型人才、智慧型人才培养要求的提出，高等教育开始更加关注对学习者的研究，罗伯特·加涅（Robert Gagnè）的"为学习而设计教学"的理念凸显。"以学生为中心"的教育理念不仅具有坚实的心理学、哲学、教育学依据，还符合教育的内部规律[②]。因此，"以学生为中心"探讨大学生混合学习设计，具有一定的理论和实践意义。

1. 理论意义

混合学习不同于以往传统的学习方式，它的优势并不是简单地将在线学习和面对面学习混合，而是要对多样化的学习方式、学习风格、学习资源、学习媒体、学习工具等进行系统化设计，逐步实现学生对知识的主动建构和高阶思维的发展。研究基于互联网和信息技术的混合学习，有助于推进技术支持的教育教学改革研究，以及教育信息化的发展与创新。本书的理论意义主要体现在如下方面。

1）本书在分析国内外相关研究现状的基础上，对混合学习、混合学习设计、

---

① 李利，高燕红. 促进深度学习的高校混合式教学设计研究[J]. 黑龙江高教研究，2021(5): 148-153.
② 李嘉曾. "以学生为中心"教育理念的理论意义与实践启示[J]. 中国大学教学，2008(4): 54-56.

大学生混合学习设计的内涵、特征等进行了系统梳理，可以进一步丰富高等教育学习理论和混合学习理论，为相关研究者提供理论参考。

2）技术支持下的大学生混合学习设计模式构建，以及混合学习设计原则的形成，有助于拓宽混合学习设计的研究视野，完善和优化混合学习设计理论，促进信息技术与教育教学的深度融合。

2. 实践意义

混合学习的根本目的不仅在于促进教师的"教"，更在于促进学生的"学"；其价值取向不仅在于知识传递，更在于对学生思维能力的培养。随着信息技术的飞速发展和互联网时代的到来，低阶思维很容易被日新月异的智能化信息技术取代，高阶思维是学习者发展的本质，这既是人类主观意识的集中表现，也是人们获得分布式认知学习和发展的重要因素[①]。发展学习者的高阶思维，是提高教育质量的关键所在。基于此，本书认为在明确的目标导向下，从学习者的视角对大学生混合学习进行系统性的设计与实施，能够改善大学生学习"浅层化"现状，提高大学生混合学习效果，促进大学生的高阶思维发展。本书的实践意义主要体现在如下方面。

1）提出了高阶思维导向的大学生混合学习设计方案，并将其应用于大学课堂教学实践。相关的实践经验可以为大学生混合学习实践、高校学习方式变革，以及教育行政部门相关政策的制定提供参考，推进大学生混合学习常态化。

2）利用知识图谱、学习者模型、深度学习、资源推荐等新兴信息技术设计并开发学习工具，为学习者创造出更直观、更智能的学习环境，有利于激发学生的学习动机，增强师生和学生间的互动，支撑学生的个性化和差异化学习，充分发挥高校利用新兴信息技术进行教育教学实践的引领和示范作用。

二、理论基础

（一）全视角学习理论

学习科学是在反思认知科学等学科关于学习的研究方法和观点的基础上新近

---

① 钟志贤. 教学设计的宗旨：促进学习者高阶能力发展[J]. 电化教育研究, 2004(11): 13-19.

兴起的一门科学[1]，涉及众多研究领域，如教育学、教育心理学、认知科学、脑科学、计算机科学、信息科学、人类学、社会学等[2]。学习科学主要研究如下问题：学习的本质是什么？人是如何学习的？怎样促进有意义学习、深度学习的发生？因此，学习科学对大学生混合学习设计起着指导性作用。本书选择丹麦国家学习实验室前主任克努兹·伊列雷斯（Knud Illeris）教授提出的学习科学理论——全视角学习理论，并将其作为大学生混合学习设计的理论指导，有助于我们更好地探索怎样促进学生的有效学习。

全视角学习理论强调突破传统学习理论的局限，以一种更宽广、更综合、更多样化的视角来全面解析学习。伊列雷斯将学习重新定义为"在有机体内，所有导致持续性功能变化的过程，且这些过程的产生不仅仅是因为生理上的发育或老化"，并围绕"两个过程"和"三个维度"构建了人类学习框架[3]。

1. 学习的两个过程

20世纪80年代，人们对学习的研究大多集中在获得的过程；90年代以来，关于学习的研究成果发现，学习还包括社会的、互动的过程。伊列雷斯指出，所有的学习都包括互动和获得两个过程，二者同等重要，且在大多数时候是相辅相成的[4]。互动过程是指个体与周围环境相互作用的过程，既有人际交往的属性，又有社会属性，它取决于个体所处的社会环境、物质特性，以及时间和空间等；获得过程是指个体在互动中受到刺激与作用而产生的心理获取的过程，具有一定的生理属性。

学习的两个过程如图0-1所示。伊列雷斯把学习的互动过程用一条双箭头的垂直线表示，这条垂直线的两端代表了个体和环境两个要素，他认为环境（外部世界）是学习的基础，因此将其置于底部，而个体是学习的特定"个案"，因此将其置于顶部，由此建立了两种水平，即环境水平和个体水平，它们是学习过程的一部分[5]。学习的获得过程用另一条双箭头的横线表示，获得过程仅在个体层面

---

[1] 赵健，郑太年，任友群等. 学习科学研究之发展综述[J]. 开放教育研究，2007, 13(2): 15-20.
[2] 焦建利，贾义敏. 学习科学研究领域及其新进展——"学习科学新进展"系列论文引论[J]. 开放教育研究，2011, 17(1): 33-41.
[3] 克努兹·伊列雷斯. 我们如何学习: 全视角学习理论[M]. 第2版. 孙玫璐译. 北京: 教育科学出版社，2014: 3-28.
[4] 克努兹·伊列雷斯. 我们如何学习: 全视角学习理论[M]. 第2版. 孙玫璐译. 北京: 教育科学出版社，2014: 23.
[5] 克努兹·伊列雷斯. 我们如何学习: 全视角学习理论[M]. 第2版. 孙玫璐译. 北京: 教育科学出版社，2014: 25.

产生，其两端代表了内容和动机两个要素。内容要素是所学之物，没有学习内容，学习就没有意义；动机要素是激活获得过程所必需的要素。在互动过程中，个体与环境两个要素总是在各自的形成过程中，以一种整合性的方式发生着互动；在获得过程中，内容与动机两个要素之间也总是进行着互动。

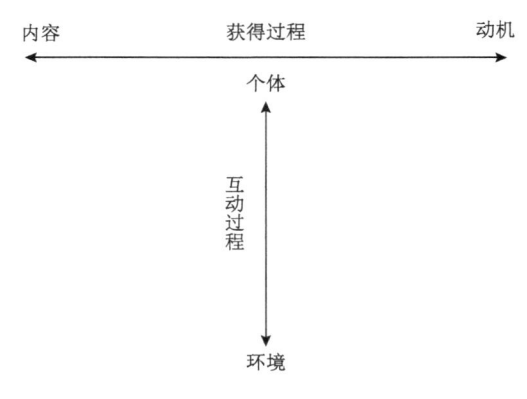

图 0-1 学习的两个过程

2. 学习的三个维度

伊列雷斯在学习的两个过程的基础上提出了学习的三个维度，即内容、动机和互动，如图 0-2 所示。内容和动机维度与个体的获得过程有关，互动维度与个体和环境间的互动过程有关。

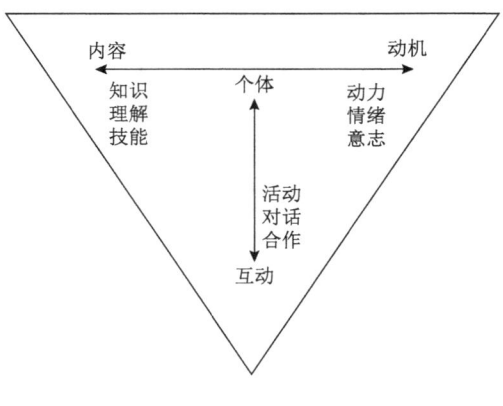

图 0-2 学习的三个维度

内容维度是指学习者应该学习的东西，包括知识、理解和技能，这一维度发展了学习者作为一个整体的功能性，也就是说，学习者在各种情境下适当地行使其职能的能力，具有"学会学习"的特性。在以往的学习理论中，学习内容被认为是一种知识或技能，在一定的情境下还包含态度。伊列雷斯认为，将学习内容局限在知识和技能方面是狭隘的，在现代社会中，必须在一些更广的范围内理解学习内容，建构"意义"和"能力"。

动机维度是指学习者在学习过程中所需要的心理能量，包括动力、情绪、意志等，可以帮助学习者保持身心的均衡状态，从而提高其对自己和周围环境的敏感性。以往的学习研究大多局限于内容维度，而动机的研究多集中于心理学研究中。伊列雷斯认为，动机维度和内容维度之间具有密切的关系，心理能量的性质和强弱直接影响了学习内容；同时，学生的学习动机也会受其所学知识的影响。因此，动机维度是学习中的一个重要和不可或缺的要素，但动机必须是适当的，既不能过少，难以对学习产生影响；也不能过多，让学习者产生逃避心理。

互动维度是指学习者与其所在的社会和物质情境的交互作用，具体体现在两个层次：一是人际交往层次；二是一般社会性的层次。互动维度包括活动、对话和合作，这一维度促进了学生在对应的社交环境和社区环境中的融合，促进了学生的社会化发展。伊列雷斯提出，一切学习都是情境化的，也就是在一定的社交环境中，通过与学生（个体）的互动而产生的。互动维度是学习过程中必不可少的一部分。

本书以全视角学习理论为理论基础，首先，基于动机、内容和互动三个维度编制了大学生混合学习量表，使用该量表对国内19所高校开展了问卷调查，通过问卷数据分析了目前大学生混合学习存在的主要问题及其成因，探索了大学生混合学习中影响学生高阶思维发展的因素，明确了高阶思维导向的大学生混合学习设计思路；其次，基于动机、内容和互动三个维度对大学生混合学习活动进行设计。学习活动是学习设计的重要内容，反映了学习目标的具体落实和学习过程的具体安排。基于全视角学习理论设计大学生混合学习活动，能更深入地探索怎样促进大学生的有效学习，提高大学生混合学习效果。

（二）教学设计理论

教学设计（instructional design，ID）也称教学系统设计（instructional system design，ISD），是20世纪60年代以来逐渐形成和发展起来的一门实践性很强的新兴学科[①]。它是以学习理论、教学理论等多学科理论为基础，运用系统论的观点和方法，通过剖析教学中的问题和需求，找到最优的解决方案，并对其进行实施、评价与修正的一种理论和方法。

1. 教学设计的定义

教学设计作为一门独立的学科尽管已经有了几十年的历史，但是在其定义上仍然存在不同的观点。加涅认为，教学是以促进学习的方式影响学习者的一系列事件，而教学设计是一个系统化规划教学系统的过程[②]。西尔斯（Seels）认为，教学设计是通过系统化分析学习的各项条件来解决教学问题的过程[③]。史密斯（Smith）等将教学设计界定为运用系统方法，将学习理论与教学理论的原理转换成对教学材料、教学活动、教学评价等具体计划的系统化过程[④]。我国学者乌美娜将教学设计定义为运用系统方法分析教学问题和确定教学目标，建立解决教学问题的策略方案、试行解决方案、评价试行结果和对方案进行修改的过程[⑤]。何克抗等将教学设计界定为运用系统方法，将学习理论与教学理论的原理转换成对教学目标、教学条件、教学方法、教学评价等环节进行具体计划的系统化过程[⑥]。

通过对这些定义的分析比较，可以认为教学设计是以教学效果最优化为目的，运用系统方法，将学习理论与教学理论的原理转换成对教学目标、教学活动、教学资源、教学策略、教学评价等环节进行具体计划的系统化过程。

2. 教学设计的层次

教学设计是对教学问题求解的过程，根据教学问题范围和大小的不同，教

[①] 何克抗, 林君芬, 张文兰. 教学系统设计[M]. 第2版. 北京: 高等教育出版社, 2016: 3-8.
[②] 加涅. 学习的条件和教学论[M]. 皮连生, 王映学, 郑葳等译. 上海: 华东师范大学出版社, 1999: 1-5.
[③] 转引自盛群力等. 教学设计[M]. 北京: 高等教育出版社, 2005: 3.
[④] 转引自何克抗, 林君芬, 张文兰. 教学系统设计[M]. 第2版. 北京: 高等教育出版社, 2016: 4.
[⑤] 乌美娜. 教学设计[M]. 北京: 高等教育出版社, 1994: 11.
[⑥] 何克抗, 林君芬, 张文兰. 教学系统设计[M]. 第2版. 北京: 高等教育出版社, 2016: 4.

学设计具有不同的层次,即教学设计的理论与方法可用于设计不同层次的教学系统。

教学设计一般可分为三个层次:一是以"产品"为中心的层次,该层次是教学设计发展的初级阶段,它将教学中所需的材料、媒体、资源、网络教学系统等作为产品来设计、开发、测试和评价;二是以"课堂"为中心的层次,该层次的设计范围主要是指课堂教学,根据教学大纲的要求,以某一班级的学生为对象,在一定的教学设备和教学资源条件下开展教学设计,选择和开发合适的教学资源与策略来实现教学目标;三是以"系统"为中心的层次,该层次主要是指较为大型的、综合的、复杂的教学系统,这一层级的教学设计通常包括教学目标的制定,以及实施方案的建立、试行、评价和修正等[①]。

教学设计还可以分为宏观和微观两个层次。规模较大的项目,如课程开发、课程方案制定等都属于宏观层次的教学设计;而一个单元、一堂课甚至一个媒体材料的设计等则属于微观层次的教学设计[②]。

3. 教学设计的过程模式

模式是对理论的一种简约形式的再现[③]。教学设计的过程模式也称教学设计模式,是在教学设计实践中逐渐形成的,运用系统方法进行教学设计的理论简约形式。教学设计模式指出应该以什么样的步骤和方法进行教学设计,是关于设计过程的理论。

尽管有一套可供教学设计者遵循的一般程序,但在具体的教学设计过程中,由于教学设计者依据的理论基础不同,面临的教学问题的层次不同,其所采取的教学设计方法和步骤就会存在差异,这种差异导致了许多教学设计模式的产生。以下是国内外几个有代表性的教学设计模式。

(1) 基于行为主义学习理论的教学设计模式

基于行为主义学习理论的教学设计模式的典型代表是肯普模式,这一模式是由肯普在1977年提出的,后来又经过了多次修改与完善,如图0-3所示[④]。

---

① 乌美娜. 教学设计[M]. 北京: 高等教育出版社, 1994: 22-23.
② 何克抗, 林君芬, 张文兰. 教学系统设计[M]. 第2版. 北京: 高等教育出版社, 2016: 15.
③ 李龙. 教学设计[M]. 北京: 高等教育出版社, 2010: 44.
④ 盛群力. 教学设计[M]. 北京: 高等教育出版社, 2005: 21.

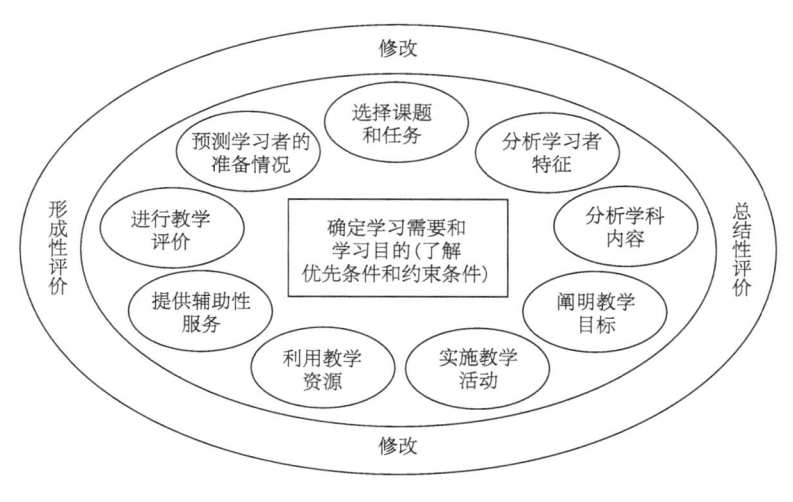

图 0-3　肯普模式

肯普模式的特点可以归纳为三个方面：一是在教学设计过程中应强调四个基本要素；二是任何教学设计都是为了解决三个主要问题；三是要合理安排十个教学环节。

1）四个基本要素是指教学目标、学习者特征、教学资源和教学评价。

2）三个主要问题是指学生应该学习到什么（阐明教学目标）；怎样才能实现预期的教学目标（实施教学活动）；检验与评估预期的教学效果（进行教学评价）。

3）十个教学环节是指确定学习需要和学习目的，为此应先了解教学条件（包括优先条件和约束条件）；选择课题和任务；分析学习者特征；分析学科内容；阐明教学目标；实施教学活动；利用教学资源；提供辅助性服务；进行教学评价；预测学习者的准备情况。

（2）基于认知主义学习理论的教学设计模式

基于认知主义学习理论的教学设计模式的典型代表是史密斯-雷根模式，这一模式是由史密斯和雷根在 1993 年提出的，如图 0-4 所示[1]。该模式具有一个明显的特性，即序列性，在每个模块中都会以一定的顺序列出某些更为具体的设计活动。

---

[1] 史密斯, 雷根. 教学设计[M]. 第 3 版. 庞维国, 屈程, 韩贵宁等译. 上海：华东师范大学出版社, 2008: 14.

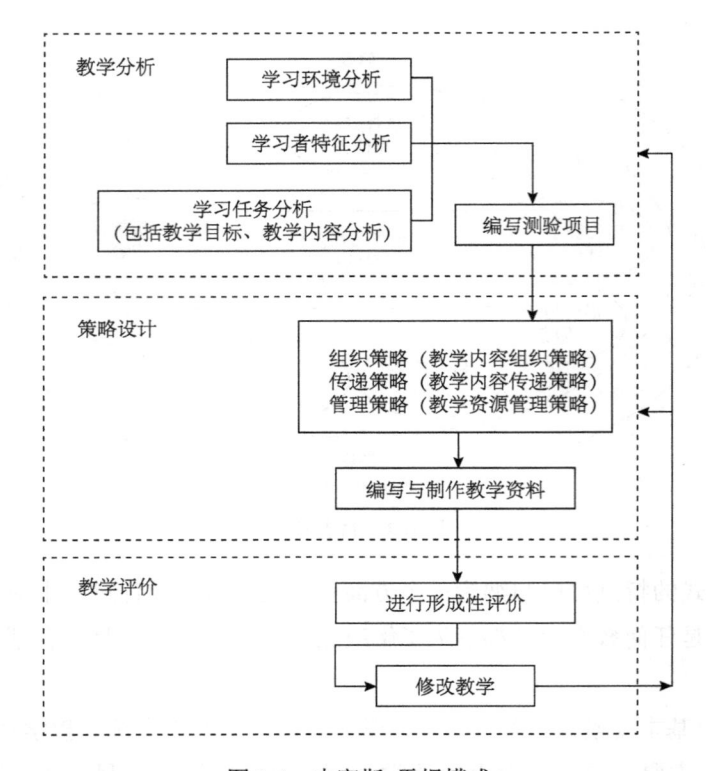

图 0-4　史密斯-雷根模式

史密斯-雷根模式包括三个模块：教学分析、策略设计和教学评价。

1）教学分析模块由学习环境分析、学习者特征分析、学习任务分析（包括教学目标、教学内容分析）和编写测验项目四个部分组成。

2）策略设计模块包含三类教学策略：组织策略（教学内容组织策略）、传递策略（教学内容传递策略）、管理策略（教学资源管理策略），根据这三类教学策略编写与制作教学资料。在这三类策略中，由于组织策略涉及认知主义学习理论的基本内容（制定教学策略时，需要充分考虑学习者原有的认知结构和认知特点，以促进学习者对新知识、新概念的理解），该模块将教学设计模式的理论由纯粹的行为主义联结学习理论发展为了行为主义与认知主义相结合的"联结-认知"学习理论。

3）教学评价模块由进行形成性评价和修改教学两个部分组成。修改教学是建立在评价结果的基础上的，因而将其置于形成性评价之后，更具科学性。

在基于行为主义学习理论的教学设计中，学习者特征分析仅考虑学习者的学习基础和知识水平；而在基于认知主义学习理论的教学设计中，还需要考虑学习者的认知特点与认知能力。此外，史密斯-雷根模式将设计重点放在了教学组织策略上，能够较充分地体现认知主义学习理论的特点。

（3）基于奥苏贝尔理论和建构主义学习理论的教学设计模式

基于奥苏贝尔理论和建构主义学习理论的教学设计模式是何克抗教授等在2016年提出的。他们认为奥苏贝尔的有意义学习理论、动机理论和先行组织者教学策略是"以教为主"教学设计模式的主要理论基础，建构主义的学习理论则是"以学为主"教学设计模式的主要理论基础。因此，他们将两种理论的优势互补，提出了"学教并重"的教学设计模式，如图 0-5 所示[①]。

何克抗等的"学教并重"教学设计模式具有以下特点。

1）"发现式"和"传递-接受"两种教学分支的选择。教师可以根据课程的具体教学内容，结合学生的认知结构特点，在两种教学分支中选择适合的教学方式。

2）采用"传递-接受"教学方式时，一般使用"先行组织者"教学策略，也可以使用其他"传递-接受"的教学策略作为补充，使其取得最优的教学效果。

3）采用"发现式"教学方式时，可以将"传递-接受"教学方式的优势应用于"发现式"教学，例如，可以将前端分析结果用于选择自主学习策略，促进学生对知识的迁移应用等。

4）要考虑情感态度对学生学习的影响。在"情境创设"（左分支）或"选择与设计教学媒体"环节（右分支）中，可以通过创设情境或呈现媒体来激发学生的学习兴趣；而在"学习效果评价"环节（左分支）或根据形成性评价结果所做的"修改教学"环节（右分支）中，可以采用讲评、归纳总结、表扬、鼓励等方式来促进学生内生动机的产生和发展。

4. 教学设计过程的基本要素

尽管基于不同的理论，教学设计过程不尽相同，但也可以从中归纳出教学设

---

① 何克抗, 林君芬, 张文兰. 教学系统设计[M]. 第 2 版. 北京: 高等教育出版社, 2016: 39-41.

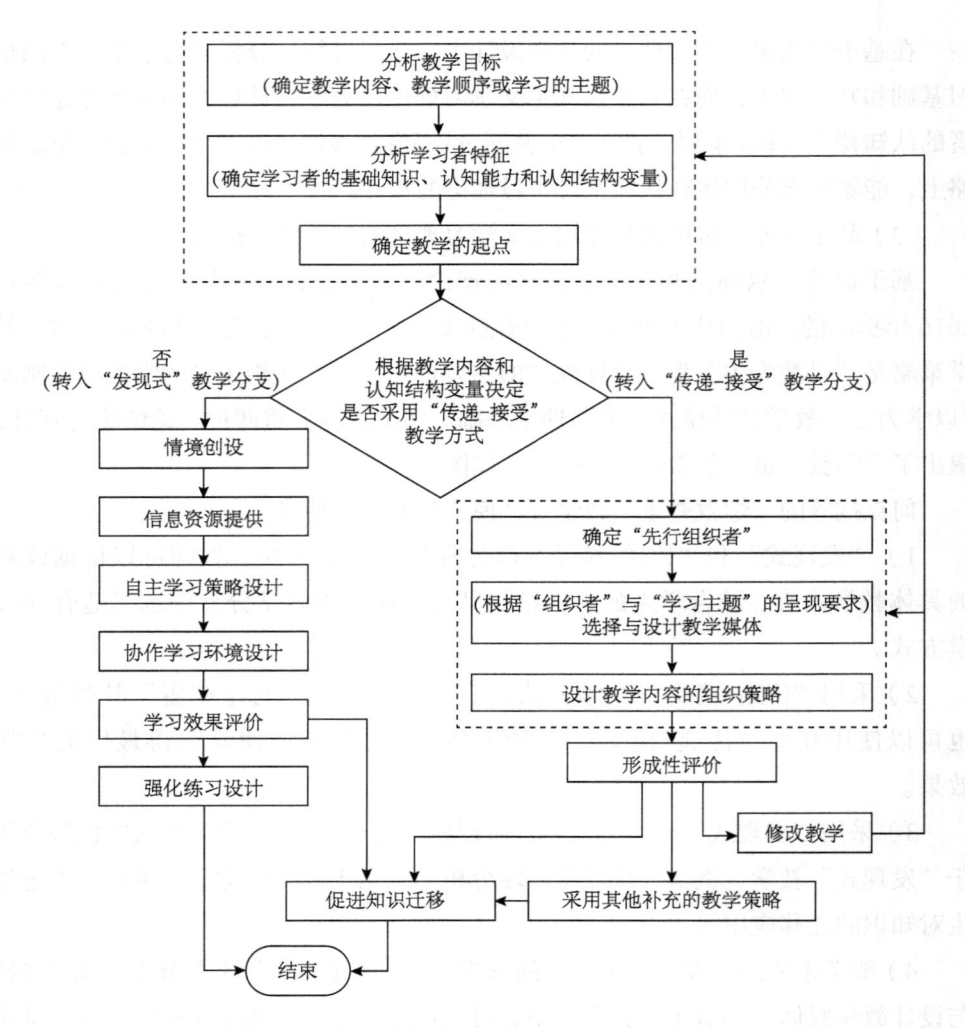

图 0-5　何克抗等的"学教并重"教学设计模式

计过程的基本要素，它们构成了教学设计过程的共同特征。这些基本要素是：学习者特征分析、教学目标分析、教学内容分析、教学策略设计、教学资源设计、教学评价设计。

本书以教学设计理论为分析框架，从混合学习设计的理论基础和过程模式两个层面，探究大学生混合学习设计。在理论基础方面，将全视角学习理论与教学设计理论相结合，在混合学习设计过程的要素设计上，充分考虑教学设计过程的基本要素；在混合学习活动设计上，以全视角学习理论为理论依据，能更深入地探究怎样促进大学生的有效学习。在过程模式方面，根据教学设计的层次，从宏观和微观两个层次构建高阶思维导向的大学生混合学习设计模式。

三、研究思路与方法

（一）研究思路

目前，针对混合学习的研究，学者大多是以教师或教学设计者的视角进行教学设计，而以学习者的视角研究学习设计的较少。现有对混合学习设计的研究主要集中于两个方向[①]：一是基于传统教学设计理论和方法，研究在数字化环境中创新学习活动设计；二是基于学习科学理论和方法，研究教师如何由学科专家、知识传递者向学习设计者和促进者转变。本书融合了教学设计理论和学习科学理论研究成果，采用理论思辨与调查分析相结合的研究范式，以发展学生高阶思维为导向，从学习者的视角探讨大学生混合学习设计的理论与实践。

本书假设高阶思维导向的大学生混合学习设计能够促进学生高阶思维的发展，整个研究过程都是围绕大学生混合学习设计的理论与实践研究展开的，研究包括既相对独立又相互联系，逐渐深入的四个部分：理论研究、现状调查、学习设计和应用检验，如图 0-6 所示。

1）理论研究。大学生混合学习设计依据的理论基础不同，其设计的方法和要素也会存在差异。本书选取了全视角学习理论和教学设计理论作为理论依据，研究大学生混合学习设计，因而需要深入分析这两个理论，并探索两个理论在大学生混合学习设计中的运用。同时，本书运用文献研究法，在系统梳理国内外相关文献的基础上，对混合学习和高阶思维的研究展开综述，深入分析其概念与内涵，归纳并总结国内外研究现状，发现目前研究的不足，从而为后续研究提供理论支撑。

2）现状调查。本书运用问卷调查法和统计分析法，对大学生混合学习应用现状及效果进行调查，分析目前大学生混合学习存在的主要问题及其成因，探索大

---

① 冯晓英, 王瑞雪, 曹洁婷等. 国内外学习科学、设计、技术研究前沿与趋势——2019"学习设计、技术与学习科学"国际研讨会述评[J]. 开放教育研究, 2020, 26(1): 21-27.

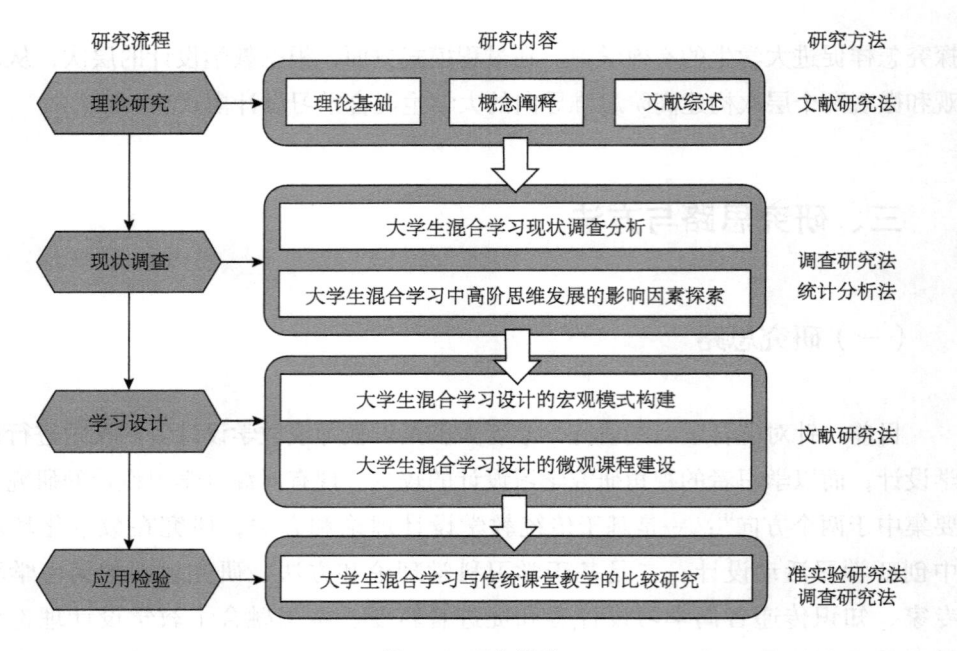

```
研究流程              研究内容                        研究方法

理论研究  →   理论基础   概念阐释   文献综述      文献研究法

现状调查  →   大学生混合学习现状调查分析           调查研究法
              大学生混合学习中高阶思维发展的影响因素探索   统计分析法

学习设计  →   大学生混合学习设计的宏观模式构建      文献研究法
              大学生混合学习设计的微观课程建设

应用检验  →   大学生混合学习与传统课堂教学的比较研究  准实验研究法
                                                    调查研究法
```

图 0-6　研究思路

学生混合学习中影响学生高阶思维发展的因素，明确高阶思维导向的大学生混合学习设计思路。

3）学习设计。本书基于全视角学习理论和教学设计理论，以学习发生的机制、大学生认知发展特点和混合学习设计原则为依据，借鉴国内外大学生混合学习设计的典型模式，从宏观层面构建高阶思维导向的大学生混合学习设计模式，并将其映射到大学课堂教学中进行具体的课程建设。

4）应用检验。本书运用准实验研究法和调查研究法，将高阶思维导向的大学生混合学习与传统课堂教学进行比较，验证大学生混合学习设计的应用效果。

（二）研究方法

本书采用理论思辨与调查分析相结合的研究范式，采用理论研究与实证分析相结合、量化与质性研究相统一的混合研究方法。

1. 文献研究法

本书首先通过国内外数据库广泛收集查阅与高阶思维、混合学习和大学生混合学习相关的研究资料，经过鉴定和整理后精读相关文献和书籍，并借助科学知识图谱软件（CiteSpace）梳理已有的研究成果，旨在把握国内外最新研究进展，发现目前研究的不足，特别关注了高阶思维的构成要素、高阶思维的影响因素、混合学习设计、混合学习设计模式构建、大学生混合学习应用实践等方面的内容，基于这些研究的不足，提出从学习者的视角出发、以高阶思维为目标导向进行大学生混合学习设计。其次，笔者查阅了相关图书和文献中指导大学生混合学习设计的理论，如教学设计理论、建构主义学习理论、联通主义学习理论、活动理论、深度学习理论等，这些理论为后续大学生混合学习设计提供了理论依据，充实了研究内容，开阔了研究思路。

2. 调查研究法

调查研究法是研究教育发展的一种重要方法，在教育科学研究中的应用极为广泛，是为了认识某种教育现象、过程或解决某个实际问题而进行的有目的、有计划的实地考察活动，一般包括问卷调查法、访谈法、观察法等具体不同的方法。

（1）问卷调查法

本书首先通过问卷调查法对大学生混合学习应用现状进行了前期调查，分析了当前大学生混合学习存在的问题，探索了促进大学生高阶思维发展的影响因素，明确了高阶思维导向的大学生混合学习设计思路。其次，本书对大学生混合学习设计实施后的应用效果展开了调查，验证了高阶思维导向的大学生混合学习设计的可行性和有效性，以及其对大学生高阶思维发展的促进作用。

（2）访谈法

为进一步了解大学生混合学习的应用现状及效果，本书设计了一个半结构化的访谈提纲，通过对在校本科生和教师进行访谈，深入了解大学生混合学习应用中存在的问题及其成因；在大学生混合学习设计应用实施阶段，对实验班和对照班的学生进行访谈交流，以深入了解高阶思维导向的大学生混合学习设计的应用效果，为改进与完善大学生混合学习设计提供依据和支撑。

在访谈中，研究者需要与受访者进行深度沟通，在此过程中，伦理规范问题和研究者的道德品质问题不容忽视。为了保护受访者的隐私和权益，笔者主要从以下几个方面遵循研究伦理：一是遵循自愿原则。在访谈前，笔者先征求受访者的同意，以确保受访者是自愿参与研究。此外，笔者会告知受访者为了整理和分析访谈资料，希望在访谈过程中录音、录像等，并征求对方意见。二是尊重个人隐私与保密原则。为了保护受访者的隐私，笔者使用代码来表示受访者的姓名，采用匿名的方式记录受访者提及的人名、地名等，同时告知受访者访谈资料仅用于个人学术研究，不会向他人泄露访谈信息，保证访谈信息的保密性。三是遵守平等与公平回报原则。在确定访谈时间和地点时，笔者会充分尊重受访者的个人意愿，并始终以坦率、诚恳的态度与受访者进行交流，以使受访者感到方便、舒适为主，对于受访者的提问进行耐心解答，在访谈结束后，还会向受访者赠送小礼物以表感谢。

（3）观察法

本书研究中，笔者通过反复观察和分析课堂教学录像视频，获取课堂教学中的教师教学过程信息和学生学习过程信息，分析课堂教学结构，并及时发现大学生混合学习实践过程中存在的问题，从而修改和完善大学生混合学习设计，还可以为评价学生的学习效果提供依据。

3. 统计分析法

本书综合运用了项目分析、探索性因素分析、描述性统计、t 检验、单因素方差分析、结构方程模型等统计分析法，通过对收集的数据进行统计分析得出相关结论。

4. 准实验研究法

本书将高阶思维导向的大学生混合学习设计应用于大学课程教学实践中，选取云南师范大学参加"Python 程序语言设计"课程学习的两个平行班参加实验，两个平行班被随机分为实验班和对照班，对实验过程中观察到的现象和存在的问题进行反思，以验证高阶思维导向的大学生混合学习设计的应用效果，进一步调整和优化大学生混合学习设计。

第一章
混合学习与高阶思维的研究现状

本章通过文献研究法对国内外相关文献进行系统梳理,明确混合学习和高阶思维的定义、内涵、特征、研究热点及前沿趋势,分析目前相关研究的不足,为后续的研究奠定良好的理论基础。

第一节 混合学习的研究现状

一、混合学习的概念

（一）混合学习的定义

目前，混合学习还没有一个统一的定义。美国培训所（The Traning Place）将混合学习定义为：混合学习是学习者理解和改进自己学习效果的学习方式，主要包括以下几个方面：①教育目的和绩效目标；②团队协作学习使学生达到最优的学习效果；③最佳的学习内容和多种学习方式的展现；④支持各类教育、培训、商务和社会活动等方面的资源；⑤尽可能增加与他人交往、沟通和处理社交方面的技能（以团队学习为标准）[1]。辛格（Singh）将混合学习定义为：将"恰当的"教育技巧与"恰当的"个体的学习方式结合起来，从而在"恰当的"时间向"恰当的"个体传授"恰当的"技能。这个定义还要遵循以下原则：混合学习应以教学目标为出发点，而非传授方式；应当支持个性化的学习风格，以适应学生的需求；学生能将不同的知识带入学习过程中；在大多情况下，最高效的学习方法是即时、即需[2]。瓦利然（Valiathan）将混合学习定义为把多种信息传播方式有机地融合在一起，如协同式软件、网络教学平台、电子绩效系统以及知识管理实践等，也指有机融合各种学习活动，包括面对面学习、在线学习和自主学习等[3]。德里斯科尔（Driscoll）提出，混合学习包括四个方面：①结合（combine）或混合（mix）多种网络技术（如虚拟课堂、自主学习、协作学习、视频、音频和文本）

---

[1] Blended learning definition[EB/OL]. http://www.trainingplace.com/about/alimodel.htm.
[2] Singh, H. Building effective blended learning programs[J]. Educational Technology, 2003(6): 51-54.
[3] Valiathan, P. Blended learning model[EB/OL]. https://purnima-valiathan.com/wp-content/uploads/2015/09/Blended-Learning-Models-2002-ASTD.pdf. (2002-08-02).

以实现教学目标；②综合运用不同的教学方法（如建构主义、行为主义、认知主义），使学生在不同的情境下获得更好的学习效果；③将多种教学手段（如录像带、光盘、网上培训、影片）与面对面的教师指导培训相结合；④将教育技术融入工作实践中，实现学习与工作的有机统一[①]。美国印第安纳大学的柯蒂斯·邦克（Curtis Bonk）教授在《混合学习手册》（Handbook of Blended Learning）中将混合学习定义为：混合学习是面对面教学和在线学习的结合，其表现形式是多种多样的，教师要根据学习对象、学习需求以及学习环境的差异将其组合在一起。由于混合学习是在互联网产生以后逐步发展起来的，这种说法更恰当[②]。

我国学者何克抗认为，混合学习是一个"旧瓶装新酒"的概念。混合学习并非一个新的概念，在传统教学中就已经出现了，但是随着技术的发展，它又被赋予了新的内涵。因此，他提出：混合学习是将传统教学的优势与在线学习的优势相结合，既要发挥教师引导、启发、监控教学过程的主导作用，又要充分体现学生作为学习过程主体的主动性、积极性与创造性，将两者有机地结合在一起，实现两者的优势互补，以达到最好的学习效果[③]。李克东和赵建华认为，混合学习是人们对在线学习进行反思后，出现在教育领域，特别是教育技术领域的一个术语，其主要是指将面对面学习和在线学习两种学习方式相结合，从而实现降低成本、提升效率的一种学习方式[④]。

从国内外学者对混合学习概念的界定中可以发现，他们从不同角度阐释了混合学习的含义。尽管混合学习是各种学习方式、学习风格、资源、媒体、环境等的混合，然而，一个概念是不能涵盖所有内容的。因为一个概念如果包罗了一切，从本质上讲，它就丧失了作为一个独立概念的意义[⑤]。由于混合学习是在互联网时代到来以后逐渐兴起的一个术语，其主要思想是在线学习与面对面学习的结合，本书认为，混合学习是在线学习与面对面课堂学习的有机混合，通过承载不同的学习内容和学习活动，达到学习效果最优化的一种学习方式。

---

① Driscoll, M. Blended learning: Let's get beyond the hype[J]. E-Learning, 2002, 1(4), 1-4.
② 詹泽慧, 李晓华. 混合学习: 定义、策略、现状与发展趋势——与美国印第安纳大学柯蒂斯·邦克教授的对话[J]. 中国电化教育, 2009(12): 1-5.
③ 何克抗. 从 Blending Learning 看教育技术理论的新发展（上）[J]. 中国电化教育, 2004(3): 5-10.
④ 李克东, 赵建华. 混合学习的原理与应用模式[J]. 电化教育研究, 2004(7): 1-6.
⑤ 詹泽慧, 李晓华. 混合学习: 定义、策略、现状与发展趋势——与美国印第安纳大学柯蒂斯·邦克教授的对话[J]. 中国电化教育, 2009(12): 1-5.

（二）混合学习的内涵

混合学习并非一个新的概念，在传统教学中就已经出现了，其原意是指在传统课堂教学中，将以课堂为基础的教学方式与其他教学方式相结合，如将传统教学与计算机辅助教学相结合、使用粉笔黑板的传统教学方式与使用音像媒体的教学方式相结合、自主学习方式与协作学习方式相结合等[①]。进入21世纪以后，随着网络的普及和在线学习的发展，混合学习具有了新的内涵。有的学者认为混合学习是指各种学习理论的混合，有的学者认为混合学习是各种教学媒体的混合，有的学者认为混合学习是各种教学模式的混合，有的学者则将混合学习定义为面对面学习与在线学习的二元混合[②]。

混合学习中的"混合"，不是指简单地"混合"在一起，而是包含相互"配合"与"融合"等意思，其意义比较深远[③]。我们需要从学习理论、学习方式、学习时空、学习资源、学习环境和学习评价等角度来理解混合学习的内涵。

1. 学习理论的混合

教育理论包括教学理论、学习理论、教育心理、教育评价、教育测量等多个方面，其中起主要作用的是教学理论和学习理论。学习理论主要有行为主义、认知主义和建构主义三个流派。学习理论的混合是指混合学习吸取了行为主义、认知主义和建构主义三种学习理论的精华，既承认知识的传递性，又肯定课堂教学的必要性；既肯定学习者的主观能动性及主体地位，又强调教师的作用及主导地位。针对不同的学习者、学习风格、学习方式、学习资源和学习环境，混合学习设计需要多种学习理论的指导。

2. 学习方式的混合

学习方式的混合是指以讲授法为主的传统面对面学习方式与以学生为中心的现代学习方式（如自主学习、协作学习、讨论交流等）的混合。传统的面对面学习方式以"满堂灌"为特征，强调的是"教"，教师处于支配地位，全程以讲为

[①] 田世生, 傅钢善. Blended Learning 初步研究[J]. 电化教育研究, 2004(7): 7-11.
[②] Oliver, M., Trigwell, K. Can "blended learning" be redeemed?[J]. E-Learning, 2005, 2(1): 17-26.
[③] 黄荣怀, 周跃良, 王迎. 混合式学习的理论与实践[M]. 北京: 高等教育出版社, 2006: 8-13.

主，学生处于从属地位，全程以听为主[①]。虽然教师尽心尽力教学，但学生的接受能力和学习能力不同，统一的教学模式不利于学生个性化的发展。而混合学习强调发挥教师的主导作用并尊重学生的主体地位。

3. 学习时空的混合

学习时空的混合是指线上与线下时间和空间的混合。混合学习突破了时间和空间的局限，使学生的学习活动超出了教室的范围，即跳出了数十平方米的常规课堂教室[②]。学生可以根据自己的实际情况，在任何地方、任何时间进行学习。教学的各个环节，如预习、课堂教学、作业、评价等，均可线上与线下混合进行。

4. 学习资源的混合

学习资源的混合是指学校购置的优质学习资源，或者是根据学生需求自行设计开发的学习资源等多种资源的混合。网络上丰富的学习资源，尤其是由声音、图像、文字等构成的动态学习资源更能满足学生个性化学习和自主学习的需求。

5. 学习环境的混合

学习环境的混合是指传统课堂学习环境与数字化学习环境的混合。将以教为主的传统课堂教学形式转变为基于数字化学习环境的情境创设、任务驱动、微课自学、在线检测、线上交流、互动互评等新的教学形式，有助于实现从以教师为中心向以学生为中心的转移。

6. 学习评价的混合

学习评价的混合是指以考试为主的总结性评价与以数据为基础的过程性评价的混合。以考试为主的总结性评价虽然能快速测试出学生的学业成绩，却相对忽视了他们的学习过程之于其人生健康发展的重要意义，这不利于其长远发展[③]。以数据为基础的过程性评价则不将学业成绩作为最终评价，而是体现在学生的整个学习过程中，它反映了一种动态的评价方式，使评价结果能最大限度地反映出学生实际的学习状态。

---

① 魏朝晖, 骆紫燕, 杜鹃. 以提高学生学习主动性为目标的混合式教学研究[J]. 教育理论与实践, 2020, 40(33): 59-61.
② 杜尚荣. 泛课堂教学论: 教学研究的新进展[J]. 教育探索, 2016(7): 8-12.
③ 张锦, 杜尚荣. 混合式教学的内涵、价值诉求及实施路径[J]. 教学与管理, 2020(9): 11-13.

（三）混合学习的特征

混合学习不仅体现了教育技术的提升，同时也体现了高等教育在网络环境下的教学方式和教学理念的革新，是一种以学生为中心的新型教学方式[1]。它具有以下特征。

1. 以学生为中心

混合学习是以学生为中心来开展的，打破了传统课堂教学中以教师为中心的局限。在传统的课堂教学中，教师占据着完全的主导地位，在某种意义上压制了学生的积极性。而混合学习改变了传统的课堂教学结构，让教学从以教师为中心向以学生为中心转变。这一转变体现出了在课堂教学中，学生的主体地位发生了改变，教师成为学生学习的引导者和促进者。在混合学习中，学习者可以按照自己的需求，对自己的学习进度进行自我调节，还可以依据个人意愿，自主地选择自己想要参加的课程或学习活动。以学生为中心的混合学习，在教育理念上尊重学生的主体地位，充分发挥学生的主动性；在学习内容上从学生的需求出发，尊重学生个体的差异性，尊重学生对知识的自我选择；在学习方式上改变了传统的灌输式教育，让学生在特定的情境中去探究知识、建构意义，有利于培养学生主动发现和解决问题的能力。

2. 专注于深度混合

混合学习并非单纯指将学习内容、学习策略、教学方法和教学手段等机械地进行混合，而应该是有组织、有效率、有规律地进行融合，具体体现为三个要素的混合：一是学习活动，在混合学习中，学生的学习活动已经从单纯的课堂教学活动转向了线上线下相结合的学习活动，这种学习活动使得参加混合学习的所有学生都可以参与，并且学生还可以根据自己的实际情况和需求决定参与的活动；二是面对面课堂学习与在线学习中的学生，以往的面对面学习环境与在线学习环境是相对孤立的，有着各自的学生群体，而混合学习将两个不同的学习环境中的学生整合在一起，这种整合为新的学习方式提供了更多的可能性，促使传统课堂学习的学生们也可以通过网络与其他师生进行交流和互动；三是面对面课堂学习

---

[1] 杜世纯. 混合式学习研究[M]. 北京：中国社会科学出版社，2018: 46-48.

与在线学习中的教师，在传统课堂教学中，教师只能与学生进行面对面的沟通和交流，存在时间、空间上的限制，而在混合学习中，教师可以利用网络学习平台、远程教学等方式对学生进行"传道、授业、解惑"。混合学习不是单纯的传统课堂学习，也不是简单的在线学习，而是指移动学习、翻转课堂、小组协作、课堂实践等多种学习方式的有机融合，可以最大限度地让学生们有更多的选择。

3. 重视师生之间线上线下的交流与互动

在混合学习中，教师与学生是两大重要角色，教师与学生之间必须进行深入的交流与互动，从而使教师能够掌握学生学习情况的真实反馈，并且能够根据反馈提高自己的教育水平，切实顾及不同年龄阶段和不同教育背景的学生需求。混合学习融合了在线学习与面对面课堂学习的优势，为教师和学生线上线下的交流互动提供了有利条件。师生之间的交流与互动可以借助各种信息技术工具和网络平台实现，这种交流互动不受时间和空间的限制。除了重视师生之间线上的交流互动外，混合学习中同样重视师生之间线下的交流互动，教师可以根据学生的需求在课堂上对学生的学习进程进行督导与引导，适时地对学生进行一些说明与讲解。学习者在不同学习情境中对教师的需求程度是不同的。因此，混合学习既重视师生之间线上的交流互动，也重视他们之间线下的交流互动，这也是混合学习的精髓所在。

4. 新兴信息技术支持学生学习

信息技术的飞速发展，促使人类所依赖的信息传播体系——媒体在持续地发生变化，媒体的演化对人类的学习产生了巨大的作用，它不仅增加了我们获取信息的生物途径（视觉、听觉、气味等），还拓宽了信息传递的物理介质（计算机网络、虚拟现实、超媒体等），重构了教师与学生、学生与学生之间的社会关系，学习者的心理模式也在持续地被认知媒体所塑造[1]。在混合学习中，信息技术的作用并不是体现在传递信息的途径、呈现表征的方式上，而是体现在对学生学习的支持上。技术成为学生学习的知识建构工具、学习资源承载工具、学习路径记录工具、学习测评和反馈工具，以及交流互动工具，能够更好地支持学生在做中学，

---

[1] 赵健, 郑太年, 任友群等. 学习科学研究之发展综述[J]. 开放教育研究, 2007, 13(2): 15-20.

以及进行社会性协商。虚拟学习、开放学习、自主学习、网络学习社区的学习等，都是新兴信息技术支持学生学习的新型学习方式。

二、混合学习的国内外相关研究

（一）国外混合学习的相关研究

混合学习源于在线学习。1996 年，美国《培训杂志》（Training Magazine）发表了第一篇在线学习的论文，自此，在线学习的研究逐渐成为教育技术研究者和企业培训工作者的研究热点[①]。但随着学生在线学习效率低、参与度低以及"浅层"学习等现象的凸显，在线学习的研究进入了低谷期。混合学习作为一种全新的线上与线下相结合的学习方式，逐渐受到研究者的关注，并在世界范围内得到了迅速发展和应用。

在国外，混合学习最初被应用在企业培训中，后来有研究者发现混合学习能有效地提升企业人员的专业技能，因此越来越多国家的研究者将混合学习应用于教育行业中，以此来促进教育教学的发展。随着混合学习的广泛应用和发展，研究者从不同的角度、以不同的方式对混合学习展开了研究。国外对混合学习的研究主要聚焦在理论和实践两个方面。

1. 混合学习理论研究

国外学者对于混合学习的理论研究主要集中在混合学习的概念和内涵、影响混合学习设计的因素、混合学习模式等方面。

（1）混合学习的概念和内涵研究

加里森（Garrison）和卡奴卡（Kanuka）系统地分析了混合学习的概念与作用，认为混合学习不仅仅是发现和使用合适的技术进行混合，其本质是重新思考和重新设计教与学的关系，仅仅运用新的媒体来传递旧的内容是不够的。他们在此基础上提出将探究社区理论作为混合学习的理论基础，并从政策、规划、资源、教学设计和支撑等方面探讨了混合学习的发展要点，还提出了在教学中整合信息

[①] 田世生，傅钢善. Blended Learning 初步研究[J]. 电化教育研究，2004(7): 7-11.

技术的必要性，认为这种整合可以提升学生的批判性思维，可以激发与推动学生的深度、有意义学习[1]。奥斯古索普（Osguthorpe）和格雷厄姆（Graham）认为，混合学习是在教室环境和互联网环境中寻求平衡的一种学习环境、方法或策略，他们提出了混合学习的三种模式，即学习活动混合模式、教师混合模式和学生混合模式，并强调了混合学习具有的优势，包括成本低、教学方式多样、获取知识方便、社会互动多、个体能动性强、方便复习六个方面[2]。奥利弗（Oliver）和特里格维尔（Trigwell）分别从哲学和学习者两个层面解析了"混合"与"学习"的内涵，同时指出成功的混合学习不仅仅是指将信息和通信技术与面对面的方法简单地集成在一起，而是实现多种资源的有机整合[3]。

（2）影响混合学习设计的因素研究

奥斯古索普和格雷厄姆认为，面对面学习和在线学习对于学习者与教师而言各具优势。在设计混合学习课程时，教师应充分利用各种教学情境的优势，避免其不足之处，在进行教学设计时，要考虑教学充实、获取知识便利、社交互动、成本效益和修订简便等几个方面。此外，教师在课堂教学中也应该注意营造良好的协作学习氛围，对学生的作业进行明确的讲解与引导，始终尊重学生主体，让学生可以利用网络上的丰富资源，根据自己的兴趣爱好选择合适的学习内容，最终实现学习目标[4]。奥斯本（Ausburn）认为，决定使用混合学习方式的教师以及课程设计者在决定授课方式以及技术应用之前需要考虑一系列要素：第一，教师要根据学生的学习方式、兴趣爱好和智商水平等进行需求分析；第二，教师需要考虑所在教学机构以及学习情境中的各种条件和参数，其中包括可以掌控的教学实践、教学机构中可以使用的资源，以及学生在家进行自学的条件和潜力等；第三，教师要对期望得到的学习结果进行全面反思，并在对其进行仔细考察之后，再确定采用何种教学方法和技术，以达到最佳的学习效果，这是最关键的要素[5]。

---

[1] Garrison, D. R., Kanuka, H. Blended learning: Uncovering its transformative potential in higher education[J]. The Internet and Higher Education, 2004(7): 95-105.

[2] Osguthorpe, R. T., Graham, C. R. Blended learning environments: Definitions and directions[J]. The Quarterly Review of Distance Education, 2003, 4(3): 227-233.

[3] Oliver, M., Trigwell, K. Can "blended learning" be redeemed?[J]. E-Learning, 2005, 2(1): 17-26.

[4] Osguthorpe, R. T., Graham, C. R. Blended learning environments: Definitions and directions[J]. The Quarterly Review of Distance Education, 2003, 4(3): 227-233.

[5] Ausburn, L. J. Course design elements most valued by adult learners in blended online education environments: An American perspective[J]. Educational Media International, 2004, 41(4): 327-337.

井上雪子（Yukiko Inoue）指出，在开展混合学习之前，教师应该综合考量以下因素：面授教学有哪些优点；网络环境教学存在哪些问题；在教学过程中，哪些内容适合在课堂上进行教学，哪些内容又适合在网上进行教学；如何均衡使用各种媒体和基于各种媒体的教学[1]。综上所述，混合学习的设计离不开对学生特征及其需求的把握、对课程内容和性质的分析、对学习情境的分析、教师的精心设计以及有效的评价体系等多种因素。

（3）混合学习模式研究

国外学者对混合学习模式的研究较多，很多学者根据自己对于混合学习的理解和教学实践提出了混合学习模式。印度国家信息技术研究所（National Institute of Information Technology，NIIT）的教学设计专家普尼玛·瓦利然将混合学习分为三种模式：技能驱动、态度驱动和能力驱动[2]。卡恩（Khan）认为，混合学习受机构、教学、技术、界面设计、评价、管理、资源支持和伦理等八个要素的影响，此模式也被称为卡恩的混合学习八角框架[3]。德国学者科斯（Kerrse）和德·威特（De Witt）提出了混合学习的 3C 模式，指出任何混合学习环境都由三个部分组成：内容、交流和结构[4]。贝辛（Bersin）认为，混合学习过程主要包含四个环节：确定学生的学习需求；针对学生特点制定相应的学习方案及评价方案；根据基本设备制定或采购教学资源；实施计划、跟踪流程并测评结果[5]。美国学者巴纳姆（Barnum）和帕尔曼（Paarmann）提出了四阶段混合学习模式，这四个阶段包括基于 Web 的传输阶段、面对面加工阶段、形成成果阶段和协作扩展学习阶段[6]。加拿大远程教育领域著名学者加里森等共同创建了探究社区模型，该模型主要有三大核心维度，分别是认知存在感、社会存在感和教学存在

---

[1] Inoue, Y. Cases on Online and Blended Learning Technologies in Higher Education[M]. New York: Hershey, 2010: 76-89.

[2] Valiathan, P. Blended learning model[EB/OL]. https://purnima-valiathan.com/wp-content/uploads/2015/09/Blended-Learning-Models-2002-ASTD.pdf. (2002-08-02)

[3] 转引自詹泽慧. 混合学习活动系统设计：策略与应用效果[M]. 广州：华南理工大学出版社，2011: 54.

[4] Kerrse, M., De Witt, C. A didactical framework for the design of blended learning arrangements[J]. Journal of Educational Media, 2003(2-3): 101-113.

[5] 转引自李克东，赵建华. 混合学习的原理与应用模式[J]. 电化教育研究，2004(7): 1-6.

[6] Barnum, C., Paarmann, W. Bringing induction to the teacher: A blended learning model[J]. Jourmal Online Technological Horizons in Education, 2002(9): 56-64.

感[1]。这三大维度部分重叠并互相补充，是教育交互的本质要素，也是成功的高等教育经验的关键前提[2]。国内外众多研究者采用此模型对混合学习进行理论设计和教学实践指导。

2. 混合学习实践研究

国外学者对于混合学习的实践研究主要包括混合学习的学习效果和学习者满意度的影响因素等方面。

（1）混合学习的学习效果研究

贝恩斯（Bains）等通过对比研究发现，混合学习的学习效果优于传统课堂学习和线上学习，并且单纯的线上学习和传统课堂学习的学习效果之间并无显著差异。此外，他们还提出了在设计混合学习时，教师需要投入更多的时间，为学生提供更多的学习资源，并设计能够促进师生互动的学习活动[3]。洛佩斯-佩雷斯（López-Pérez）等以西班牙格拉纳达大学为例，从学习结果和学习者的认知角度出发，开展了混合学习实证研究。研究结果显示，采用混合学习能显著降低退学率，改善学生的学业表现，同时学生的年龄、成熟度、教育背景和课程出勤率等都会对学生的混合学习效果以及学生对混合学习的认知产生一定的影响[4]。加里森和卡奴卡开展了两种不同类型的教学环境的比较研究，结果表明，混合学习环境比传统课堂学习环境更能够改善学习者的学业表现和提高其学习效率[5]。

（2）学习者满意度的影响因素研究

奥兹坎（Ozkan）和科斯勒（Koseler）提出了混合学习的评价模型，在模型中使用六个维度来评价学习者的满意度，包括系统质量、服务质量、内容质量、学习者视角、教师态度和支持要素等[6]。吴（Wu）等以社会认知理论为理论基础，

---

[1] Garrison, D. R, Anderson, T, Archer, W. The first decade of the community of inquiry framework: A retrospective[J]. The Internet and Higher Education, 2010, 13(1): 5-9.

[2] 刘永花, 丁新. 兰迪·加里森研究[J]. 中国电化教育, 2004(10): 35-39.

[3] Bains, M., Reynolds, P. A., McDonald, F., et al. Effectiveness and acceptability of face-to-face, blended and e-learning: A randomised trial of orthodontic undergraduates[J]. European Journal of Dental Education, 2011(2): 110-117.

[4] López-Pérez, M. V., Pérez-López, M. C., Rodríguez-Ariza, L. Blended learning in higher education: Students' perceptions and their relation to outcomes[J]. Computers & Education, 2011(3): 818-826.

[5] Garrison, D. R., Kanuka, H. Blended learning: Uncovering its transformative potential in higher education[J]. The Internet and Higher Education, 2004(2): 95-105.

[6] Ozkan, S., Koseler, R. Multi-dimensional students' evaluation of e-learning systems in the higher education context: An empirical investigation[J]. Computers & Education, 2009(4): 1285-1296.

构建了混合学习情境中的学生满意度影响因素模型，包括学习者特征、师生交互、教师因素、内容设计、技术支撑等方面[1]。奥斯顿（Owston）等从混合学习的课程满意度、便利性、参与程度、学习效果感知四个维度探索了混合学习的影响因素，结果表明，混合学习的课程满意度与学习效果具有显著相关关系，高分学生对混合学习的满意度更高，更倾向于采用混合学习方式，而低分学生则不能适应混合学习，学习满意度不高。基于此，他们提出在高校中应同时设置混合学习课程和传统课堂学习课程，以满足不同学生的需求[2]。

（二）国内混合学习的相关研究

本书以中文核心期刊为样本，从文献数量、期刊来源、研究作者、研究机构、研究热点和前沿趋势等方面对我国混合学习研究进行探讨。

1. 数据收集与研究方法

以中国知网期刊数据库为数据来源，期刊类型设定为北大核心和中文社会科学引文索引（Chinese Social Sciences Citation Index，CSSCI）两大期刊，以"篇关摘"为检索项，检索词为"混合学习"or"混合式学习"or"混合教学"or"混合式教学"。因祝智庭教授首次将混合学习概念引入国内的时间为2003年[3]，故本次检索时间跨度选择为2003—2021年。最终检索出文献2163篇，经过CiteSpace软件的筛选查重，共得到有效文献2088篇。国内对"混合学习"这一术语的翻译各有不同，本书统一使用"混合学习"进行表述。

20世纪90年代以来，科学计量学开始利用计算机图形学与可视化技术，向科学知识图谱与可视化转型。科学知识图谱是以知识场（knowledge domain）为研究客体，展示其发展过程及其内部结构之间相互关系的一种图像。它具有"图"与"谱"两种属性，既有直观的知识图，又有序列化的知识谱系，体现了知识元或知识簇之间的网络、结构、交互、交叉、演化或衍生等复杂的关联，并产生新

---

[1] Wu, J. H., Tennyson, R. D., Hsia, T. L. A study of student satisfaction in a blended e-learning system environment[J]. Computers & Education, 2010(1): 155-164.

[2] Owston, R., York, D., Murtha, S. Student perceptions and achievement in a university blended learning strategic initiative[J]. The Internet and Higher Education, 2013, 18: 38-46.

[3] 祝智庭，孟琦. 远程教育中的混合学习[J]. 中国远程教育，2003(19): 30-34, 79.

的知识。美国德雷克塞尔大学的陈超美教授开发的可视化分析软件 CiteSpace 是目前最为流行的科学知识图谱分析软件之一[①]。因此，本书采用 CiteSpace 5.7.R2 软件作为分析工具，对文献进行关键词共现、关键词聚类、关键词突现分析，以深入分析我国混合学习的研究热点、研究前沿和发展趋势。

2. 研究结果分析

（1）文献数量分析

按文献的发表时间对混合学习研究进行统计分析，结果如图 1-1 所示。从统计结果可以看出，2003—2021 年，研究混合学习的文献数量整体呈不断上升趋势，尤其是 2015 年以来发文数量呈现爆发式增长，这与我国从 2015 年开始提出"互联网+"概念有密切的关系。通过文献计量分析发现，我国专家学者对混合学习的关注度越来越高，混合学习依然是研究的热点，同时文献数量逐年递增，也说明混合学习尚未发展成熟，仍然需要对其进行深入研究。

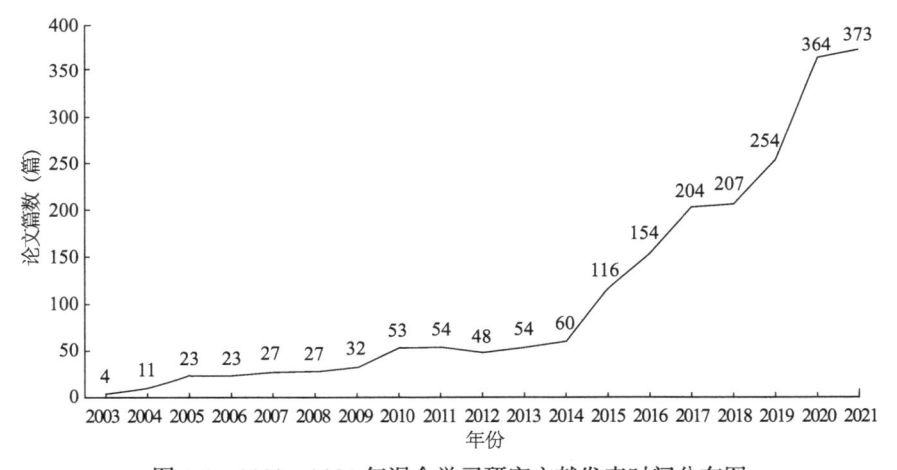

图 1-1 2003—2021 年混合学习研究文献发表时间分布图

（2）期刊来源分析

对文献所属期刊进行统计，载文量不低于 10 篇的期刊如图 1-2 所示，这些期刊的载文量共 1226 篇，占混合学习研究核心期刊论文总数的 50% 以上。载文量排在前四位的期刊分别为《现代教育技术》《中国电化教育》《电化教育研究》《中

[①] 陈悦，陈超美，刘则渊等. CiteSpace 知识图谱的方法论功能[J]. 科学学研究, 2015(2): 242-253.

国远程教育》，均为教育技术类期刊，说明教育技术人员是研究混合学习的关键力量。此外，混合学习在高等教育、职业教育、成人教育领域以及实验、医护、化学等课程教学中应用广泛。

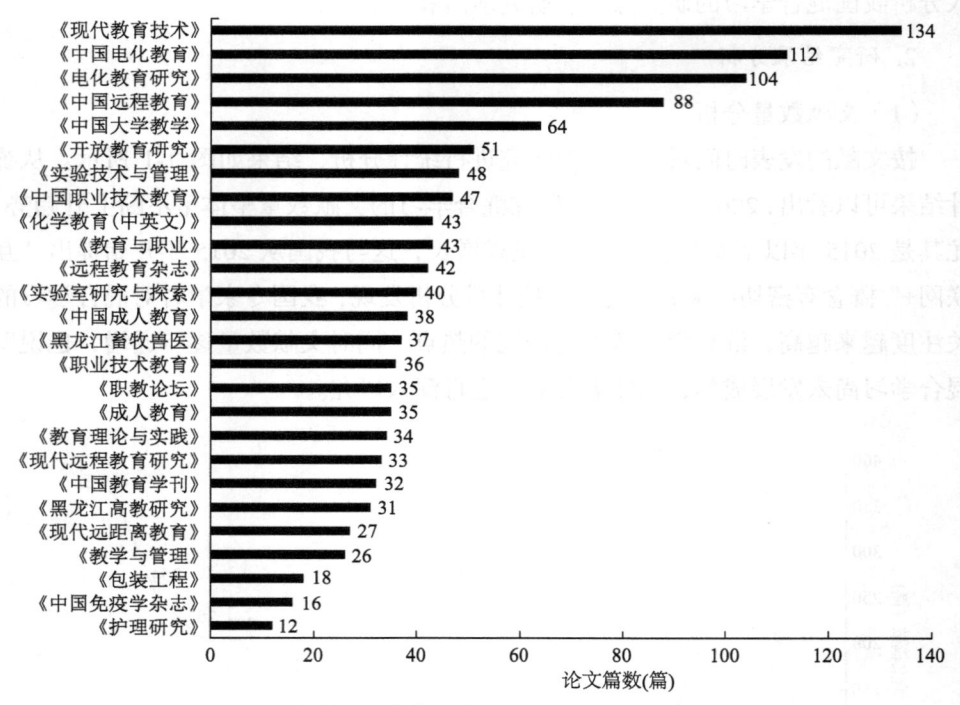

图1-2 混合学习研究期刊载文量（不低于10篇）统计图

期刊	论文篇数（篇）
《现代教育技术》	134
《中国电化教育》	112
《电化教育研究》	104
《中国远程教育》	88
《中国大学教学》	64
《开放教育研究》	51
《实验技术与管理》	48
《中国职业技术教育》	47
《化学教育(中英文)》	43
《教育与职业》	43
《远程教育杂志》	42
《实验室研究与探索》	40
《中国成人教育》	38
《黑龙江畜牧兽医》	37
《职业技术教育》	36
《职教论坛》	35
《成人教育》	35
《教育理论与实践》	34
《现代远程教育研究》	33
《中国教育学刊》	32
《黑龙江高教研究》	31
《现代远距离教育》	27
《教学与管理》	26
《包装工程》	18
《中国免疫学杂志》	16
《护理研究》	12

（3）研究作者分析

利用CiteSpace软件对研究作者的发文量进行统计，发现研究混合学习的作者共有571人，发文量不低于3篇的作者共40人，占作者总人数的7.01%，可见研究混合学习的作者发文量偏低。表1-1列出了发文量不低于5篇的作者，共19人。统计每位作者发表混合学习相关文献的总被引频次、每篇文献的平均被引频次（即篇均被引频次），以及H指数，结果发现，黄荣怀、冯晓英、苏小红、祝智庭、赵国栋、程建钢、兰国帅是截至2021年篇均被引频次大于60的混合学习研究者，祝智庭、黄荣怀、汪琼、沈书生、韩锡斌是H指数大于30的混合学习研究者。通过追踪这些研究者的混合学习相关文献，我们能够了解混合学习的研究进展，例如，祝智庭首次在我国系统地介绍了混合学习的背景、内涵和分类，以及混合学习在我国现代远程教育中的意义；黄荣怀主要聚焦于混合学习课程设计和学习意愿的研究；冯晓英主要聚焦于混合学习设计和教师混合教学能力的研究；韩锡斌、程建钢、苏小红、汪琼主要研究基于 MOOC（massive open online courses，大规模开放式在线课程，也称慕课）平台的混合学习；赵国栋主要研究混合学习的满意度。

表 1-1 混合学习研究作者发文量（不低于 5 篇）统计表

作者	单位	发文量（篇）	总被引频次	篇均被引频次	H 指数
韩锡斌	清华大学	13	602	46	35
兰国帅	河南大学	10	642	64	27
冯晓英	北京师范大学	9	1287	143	23
马红亮	陕西师范大学	8	216	27	27
程建钢	清华大学	7	526	75	28
马婧	郑州大学	7	178	25	12
黄荣怀	北京师范大学	6	1110	185	71
祝智庭	华东师范大学	6	727	121	89
郭倩	河南大学	6	237	40	13
汪琼	北京大学	6	187	31	36
万力勇	中南民族大学	6	162	27	27
白雪梅	陕西师范大学	6	146	24	8
苏小红	哈尔滨工业大学	5	625	125	23
赵国栋	北京大学	5	452	90	26
谭永平	广西电力职业技术学院	5	252	50	11
廖宏建	广州大学	5	231	46	19
沈书生	南京师范大学	5	131	26	36
孙众	首都师范大学	5	128	26	24
朱永海	首都师范大学	5	60	12	9

（4）研究机构分析

混合学习文献发文量超过 20 篇的研究机构共 13 个，如图 1-3 所示。由此可以发现，综合实力较强的高等院校是混合学习研究和应用的主要研究机构，北京师范大学、清华大学、华东师范大学、华南师范大学的发文量均超过了 40 篇。

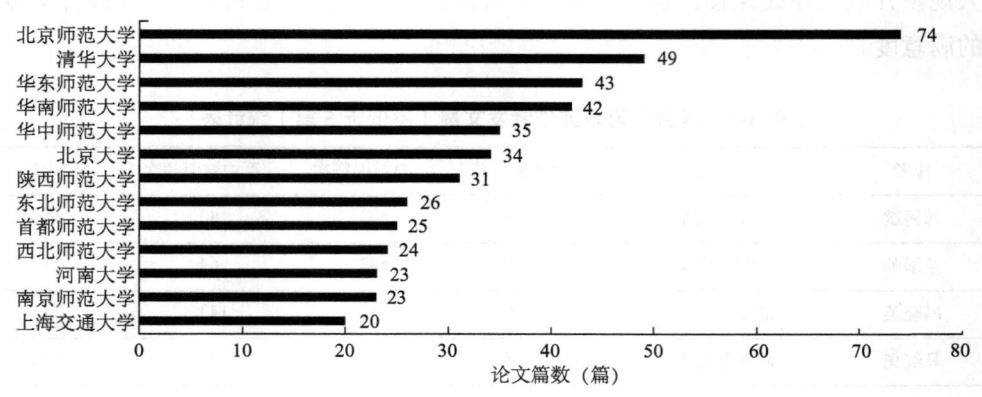

```
北京师范大学   74
清华大学       49
华东师范大学   43
华南师范大学   42
华中师范大学   35
北京大学       34
陕西师范大学   31
东北师范大学   26
首都师范大学   25
西北师范大学   24
河南大学       23
南京师范大学   23
上海交通大学   20
```

图 1-3　混合学习研究机构发文量（超过 20 篇）统计图

（5）研究热点分析

研究热点是指在某一时期内，有内在联系的、数量相对较多的一组或几组论文所探讨的科学问题或者专题[①]。关键词和关键词的中介中心性[②]可在一定程度上揭示学术论文的研究主题，反映该领域的研究热点及发展趋势[③]。本书利用 CiteSpace 软件对关键词进行共现分析，提取文献中频次和中介中心性最高的前 20 个关键词，如表 1-2 所示。通过合并关键词，如 "MOOC" 与 "慕课"、"混合式教学模式" 与 "混合教学模式" 等，并去除对混合学习研究热点分析无意义的关键词，如 "混合式教学" "混合式学习" "混合教学" "混合学习" 等，结果发现，我国混合学习研究应用领域主要集中在教育领域，尤其是高等教育和职业教育领域，研究内容包括教学模式、教学设计、学习平台、学习方式等。

---

① Chen, C. CiteSpace II: Detecting and visualizing emerging trends and transient patterns in scientific literature[J]. Journal of the American Society for Information Science and Technology, 2006, 57(3): 359-377.

② 中心性是衡量一个节点（关键词、作者、文献等）在网络中接近中心的程度。中介中心性是指一个节点担任其他节点之间最短路径的桥梁次数。在 CiteSpace 网络中，一个关键词的中介中心性高，说明它可能是一个研究领域内的关键概念，连接着多个研究方向。

③ 黄冠, 刘倩倩. 国内微视频研究热点的领域构成与拓展趋势分析[J]. 中国教育信息化, 2015(11): 14-18.

表 1-2　混合学习研究期刊关键词共现频次和中介中心性统计表

序号	频次最高的前 20 个关键词统计			序号	中介中心性最高的前 20 个关键词统计		
	频次	中心性	关键词		频次	中心性	关键词
1	281	0.12	混合式教学模式	1	281	0.12	混合式教学模式
2	195	0.08	MOOC	2	147	0.09	翻转课堂
3	147	0.09	翻转课堂	3	195	0.08	MOOC
4	88	0.04	在线教学	4	66	0.05	教学设计
5	80	0.04	SPOC[①]	5	88	0.04	在线教学
6	79	0.02	教学改革	6	80	0.04	SPOC
7	66	0.05	教学设计	7	49	0.04	在线学习
8	58	0.02	线上线下	8	34	0.03	雨课堂
9	49	0.04	在线学习	9	26	0.03	自主学习
10	48	0.02	职业教育	10	79	0.02	教学改革
11	38	0.02	深度学习	11	58	0.02	线上线下
12	38	0.02	大学英语	12	48	0.02	职业教育
13	34	0.03	雨课堂	13	38	0.02	深度学习
14	27	0.01	课程思政	14	38	0.02	大学英语
15	26	0.03	自主学习	15	21	0.02	影响因素
16	25	0.01	实验教学	16	17	0.02	高等教育
17	24	0.01	微课	17	16	0.02	教育信息化
18	24	0.01	"互联网+"	18	7	0.02	协作学习
19	23	0.01	移动学习	19	27	0.01	课程思政
20	21	0.02	影响因素	20	25	0.01	实验教学

为深入探究高频关键词间的亲疏关系，揭示混合学习的研究热点，本书对关键词进行聚类分析，并以时间线图呈现结果，聚类结果表明，"混合学习""线上教学""混合式学习""翻转课堂""MOOC""互联网+""教学设计""教学模式""在线学习"是当前国内混合学习的研究热点。通过对重复或相似主题

---

① SPOC 是指小规模限制性在线课程（small private online course）。

进行合并，最终确认四个研究热点：混合学习理论研究、混合学习教学设计研究、混合学习资源和平台建设、混合学习应用实践研究。

1) 混合学习理论研究

混合学习理论研究中，学者研究较多的是关于概念、内涵、原理、本质、价值等的基本理论研究，这类研究成为后续相关研究的理论基础。例如，祝智庭和孟琦首次在我国系统地介绍了混合学习的背景、内涵和分类，并指出混合学习极大地拓展了远程教学的实用价值，它可以融合多种媒体和学习方式的优势，为学生提供适合自己的学习方式和学习内容[1]；田世生和傅钢善从混合学习的概念、内涵、课程设计方法以及对其为教育技术学带来的反思等方面做了系统论述[2]；李克东和赵建华探讨了混合学习的理论基础、基本原理、过程设计和应用模式等问题[3]；黄荣怀等讨论了混合学习的性质、基本特征和基本原理，并构建了适合我国国情的混合学习的课程设计模式[4]；陈卫东等从人、技术、环境和方法四个维度探讨了混合学习的本质[5]；胡立如和张宝辉将技术定位为改变教学结构的重要手段，用技术强化教学结构来指导混合学习设计[6]。混合学习作为多元化与系统化的学习方式，其理论基础应当是跨学科和跨领域的。但是通过研读文献发现，研究者大多以教育学的相关理论为理论基础，从其他视角研究混合学习的较少。例如，陈妮从耗散结构理论的观点出发，对混合学习的内涵进行了系统诠释，并对其特点及运作机理进行了剖析[7]；曾茂林基于主体摄入知识的视角，由学习主体结合自身学习特征、学习目标需要、学习条件许可，有机混合现有学习理论，组成个性化的有机混合学习理论[8]。总的来说，学者从混合学习的概念、内涵、本质、原理和发展趋势等方面做了大量的基础理论研究，有利于厘清混合学习的基本概念，对混合学习的研究和发展起到了一定的推动作用。

---

[1] 祝智庭, 孟琦. 远程教育中的混合学习[J]. 中国远程教育, 2003(19): 30-34, 79.
[2] 田世生, 傅钢善. Blended Learning 初步研究[J]. 电化教育研究, 2004(7): 7-11.
[3] 李克东, 赵建华. 混合学习的原理与应用模式[J]. 电化教育研究, 2004(7): 1-6.
[4] 黄荣怀, 马丁, 郑兰琴等. 基于混合式学习的课程设计理论[J]. 电化教育研究, 2009(1): 9-14.
[5] 陈卫东, 刘欣红, 王海燕. 混合学习的本质探析[J]. 现代远距离教育, 2010(5): 30-33.
[6] 胡立如, 张宝辉. 混合学习：走向技术强化的教学结构设计[J]. 现代远程教育研究, 2016(4): 21-31.
[7] 陈妮. 基于耗散结构理论的混合学习的特征分析和策略研究[J]. 中国电化教育, 2012(11): 13-17.
[8] 曾茂林. 主体摄入视野中有机混合学习理论研究[J]. 中国电化教育, 2013(8): 8-12.

2）混合学习教学设计研究

混合学习教学设计研究主要集中在基于某个学习平台或某个理论的混合学习模式构建、学习活动设计、教学实施等。例如，周红春构建了基于Blackboard学习平台的混合学习模式[1]；牟占生和董博杰构建了基于Coursera教学平台的混合学习模式[2]；尹合栋构建了基于泛雅SPOC平台的混合学习模式[3]；徐梅丹等构建了基于微信公众平台的混合学习模式[4]；李逢庆构建了ADDIE（analysis，design，development，implementation and evaluation，即分析、设计、开发、实施和评价）教学设计模式，并对混合学习课程的教学设计和教学实施过程中的师生活动进行了深入探讨[5]。近年来，混合学习教学设计逐渐关注"以学生为中心"，强调学生是认知过程的主体，是知识意义的主动构建者。曹海艳等基于"以学生为中心"的思想和"目标、教学、测评一致性"的原则，提出了包含四个阶段、十个步骤的高校混合学习课程设计模式[6]；冯晓英和王瑞雪构建了一套核心目标导向的混合学习设计模式，认为混合学习的根本性目的是促进学生的学，应由教学设计向学习设计转变[7]。总的来说，目前关于混合学习教学设计的实证研究不足。混合学习教学设计的研究需在大量实证研究的基础上，从教学实际和具体问题出发，构建混合学习模式和设计学习活动。

3）混合学习资源和平台建设

混合学习资源和平台建设能够有效地促进混合学习的发展与应用。目前，混合学习并没有专门的学习资源和平台，其根本原因在于网络学习资源和平台的种类繁多，Moodle、Blackboard、雨课堂等平台具有较强的适应能力，能够直接作为混合学习平台[8]。目前关于混合学习的研究内容主要包括混合学习平台的特性分

---

[1] 周红春. 基于Blackboard学习平台的混合学习模式的探索与实践[J]. 电化教育研究, 2011(2): 87-91.
[2] 牟占生, 董博杰. 基于MOOC的混合学习模式探究——以Coursera平台为例[J]. 现代教育技术, 2014(5): 73-80.
[3] 尹合栋. "后MOOC"时期基于泛雅SPOC平台的混合教学模式探索[J]. 现代教育技术, 2015(11): 53-59.
[4] 徐梅丹, 兰国帅, 张一春等. 构建基于微信公众平台的混合学习模式[J]. 中国远程教育, 2015(4): 36-42.
[5] 李逢庆. 混合式教学的理论基础与教学设计[J]. 现代教育技术, 2016, 26(9): 18-24.
[6] 曹海艳, 孙跃东, 罗尧成等. "以学生为中心"的高校混合式教学课程学习设计思考[J]. 高等工程教育研究, 2021(1): 187-192.
[7] 冯晓英, 王瑞雪. "互联网+"时代核心目标导向的混合式学习设计模式[J]. 中国远程教育, 2019(7): 19-26, 92-93.
[8] 王国华, 俞树煜, 黄慧芳等. 国内混合式学习研究现状分析[J]. 中国远程教育, 2015(2): 25-31.

析、混合学习平台的构建与应用、学习平台上学习资源的设计与开发、混合学习平台的改造等。例如，张洁和王以宁利用境脉感知技术设计了移动混合学习系统[①]；蒋玲等利用 Windows Live 群作为混合学习的课程平台[②]；韩中保和韩扣兰将混合学习与微课相结合，设计了微课网络教学平台[③]；汪涛等基于微信公众平台对混合学习资源的流程和评价进行了设计[④]。总的来说，混合学习的资源和平台是丰富的，但关于学习资源和平台的通用性研究缺乏。学习资源标准化研究的缺乏，意味着学习资源的利用率低，重复建设现象严重，关于混合学习资源标准化和可移植性的研究还有待进一步加强。

4）混合学习应用实践研究

混合学习应用实践研究涉及基础教育、高等教育、成人教育、职业教育和企业培训等领域，其中关于混合学习在高校课程教学中的应用实践研究较为广泛，例如，武希迎基于混合学习，对"教育电声系统"课程进行了设计[⑤]；王玲等基于"MOOC+SPOC+翻转课堂"的混合教学新理念，在"大学计算机基础"课程教学中进行了大规模实践[⑥]；杨芳等对大学英语课开展了混合式教学实践[⑦]；韩淼对高校思政课开展了基于慕课和雨课堂的混合式教学实践[⑧]。相对来说，混合学习在基础教育领域的应用研究较少。笔者认为，这是由于在基础教育阶段，学生的学习主要集中于课堂，线上自主学习较少；而在高等教育阶段，大学生的身心发展已趋于成熟，传统课堂灌输的教学方式已经不能满足学生的需求，学生主要以自主学习为主，因而更适合混合学习的研究和开展。但随着 STEM[科学（science）、技术（technology）、工程（engineering）、数学（mathematics）]教育在我国基础教育中的关注度逐渐提升，混合学习在基础教育中的应用实践研究也应当进一步加强。

---

① 张洁, 王以宁. 基于境脉感知的移动混合式学习系统设计[J]. 现代远距离教育, 2010(5): 37-40.
② 蒋玲, 黄磊, 张丹清. 基于 Windows Live 群的混合式学习课程平台应用研究[J]. 中国电化教育, 2012(10): 136-140.
③ 韩中保, 韩扣兰. 基于 Blending Learning 的微课设计研究[J]. 现代教育技术, 2014(1): 53-59.
④ 汪涛, 张秋东, 李惠青等. 新型混合学习模式下微信公众平台学习资源设计[J]. 现代远程教育研究, 2016(5): 105-112.
⑤ 武希迎. 基于混合式学习的《教育电声系统》课程设计[J]. 现代教育技术, 2010(3): 44-48.
⑥ 王玲, 王杨, 郑津. 创新地方高校 MOOC 教学模式的探索与实践——以西南石油大学"大学计算机基础"混合式教学改革为例[J]. 中国大学教学, 2016(12): 59-64.
⑦ 杨芳, 魏兴, 张文霞. 大学英语混合式教学模式探析[J]. 外语电化教学, 2017(2): 21-28.
⑧ 韩淼. 基于慕课和雨课堂的高校思政课混合式教学——以"毛泽东思想和中国特色社会主义理论体系概论"慕课为例[J]. 现代教育技术, 2018(7): 65-70.

（6）前沿趋势分析

研究前沿是指某一领域科学研究中最具发展潜力，能够代表未来发展趋势的研究主题[1]。突现关键词代表了短时间内受关注度较高的词，能在一定程度上反映该领域的研究前沿。突现值越高，说明研究者对其关注度越高[2]。本书通过CiteSpace软件对关键词进行突现分析，时间区间为2年，运行得到22个突现关键词，如图1-4所示。从关键词突现结果可以看出，2003—2004年未出现突现关

关键词	年份	强度	开始年份	结束年份	2001—2021
混合学习	2003	32.23	**2005**	2015	
混合学习算法	2003	8.01	**2005**	2010	
Moodle	2003	3.74	**2007**	2013	
混合式学习	2003	19.81	**2009**	2014	
课程	2003	3.05	**2009**	2015	
混合学习模式	2003	3.23	**2010**	2013	
远程教育	2003	4.1	**2011**	2017	
数字化学习	2003	3.7	**2011**	2016	
微课	2003	4.76	**2013**	2018	
MOOC	2003	19.35	**2014**	2016	
翻转课堂	2003	10.91	**2015**	2017	
SPOC	2003	9.82	**2015**	2017	
教育信息化	2003	4.57	**2015**	2017	
高等教育	2003	4.34	**2015**	2017	
慕课	2003	6.07	**2016**	2018	
"互联网+"	2003	3.62	**2017**	2018	
学习分析	2003	3.23	**2017**	2021	
教育技术	2003	3.12	**2017**	2018	
混合学习环境	2003	3	**2017**	2018	
在线开放课程	2003	4.94	**2018**	2019	
雨课堂	2003	4.11	**2018**	2019	
教学改革	2003	3.53	**2019**	2021	

图1-4 混合学习研究突现关键词

---

[1] 马婧, 周倩. 国际混合学习领域热点主题与前沿趋势研究——基于科学知识图谱方法的实证分析[J]. 华东师范大学学报(教育科学版), 2019(4): 116-128.

[2] 柴艳妹, 李珍珍. 国内外 MOOC 研究热点前沿可视化对比分析[J]. 现代情报, 2015, 35(11): 106-113.

键词，在这一阶段，我国刚引入"混合学习"的概念，研究者主要集中在对混合学习的概念、内涵、原理、本质的研究，关于其实践应用的研究较少。从 2005 年开始，混合学习研究逐渐从基础理论研究向教学应用实践转变。

通过分析突现关键词发现，混合学习的研究前沿主要有三个：一是基于 Moodle、MOOC、SPOC、微课、雨课堂等学习平台的分析与应用研究；二是混合学习在远程教育、高等教育、教育技术、在线开放课程等领域的应用研究；三是教学设计研究，包括混合学习模式、翻转课堂、混合学习环境等的研究。

总的来说，教学设计在混合学习研究中处于重要位置，支撑着混合学习的发展和应用；混合学习的实践应用研究逐渐多元化，在具体的课程教学中和学习平台上的应用广泛。除此之外，学习分析技术作为一个从数据中建构意义的研究领域，可作为混合学习的辅助工具，为研究者提供新的数据分析类型和评估方法[1]。由此可见，混合学习研究的发展趋势是：从对混合学习的基础理论研究向教学应用实践转变，从关注教师的"教"向关注学生的"学"转变，利用学习分析等新技术，帮助教师更好地理解并优化学习过程和学习环境，改革传统课堂教学，为混合学习的研究与发展带来突破和创新。

（三）混合学习相关研究的述评

通过对混合学习的研究现状进行分析，笔者发现国内外学者的研究既有共同之处，也存在不同之处。共同之处在于：国内外学者从混合学习的概念、内涵、本质、原理和发展趋势等方面做了大量的基础理论研究，有利于厘清基本概念，对混合学习的研究起到积极的引导和推动作用。不同之处在于：第一，在实践方面，国内学者更侧重对混合学习资源和平台的研究，而国外学者更注重对混合学习主体、混合学习环境和混合学习效果的研究；第二，在模式设计方面，国内学者更倾向于先从理论上构建混合学习模式，再进行实证研究，而国外学者更倾向于针对教学实际或具体问题，从微观角度提出并验证混合学习的策略与方法。总的来说，尽管目前国内外已经有大量关于混合学习理论和实践方面的研究，但仍

---

[1] 王晶心, 冯雪松. 基于慕课的混合式教学：模式、效果与趋势——基于 SSCI 和 ERIC 数据库的分析[J]. 中国大学教学, 2019(10): 49-55.

然存在不足以及有待进一步研究的问题，具体如下。

1）混合学习设计的研究大多是从教师或教学设计者的视角进行教学设计的。随着"以学生为中心"的教育范式变革逐渐受到关注，"教学设计"逐渐向"学习设计"转变[1]，学习者视角的混合学习设计理论与实践还有待深入研究。

2）新兴信息技术利用不充分。新兴信息技术是混合学习的优势之一，目前新兴信息技术只作为在线学习的支撑工具和资源载体，缺乏关于其对提高学生的自主学习能力、满足学生的个性化学习需求方面作用的研究，因此，亟须设计新的学习工具来改善混合学习现状，充分发挥混合学习的优势。

第二节 高阶思维的研究现状

一、高阶思维的概念

（一）高阶思维的定义

思维作为一种高级的认识活动，其本质是复杂的。《辞海》中将思维解释为：理性认识的过程，是人脑对事物能动的、间接的和概括的反映，是在社会实践的基础上进行的，包括逻辑思维和形象思维[2]。西方学者对思维进行了一定的研究，杜威（Dewey）将思维和问题结合在一起，提出了"反思—问题产生—探究批判—问题求解"的整个过程是学习者思维产生和发展的过程。在思维产生过程中，"问题"是最大的动机源泉，能激发更高层次的思维。通过比较新手和专家的思维

---

[1] 冯晓英，王瑞雪. "互联网+"时代核心目标导向的混合式学习设计模式[J]. 中国远程教育, 2019(7): 19-26, 92-93.

[2] 夏征农，陈至立. 辞海[M]. 第六版缩印本. 上海: 上海辞书出版社, 2010: 1771.

产生机理，杜威发现专家更经常地进行反思[①]，该研究结果为高阶思维的研究奠定了基础。

对于高阶思维的定义，国内外学者还没有达成统一的意见。以美国为主要代表的国外学者大多用"思维"来界定高阶思维。德·波诺（De Bono）把认识的可操纵性作为差异，将高阶思维定义为"超出回忆事实知识的思维"[②]。奥诺科（Onosko）把高阶思维的生成环境作为差异，将高阶思维定义为"大脑在应对新的挑战时，发挥潜能的思维过程"[③]。刘易斯（Lewis）等将高阶思维定义为"个体在面对复杂情境时，通过接收新信息和从记忆中提取信息，将它们关联起来、重组，从而达到目的或获得答案的思维过程"[④]。美国教育委员会提出高阶思维具有包容性的特点，它将人们在思维产生过程中发挥作用的思维都囊括在内，包括问题解决、批判思维、创新思维，以及元认知等[⑤]。

国内学者更趋向于以"认知"或"能力"来定义高阶思维。钟志贤教授认为，高阶思维是发生在较高认知水平层次上的认知能力。他以问题求解、决策、批判性思维和创造性思维这四种能力定义了高阶思维[⑥]。张浩等认为，高阶思维包括元认知、问题解决、批判性思维和创造性思维[⑦]。王靖和崔鑫将高阶思维界定为问题解决能力、元认知能力、创造性思维、团队协作能力、沟通能力五种能力[⑧]。

无论是从"思维"还是从"认知""能力"的角度来定义高阶思维，其最终目的都在于为高阶思维提供一个通用的框架，以指导整个概念体系。在全球化和网络化的时代背景下，社会对学习者能力的需求越来越高，高阶思维逐渐由传统的认识范畴（问题解决能力、批判性思维、创造性思维）拓展到人际关系范畴（团队协作能力）。因此，本书认为高阶思维包括问题解决能力、批判性思维、创造性思维和团队协作能力。

---

① 约翰·杜威. 我们如何思维[M]. 伍中友译. 北京: 新华出版社, 2010: 150.
② 转引自钟志贤. 教学设计的宗旨: 促进学习者高阶能力发展[J]. 电化教育研究, 2004(11): 13-19.
③ Onosko, J. Comparing teachers' thinking about promoting students' thinking[J]. Theory and Research in Social Education, 1989, 17(3): 174-195.
④ Lewis, A., Smith, D. Defining higher order thinking[J]. Theory into Practice, 1993, 32(3): 131-137.
⑤ 季明峰. 高阶思维的概念辨识[J]. 上海教育科研, 2022(11): 29-36.
⑥ 钟志贤. 教学设计的宗旨: 促进学习者高阶能力发展[J]. 电化教育研究, 2004(11): 13-19.
⑦ 张浩, 吴秀娟, 王静. 深度学习的目标与评价体系构建[J]. 中国电化教育, 2014(7): 51-55.
⑧ 王靖, 崔鑫. 深度学习动机、策略与高阶思维能力关系模型构建研究[J]. 远程教育杂志, 2018(6): 41-52.

（二）高阶思维的内涵

国内外学者从不同的角度来解释高阶思维的内涵。从思维层次的角度出发，布鲁姆（Bloom）将思维的发展过程划分为知识、理解、应用、分析、综合、评价六个教育目标，其中前三个属于低阶思维，后三个属于高阶思维[①]；从思维能力的角度出发，钟志贤教授认为高阶思维是一种以高层次认知水平为主的综合性能力，包括问题求解、决策制定、批判性思维和创造性思维四种能力[②]。基于此，本书从思维层次和思维能力两个方面来理解高阶思维的内涵。

1. 思维层次

从思维层次的角度，学者通过将高阶思维和低阶思维进行比较来阐释高阶思维的内涵。低阶思维是一种较低层次的认知水平，主要用于学习低阶知识或完成简单任务，在教育目标分类中主要实现记忆、浅层的理解、相似迁移的应用等目标。低阶知识是低阶思维学习的对象或结果，是一种事实性知识、碎片化知识、孤立的知识，属于简单的、显性的知识。在一定程度上，低阶思维所学习的简单的、显性的知识是个体进行思维整合的基础，因而，低阶思维是高阶思维发生的前提条件之一。高阶思维是一种较高层次的认知水平或心智活动，主要用于学习高阶知识或解决劣构问题、复杂任务，在教育目标分类中主要实现分析、综合、评价等目标。高阶知识是高阶思维学习的结果，是个体运用高阶思维的必要条件。高阶知识是一种建构性知识、情景化知识、同化的知识，属于个性化的、复杂的、隐性的知识。运用高阶思维进行有意义学习，这种学习是主动的、建构的、有计划的、有目的的、真实的和合作的[③]。

2. 思维能力

从思维能力的角度，学者从不同层面对高阶思维的内涵进行了解读：在哲学层面上，高阶思维包括逻辑推理和批判性思维两种类型[④]；在心理学层面上，高阶

[①] 转引自钟志贤. 教学设计的宗旨：促进学习者高阶能力发展[J]. 电化教育研究, 2004(11): 13-19.
[②] 钟志贤. 教学设计的宗旨：促进学习者高阶能力发展[J]. 电化教育研究, 2004(11): 13-19.
[③] 钟志贤. 教学设计的宗旨：促进学习者高阶能力发展[J]. 电化教育研究, 2004(11): 13-19.
[④] Lewis, A., Smith, D. Defining higher order thinking[J]. Theory into Practice, 1993, 32(3): 131-137.

思维主要涉及真问题（genuine problem）的解决[1]；在社会学层面上，高阶思维包括创造性、批判性、元认知等能力[2]。这三个层面都强调问题解决、批判性、创造性等能力的培养。此外，高阶思维是一种社会的过程，社会的、参与的和共享的活动是高阶思维的触发机制[3]，团队协作能力应被纳入高阶思维的范畴。

（1）问题解决能力

问题解决能力是指学习者在学习情境中，应用认知过程处理与解决问题的能力。问题解决的直接结果是高级规则或认知策略。加涅提出问题求解过程产生了两种类型的学习：一是新习得的高级规则，即应用先前习得的规则形成新的规则，从而帮助学习者解决相似的问题；二是掌握解决一般问题的方法，即能引导学习者后续思维行为的认知策略。认知策略是指学习者可以根据自己的需要，自主地选择所需的知识与技能，并且能够确定什么时候及怎样使用它们来解决问题。认知策略是高阶思维的作用点和生长点，是最为重要的教育目的[4]。

（2）批判性思维

批判性思维是指学习者主动地、不断地、细致地对某种观念或认识进行反思，洞察其产生的原因和由此指向的结果。批判性思维是以一种质疑的方式来确定相信与不相信的心理活动，是建立在证据基础上的分析、判断、推理和辩护，是高阶思维的重要组成部分，也是判断某一思维是否属于高阶思维的关键要素。心理学中的反思、自我监控、元认知与批判性思维是交融互补、交叉重叠的关系[5]。通过批判性思维，人类可以认识自我，即人们不仅能够认识客体，还能够认识主体、监控自我，并在改造客观世界的过程中改造主观世界。

（3）创造性思维

创造性思维是指学习者在面对问题时，能够从多角度思考和寻求解决方案，既不会被已有的知识所局限，也不会被传统方法所束缚。在实践中，学习者不仅要善于发现和分析问题，更要创造性地解决问题。创造性思维的实质是个体将已有的知识经验或思维进行高度总结后进行系统迁移，通过创新的组合分析，发现

---

[1] 林琳，沈书生，李艺. 谈设计思维发展高阶思维何以可能——基于皮亚杰发生认识论的视角[J]. 电化教育研究, 2019(8): 22-29.
[2] 张晓露. 新西兰学生应具备的五种关键能力[J]. 课程·教材·教法, 2014, 34(8): 11.
[3] 钟志贤. 促进学习者高阶思维发展的教学设计假设[J]. 电化教育研究, 2004(12): 21-28.
[4] 钟志贤. 教学设计的宗旨：促进学习者高阶能力发展[J]. 电化教育研究, 2004(11): 13-19.
[5] 林崇德. 教育与心理发展教育为的是学生发展[M]. 北京：北京师范大学出版社, 2013: 75-76.

新异的层次和交叉点。人类的发展、科学的发展要有所发明和创新，就必须要有创造性思维，创造性思维是高阶思维中发展最迟、最慢和最难的一种思维[1]。

（4）团队协作能力

团队协作能力是指学习者除了能够与团队成员进行有效交流外，还需要培养自身的元认知能力，通过自我调节来达成团队目标和解决问题。人际交往与协作是学习者适应社会、立足社会的必备条件。团队协作能力要求个体在协作学习过程中能够与他人进行有效的沟通和交流，并通过自我调节来做出自己的贡献，以达到完成共同任务的目的。团队协作能力既有助于培养学习者的高阶思维，也有助于学习者更好地了解同伴的文化背景，拓展其国际视野[2]。

（三）高阶思维的特征

高阶思维作为一种复杂的思维过程，具有以下特征。

（1）深刻性

深刻性是指思维活动的广度、深度和难度，主要表现在对问题进行深度的思考，善于对其进行归纳和分类，具有较高的逻辑抽象能力，擅长通过现象抓住事物的本质和规律，从而进行系统的理解活动，并能对事情的发展过程进行预测。高阶思维的深刻性体现在个体在面对复杂的问题时，不会被其他不相干的信息所迷惑，能够进行更深层次的分析和探索，从而抓住问题的本质，并从根源上找到解决问题的方法。

（2）灵活性

灵活性是指思维活动的灵活程度，主要表现在一题多解的灵活变通方面，新颖中又不乏独到之处。灵活性强的人，不但思维敏捷，擅长举一反三，对各种方法和策略能够运用自如，还能够灵活地对问题进行全面分析、思考和解决。高阶思维的灵活性体现在当问题情境改变时，个体能够灵活地调动和运用自己已有的知识，找到新的解决方法，也可以在问题解决过程中灵活地进行变通，提出新的解决方案等。

---

[1] 林崇德. 教育与心理发展教育为的是学生发展[M]. 北京：北京师范大学出版社, 2013: 75-76.
[2] 王靖, 崔鑫. 深度学习动机、策略与高阶思维能力关系模型构建研究[J]. 远程教育杂志, 2018(6): 41-52.

（3）独特性

独特性是指思维活动的个性化程度，主要表现在人与人之间的思维特征的差异。个体在发展自身、认识事物、分析事物时，其所处的环境、所受的教育、所接受的文化等都存在差异，这就使得个体在思维过程中的侧重点不同、观察分析的角度不同，从而表现出独特性的特征。高阶思维的独特性体现在个体不局限于固定的思维模式，其思维轨迹并非事先设定好的，而是在思维过程中根据已有的知识和新信息不断发展而产生的思维结果。

二、高阶思维的国内外相关研究

（一）国外高阶思维的相关研究

国外学者对高阶思维的研究主要聚焦在理论研究、教学培养、影响因素、评价，以及其与信息技术的关系等方面。

1. 高阶思维理论研究

（1）从思维过程的角度

杜威认为，思维是一个复杂的过程，"反思—问题产生—探究批判—问题求解"这一过程是学习者思维发生的过程[1]。加涅等将学习者的学习结果划分为智慧技能、认知策略、言语信息、态度和动作技能五种类型。他认为，问题解决是一种高级的智慧技能，是高级的思维学习过程，不能通过听别人描述就能简单地习得，必须经过练习与运用才能习得[2]。雷斯尼克（Resnick）认为，个体的思维过程涉及分类、归纳、演绎和推理等相关心智操作，高层次的思维具有不规则性、复杂性、多样性、精细性、标准多元、条件不确定、自我调节、意义建构、费力等特征[3]。

（2）从分层次的角度

学者侧重于高阶思维和低阶思维的对比研究，最具影响力的是布鲁姆的教育

---

[1] 约翰·杜威. 我们如何思维[M]. 伍中友译. 北京：新华出版社, 2010: 150.
[2] 加涅, 韦杰, 戈勒斯等. 教学设计原理[M]. 第5版. 王小明, 庞维国, 陈保华等译. 上海：华东师范大学出版社, 2007: 12.
[3] Resnick, L. B. Education and Learning to Think[M]. Washington, D.C.: National Academy Press, 1987: 2-3.

目标分类学。布鲁姆将学习目标分成知识、理解、应用、分析、综合、评价六种，其中知识、理解、应用属于低阶思维，分析、综合、评价属于高阶思维。2001年，安德森（Anderson）等修订了布鲁姆的教育目标分类学，认为教育目标由知识维度和认知维度构成，知识维度将知识分为事实性、概念性、程序性和元认知等类型；认知维度分为记忆、理解、应用、分析、评价、创造。其中，认知维度中的分析、评价和创造属于高阶思维[1]。比格斯（Biggs）和科利斯（Collis）在皮亚杰（Piaget）认知发展阶段理论的基础上，提出了SOLO（structure of the observed learning outcome，可观察学习结果的结构）分类法。他们认为个体的认知发展是呈阶段性的，每一个阶段都表现出不同的发展水平，这些发展水平充分地体现在学生回答或者解决问题的过程中所表现出的思维结构的复杂性上。SOLO分类法将思维水平划分为前结构、单点结构、多点结构、关联结构和抽象扩展结构五个层次[2]。其中，单点结构和多点结构主要表征学生学习的数量特征，属于低阶思维；而关联结构和抽象扩展结构侧重于表征学生学习的质量特征，属于高阶思维。金（King）等[3]、阿里（Ali）[4]基于布鲁姆的教育目标分类学、加涅的术语、哈拉德娜（Haladyna）的心智处理四水平、纽科姆（Newcomb）和特雷夫茨（Trefz）的模型，对高阶思维和低阶思维进行了比对，认为布鲁姆教育目标分类学中的分析、综合和评价，加涅术语中的问题解决，哈拉德娜心智处理四水平中的批判性思维和创造性，纽科姆和特雷夫茨模型中的创造和评价，都属于高阶思维。

（3）从分类的角度

斯滕伯格（Sternberg）和格里戈连科（Grigorenko）提出了"成功智力"（successful intelligence）的概念，并将其归纳为分析、创造和实践三种能力，这三种能力本质上属于高阶思维[5]。马扎诺（Marzano）等认为，高阶思维包括对比、

---

[1] 安德森等. 学习、教学和评估的分类学：布鲁姆教育目标分类学修订版[M]. 简缩本. 皮连生主译. 上海：华东师范大学出版社, 2007: 26-28.

[2] Biggs, J. B., Collis, R. E. Evaluating the Quality of Learning: The SOLO Taxonomy[M]. New York: Academic Press, 1982: 13-15.

[3] King, F. J., Goodson, L., Rohani, F. Higher order thinking skills: Definition, teaching strategies, assessment[EB/OL]. https://www.docin.com/p-1557330373.html. (2016-05-02).

[4] Ali, S. N. Malaysian polytechnic lecturers' teaching practices with ICT utilization to promote higher-orderthinking skills[D]. Lowa: Iowa State University, 2012: 1-10.

[5] 罗伯特·J. 斯腾伯格, 埃琳娜·L. 格里戈连科. 成功智力教学：提高学生学习效能与成绩[M]. 第2版. 丁旭, 盛群力译. 宁波：宁波出版社, 2017: 11-12.

分类、归纳、演绎错误分析、构建支持、分析观点、抽象、调查、问题解决、实验探究和发明等 13 种技能[1]。美国俄勒冈州波特兰市西北地区教育实验室将高阶思维划分为问题解决、决策、推论、评价、哲学推理等[2]。尤德尔（Udall）和丹尼尔斯（Daniels）认为，高阶思维至少包括三种思维：批判思维、创造思维和问题解决能力[3]。

2. 高阶思维教学培养研究

国外关于高阶思维教学培养的研究数量最多，主要从教学设计、教学模式、教学策略等方面进行研究。

（1）教学设计研究

达克（Duck）认为，高阶思维的设计应遵循以下几个基本原则：高阶思维可以采用"问题式"方法来教授；高阶思维训练的重点在于培养学生提出问题、分析问题、形成假设、验证假设的能力，即"探究"能力；发散思维既有认识方面的增强作用，也有情绪方面的增强作用；无论是哪一种类型的教学，学生都要学习如何取得成功；对高阶思维进行评价时，要运用某些学生不熟知的因素；评价高阶思维既要重视知识和程序，也要重视问题的明确表述，以及答案要符合明确的标准；利用计算机加强学生思维能力的训练[4]。沙辛（Sahin）主张从教学目标到教学评价都要体现出高阶思维，并指出，在教学目标制定的过程中，教师制定的目标必须明确反映出高阶思维；在教学策略设计的过程中，要设计能够培养学生高阶思维的策略；在课堂教学的过程中，要把重点放在学生的"学"上，要创造一个以学生为中心、合作式和技术支撑的课堂环境，为提高学生的高阶思维而教；在教学评价的过程中，要以培养高阶思维为标准对学生的学习进行评价[5]。道奇（Dodge）提出制定的学习任务应该能够激发学生使用八种高阶思维：鉴别和澄清事物之间的相似性与差异性；按事物的性质、特点对其进行归类；在考察、分析的基础上总结出一般性原则；由已知的原则、定律推导出不可知的结论；剖

---

[1] 转引自盛群力. 旨在培养解决问题的高层次能力——马扎诺认知目标分类学详解[J]. 开放教育研究, 2008(2): 10-21.

[2] 转引自汪茂华. 高阶思维能力评价研究[D]. 上海：华东师范大学, 2018: 19-20.

[3] Udall, A. J., Daniels, J. E. Creating the Thoughtful Classroom[M]. Tucson: Zephyr Press, 1991: 13-15.

[4] Duck, L. E. Seven cardinal principles for teaching higher-order thinking[J]. The Social Studies, 1985, 76(3): 129-133.

[5] Sahin, M. C. Instructional design principles for 21st century learning skills[J]. Procedia-Social and Behavioral Sciences, 2009, 1(1): 1464-1468.

析失误，发现并澄清自己及别人思想上的差异；确定支撑论点，并为每个论点提供佐证；从纷繁复杂的信息中归纳其隐含的规则与特点；提出自己对事物的观点，并能阐述自己的意见[1]。

（2）教学模式研究

恩尼斯（Ennis）将高阶思维的教学概括为三种模式：过程模式、内容模式和注入模式。其中，过程模式关注对学生的思维能力进行专门的、直接的训练；内容模式关注将特定的知识技能与特定的学科相结合；注入模式关注将思维能力的训练和课堂教学相结合[2]。

国外学者的研究表明，翻转课堂、探究学习、项目学习、基于问题的学习等是培养学生高阶思维的有效途径。阿索特（Alsowat）的研究表明，翻转课堂教学模式下学生的高阶思维能力显著高于面对面课堂教学模式下的学生[3]。曼德胡丽（Madhuri）等认为，探究学习能有效提升学生的实验设计和实施能力，并且能够提升学生的高阶思维能力[4]。珀巴（Purba）等认为，基于项目的学习能够提升学生的高阶思维能力[5]。苏普拉普托（Suprapto）等的研究发现，基于问题的学习可以提高学生的问题解决能力和团队合作能力，并能增强他们的自信心[6]。

（3）教学策略研究

金（King）等的研究表明，小组活动是发展高阶思维的有效教学策略[7]。赛多（Saido）等提出，小组分享能有效提升学习效果，并能有效提升学生对知识的迁移应用能力[8]。小组活动又可以分为小组讨论、小组协作、合作学习等。考查克

---

[1] 转引自钟志贤. 如何发展学习者高阶思维能力?[J]. 远程教育杂志, 2005(4): 78.

[2] 转引自王帅. 国外高阶思维及其教学方式[J]. 上海教育科研, 2011(9): 31-34.

[3] Alsowat, H. An EFL flipped classroom teaching model: Effects on English language higher-order thinking skills, student engagement and satisfaction[J]. Journal of Education and Practice, 2016, 7(9): 108-121.

[4] Madhuri, G. V., Kantamreddi, V. S. S. N., Prakash, G. L. N. S. Promoting higher order thinking skills using inquiry-based learning[J]. European Journal of Engineering Education, 2012, 37(2): 117-123.

[5] Purba, S. O., Manurung, B., Mulyana, R. Effect of project based learning and cooperative type group investigation(GI) learning strategies on higher order thinking ability in biology course[C]. Proceeding Biology Education Conference: Biology, Science, Enviromental, and Learning, 2015.

[6] Suprapto, E., Fahrizal, F., Priyono, P., et al. The application of problem-based learning strategy to increase high order thinking skills of senior vocational school students[J]. International Education Studies, 2017, 10(6): 123.

[7] King, F. J., Goodson, L., Rohani, F. Higher order thinking skills: Definition, teaching strategies, assessment[EB/OL]. http://www.cala.fsu.edu/files/higher_order_thinking_skills.pdf. (2011-03-03).

[8] Saido, G. M., Siraj, S., Nordin, A. B., et al. Higher order thinking skills among secondary school students in science learning[J]. Malaysian Online Journal of Educational Sciences, 2015, 3(3): 13-20.

（Kauchak）和艾格恩（Eggen）指出，不管是何种类型的小组活动，都要在参与之前确定好小组的任务以及完成任务的具体步骤，并且小组成员不得多于 6 人[①]。此外，运用基于认知的学习策略、使用计算机辅助学习也是促进学生高阶思维发展的有效策略[②]。

3. 高阶思维影响因素研究

巴森科（Budsankom）等的研究发现，对高阶思维具有直接影响的因素包括心理因素、智力因素和课堂环境因素，对高阶思维具有间接影响的因素是家庭因素。其中，心理因素包括幸福感、学习动机、自我控制；智力因素包括智商和推理能力；课堂环境因素包括采取小组活动、重视学生的优势和兴趣等；家庭因素包括父母的智商和人际交流能力、家庭氛围等[③]。

除此之外，李（Lee）和乔（Choi）的研究发现，学生的深度学习方式会显著影响学生的高阶思维[④]。卢格特（Rugutt）的研究表明，师生关系也是显著影响学生高阶思维的因素[⑤]。延森（Jensen）等的研究发现，测试题的水平会影响学生的高阶思维能力[⑥]。

4. 高阶思维评价研究

布鲁姆的教育目标分类学是被广泛采用的评价框架。普莱克（Plack）[⑦]、汤

[①] Kauchak, D. P., Eggen, P. D. Learning and Teaching: Research based Methods[M]. Boston: Allyn & Bacon, 1998: 21-23.

[②] Saido, G. M., Siraj, S., Nordin, A. B., et al. Higher order thinking skills among secondary school students in science learning[J]. Malaysian Online Journal of Educational Sciences, 2015, 3(3): 13-20.

[③] Budsankom, P., Sawangboon, T., Damrongpanit, S., et al. Factors affecting higher order thinking skills of students: A meta-analytic structural equation modeling study[J]. Educational Research and Reviews, 2015, 10(19): 2639-2652.

[④] Lee, J., Choi, H. What affects learner's higher-order thinking in technology-enhanced learning environments? The effects of learner factors[J]. Computers & Education, 2017, 115: 143-152.

[⑤] Rugutt, J. K. Linking teaching and learning environment variables to higher order thinking skills: A structural equation modeling approach[M]//T., Teo, L. T., Tsai, C. C., Yang (Eds.), Application of Structural Equation Modeling in Educational Research and Practice (pp. 217-239). Rotterdam: Sense Publishers, 2013.

[⑥] Jensen, J. L., McDaniel, M. A., Woodard, S. M., et al. Teaching to the test or testing to teach: Exams requiring higher order thinking skills encourage greater conceptual understanding[J]. Educational Psychology Review, 2014, 26(2): 307-329.

[⑦] Plack, M., Driscoll, M., Marquez, M., et al. Assessing reflective writing on a pediatric clerkship by using a modified Bloom's taxonomy[J]. Ambulatory Pediatrics, 2007, 7(4): 285-291.

普森（Thompson）[1]、帕尔默（Palmer）[2]等都采用了布鲁姆的框架对高阶思维进行评价。除了布鲁姆的教育目标分类学外，比格斯等的 SOLO 分类法和马扎诺的教育目标新分类学也是目前常用的高阶思维评价框架。例如，威尔逊（Wilson）[3]的研究采用了比格斯等的 SOLO 分类法；宏（Heong）[4]、托莱多（Toledo）和杜巴斯（Dubas）[5]等的研究参考了马扎诺的教育目标新分类学。

还有一些研究者自行开发了评价框架或评价工具。约翰·罗斯（John Ross）和凯瑟琳·罗斯（Catherine Ross）开发了罗斯高阶思维测试工具，包括类比、推断、抽象、排序、提问、关联、特征分析七个部分[6]。萨格鲁（Sugrue）通过评价问题解决能力，提出了一个包含知识结构、认知功能和自我认知三个维度的评价模型[7]。库利格（Kulig）和布兰查德（Blanchard）对见习医生的批判性思维、决策能力、压力承受能力进行了评估，并编制了相应的行动参照表[8]。

5. 高阶思维与信息技术的关系研究

卢帕特·威格里夫认为，技术不是独立于思维之外，技术的使用与思维有着内在关系，既影响我们的思维方式，也影响我们如何看待思维的重要性[9]。所罗门（Solomon）等指出，信息技术可以提升学生的思维能力，并为学生提供最近发展区的元认知方向[10]。格兰尼（Granic）和拉米（Lamey）的研究发现，互联网的自

---

[1] Thompson, T. Mathematics teachers' interpretation of higher-order thinking in Bloom's taxonomy[J]. International Electronic Journal of Mathematics Education, 2008, 3(2): 96-109.

[2] Palmer, A. W. Higher-order thinking skills in digital games[D]. Los Angeles: Azusa Pacific University, 2016.

[3] Wilson, M. R. Investigation of structured problem solving items[M]//G., Kulm (Ed.). Assessing Higher Order Thinking in Mathematics (pp.137-203). Washington, D.C.: American Association for the Advancement of Science, 1990.

[4] Heong, Y. M., Othman, W. B., Yunos, J. B. M., et al. The level of marzano higher order thinking skills among technical education students[J]. Journal of Social Science and Humanity, 2011, 1(2): 121-125.

[5] Toledo, S., Dubas, J. M. Encouraging higher-order thinking in general chemistry by scaffolding student learning using Marzano's taxonomy[J]. Journal of Chemical Education, 2016, 93(1): 64-69.

[6] Ross, J. D., Ross, C. M. Ross Test of Higher Cognitive Processes: Statistical Supplement[M]. Novato: Academic Therapy Publications, 1976: 14-22.

[7] Sugrue, B. A theory-based framework for assessing domain-specific problem-solving ability[J]. Educational Measurement: Issues and Practices, 1995, 14(3): 29-36.

[8] Kulig, A. W., Blanchard, R. D. Use of cognitive simulation during anesthesiology resident applicant interviews to assess higher-order thinking[J]. Journal of Graduate Medical Education, 2016, 8(3): 417-421.

[9] 卢帕特·威格里夫. 从对话理论角度看因特网时代技术在思维教学中的作用[J]. 肖俊洪译. 中国远程教育, 2015(3): 21-30.

[10] 转引自姜玉莲. 技术丰富课堂环境下高阶思维发展模型建构研究[D]. 长春: 东北师范大学, 2017: 66.

组织特征可以发展使用者的批判性思维、自我效能感,增加其思维的流畅性,使其出现元认知[1]。西蒙(Simon)的研究表明,信息技术能提升学生对基础知识的掌握水平,发展学生的高层次学习能力、创新思维和批判性思维[2]。

信息技术与教学方法的结合是促进学生高阶思维发展的有效途径。李(Li)和杨(Yang)的研究发现,网络探究学习能提高学生的高阶思维能力、学习动机和学业成绩[3]。肯纳(Kenna)认为,游戏教学能发展学生的高阶思维[4]。巴育(Prayaga)和科菲(Coffey)让学生自己开发游戏,指出学生在开发游戏的过程中会使用解决问题、分析、评价等高阶思维[5]。此外,学生通过在线讨论或博客等评价他人的观点,反思、修正自己的观点,也可以提高他们的批判性思维、反思等高阶思维[6]。

(二)国内高阶思维的相关研究

本书以中文核心期刊为样本,对我国高阶思维研究的文献数量、期刊来源、研究作者、研究机构、研究热点和前沿趋势进行探讨。

1. 数据收集与研究方法

以中国知网期刊数据库为数据来源,期刊类型设定为北大核心和CSSCI两大期刊,以"篇关摘"为检索项,检索词为"高阶思维"or"高级思维"or"高层次思维"or"高水平思维",检索时间跨度为2001—2021年。最终检索出文献752篇,经过CiteSpace软件的筛选查重,共得到有效文献729篇。

---

[1] Granic, I., Lamey, A. The self-organization of the internet and changing modes of thought[J]. New Ideas in Psychology, 2000, 18(1): 93-107.

[2] Simon, N. A. Simulated and virtual science laboratory experiments: Improving critical thinking and higher-order learning skills[D]. Arizona: Northcentral University, 2013: 1-2.

[3] Li, H. F., Yang, T. C. The effectiveness of WebOuest on elementary school students' higher-order thinking, learning motivation, and English learning achievement[C]. World Conference on Educational Media and Technology, 2007.

[4] Kenna, A. L. The impact of maths game based learning on children's higher order thinking skills[C]. Proceedings of the British Society for Research into Learning Mathematics, 2015.

[5] Prayaga, L., Coffey, J. W. Computer game development: An instructional strategy to promote higher order thinking skills[J]. Manager's Journal of Educational Technology, 2008, 5(3): 40-48.

[6] Hart, L. Designing a graduate discussion board rubric to facilitate higher-order learning[C]. SoTL Commons Conference, 2016.

本书采用 CiteSpace 5.7.R2 软件作为分析工具，对文献进行关键词共现、关键词聚类、关键词突现分析，以深入分析我国高阶思维的研究热点、研究前沿和发展趋势。

2. 研究结果分析

（1）文献数量分析

按文献的发表时间对高阶思维研究进行统计分析，结果如图 1-5 所示。统计发现，2001—2021 年，研究高阶思维的文献数量整体呈不断上升趋势，尤其是自 2017 年起发文量的涨幅明显，究其原因可能是随着 2016 年 9 月《中国学生发展核心素养》总体框架的发布，高阶思维成为发展学生核心素养的实现途径和未来创新型人才培养的时代诉求，受到了专家学者的广泛关注。同时文献数量逐年递增，也说明高阶思维的研究尚未发展成熟，仍然需要对其进行深入研究。

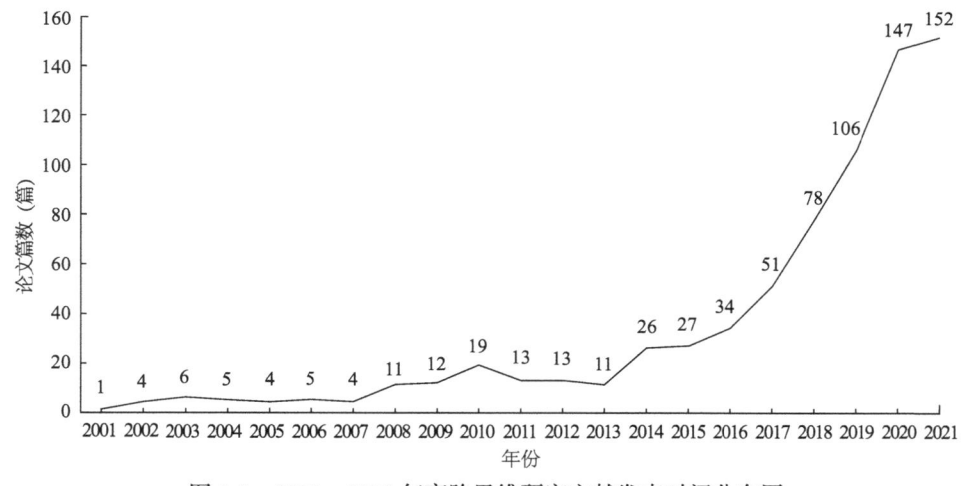

图 1-5　2001—2021 年高阶思维研究文献发表时间分布图

（2）期刊来源分析

对文献所属刊物进行统计，载文量不低于 10 篇的期刊如图 1-6 所示，这些期刊的载文量共 503 篇，占高阶思维研究核心期刊论文总数的 69.00%。统计发现，研究高阶思维的期刊来源主要为学科教学期刊，具体学科包括语文、物理、地理、生物、化学和政治，这类期刊的载文量共 235 篇，占载文量不低于 10 篇期刊载文量的 46.72%。除此之外，期刊类型还包括综合性教育研究（如《教学与管理》《人民教育》《教育理论与实践》等）、电化教育（如《电化教育研究》《中国电化教育》）、教育技术（如《现代教育技术》）、远程教育（如《远程教育杂志》《现代远程教育研究》等）。

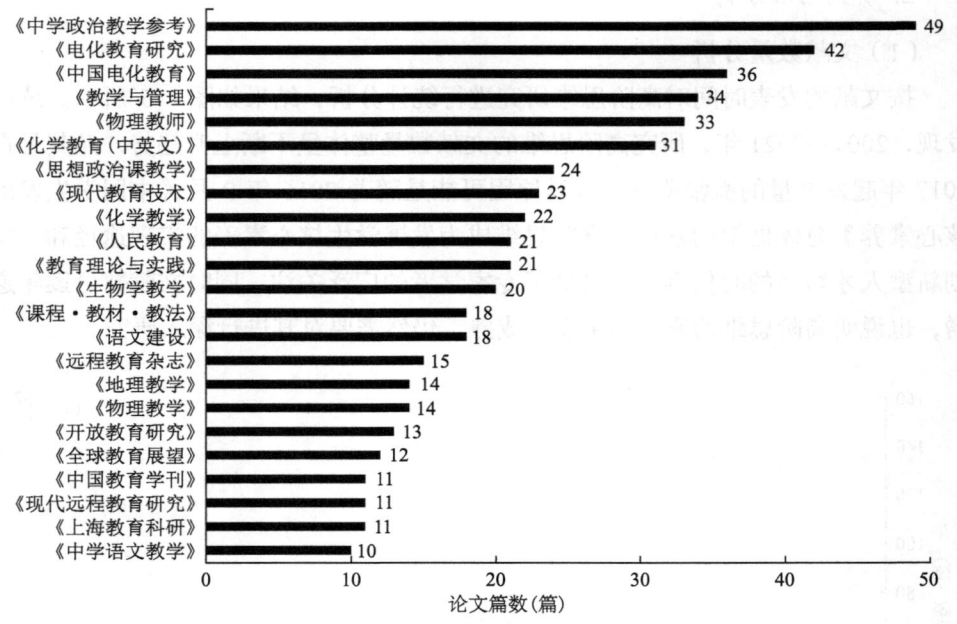

期刊	论文篇数（篇）
《中学政治教学参考》	49
《电化教育研究》	42
《中国电化教育》	36
《教学与管理》	34
《物理教师》	33
《化学教育(中英文)》	31
《思想政治课教学》	24
《现代教育技术》	23
《化学教学》	22
《人民教育》	21
《教育理论与实践》	21
《生物学教学》	20
《课程·教材·教法》	18
《语文建设》	18
《远程教育杂志》	15
《地理教学》	14
《物理教学》	14
《开放教育研究》	13
《全球教育展望》	12
《中国教育学刊》	11
《现代远程教育研究》	11
《上海教育科研》	11
《中学语文教学》	10

图 1-6 高阶思维研究期刊载文量（不低于 10 篇）统计图

（3）研究作者分析

利用 CiteSpace 软件对研究作者的发文量进行统计，发现研究高阶思维的作者共有 409 人，发文量高于 3 篇的作者共 15 人，占作者总人数的 3.67%，可见研究高阶思维的作者发文量较低。表 1-3 列出了发文量高于 3 篇的作者。统计每位作者发表高阶思维相关文献的被引频次，并计算每篇文献的平均被引频次，该指标能够间接表明该作者在高阶思维研究领域的影响力[1]。为进一步评估每位作者的学术产出数量和水平，我们还统计了每位作者的 H 指数。安富海、钟志贤、段金菊、马云鹏、郑长龙是截至 2021 年篇均被引频次大于 60 的高阶思维研究者，马云鹏、钟志贤、赵蔚、解月光、姜强、沈书生、郑长龙是 H 指数大于 30 的研究者。通

---

① 艾贤明, 陈仕品. 我国混合学习研究现状与问题分析——基于 CNKI 核心期刊文献计量和可视化分析[J]. 教育文化论坛, 2019(2): 13-19.

过追踪这些研究者的高阶思维相关文献,我们能够了解高阶思维的研究进展,例如,钟志贤教授是我国较早开展高阶思维研究的研究者,主要研究高阶思维的定义、特点,以及如何运用信息技术促进高阶思维;安富海、段金菊、马云鹏、赵蔚、姜强主要研究通过深度学习发展学生的高阶思维;解月光、沈书生主要研究如何运用信息技术发展或评价高阶思维;郑长龙主要研究如何在化学课堂教学中发展学生的高阶思维。

表 1-3 高阶思维研究作者发文量(高于 3 篇)统计表

作者	单位	发文量(篇)	总被引频次	篇均被引频次	H 指数
赵蔚	东北师范大学	8	316	40	44
姜强	东北师范大学	7	266	38	36
安富海	杭州师范大学	6	2122	354	27
解月光	东北师范大学	6	344	57	37
钟志贤	江西师范大学	5	1192	238	52
张生	北京师范大学	5	165	33	21
王炜	新疆师范大学	5	146	29	25
任虎虎	江苏省太仓高级中学	5	100	20	13
段金菊	西南大学	4	822	206	14
马云鹏	东北师范大学	4	368	92	54
郑长龙	东北师范大学	4	278	70	34
沈书生	南京师范大学	4	232	58	36
齐媛	中国教育科学研究院	4	139	35	21
李海峰	新疆师范大学	4	103	26	21
张光陆	宁波大学	4	81	20	17

(4)研究机构分析

研究机构分布情况能够反映出高阶思维研究机构实力的强弱。高阶思维文献发文量不低于 10 篇的研究机构共 8 个,如图 1-7 所示。由此可以看出,综合实力较强的高等师范院校是高阶思维研究和应用的主要研究机构。北京师范大学、东北师范大学、华东师范大学、华中师范大学的发文量均不低于 20 篇。

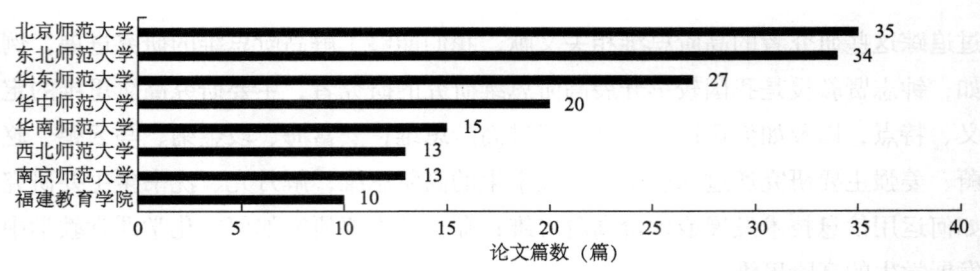

```
北京师范大学                                    35
东北师范大学                                   34
华东师范大学                            27
华中师范大学                   20
华南师范大学             15
西北师范大学           13
南京师范大学           13
福建教育学院       10
         0    5    10   15   20   25   30   35   40
                        论文篇数（篇）
```

图 1-7　高阶思维研究机构发文量（不低于 10 篇）统计图

（5）研究热点分析

本书利用 CiteSpace 软件对关键词进行共现分析，提取文献中频数和中介中心性最高的前 20 个关键词，如表 1-4 所示。通过合并关键词，如"深度学习"与"深度教学"、"核心素养"与"学科核心素养"、"知识建构"与"建构主义"等，并去除"高阶思维""高层次思维"等关键词后发现，我国高阶思维研究应用领域主要集中在教育领域，尤其是中小学教育领域，研究内容包括深度学习、核心素养、教学设计、翻转课堂、人工智能等。

表 1-4　高阶思维研究期刊关键词共现频次和中介中心性统计表

序号	频次前 20 个关键词统计			序号	中介中心性前 20 个关键词统计		
	频次	中心性	关键词		频次	中心性	关键词
1	144	0.31	高阶思维	1	144	0.31	高阶思维
2	142	0.25	深度学习	2	142	0.25	深度学习
3	45	0.08	核心素养	3	34	0.11	高阶思维能力
4	34	0.11	高阶思维能力	4	45	0.08	核心素养
5	23	0.04	教学策略	5	11	0.06	教学模式
6	19	0.03	翻转课堂	6	7	0.06	知识建构
7	14	0.02	学科核心素养	7	23	0.04	教学策略
8	13	0.02	教学设计	8	8	0.04	建构主义
9	11	0.06	教学模式	9	7	0.04	批判性思维
10	11	0.02	人工智能	10	4	0.04	学习目标
11	11	0.01	思维品质	11	2	0.04	中学生
12	10	0.01	深度教学	12	19	0.03	翻转课堂

续表

序号	频次前20个关键词统计			序号	中介中心性前20个关键词统计		
	频次	中心性	关键词		频次	中心性	关键词
13	8	0.04	建构主义	13	7	0.03	高层次思维
14	8	0.01	课堂教学	14	6	0.03	信息技术
15	7	0.06	知识建构	15	5	0.03	化学教学
16	7	0.04	批判性思维	16	5	0.03	STEM教育
17	7	0.03	高层次思维	17	2	0.03	小学生
18	7	0.01	策略	18	14	0.02	学科核心素养
19	6	0.03	信息技术	19	13	0.02	教学设计
20	6	0.02	创造性思维	20	11	0.02	人工智能

对关键词进行聚类分析，结果表明，"高阶思维能力""高阶思维""深度学习""核心素养""建构主义""批判性思维""信息技术""创造性思维""教学策略"是当前国内高阶思维的研究热点。通过对相关主题进行合并，最终确认三个研究热点：高阶思维理论研究、高阶思维教学培养研究、高阶思维与信息技术的关系研究。

1）高阶思维理论研究

高阶思维理论研究中，学者研究较多的是关于概念、内涵、特征、评价标准、价值等的基本理论研究，这类成为后续相关研究的理论基础。例如，钟志贤教授对高阶思维的定义、特点和构成进行了系统介绍，辨析了高阶思维、高阶能力、高阶学习和高阶知识之间的关系，还分析了教学中的高阶思维和发展高阶思维的意义[1]。林崇德教授从思维品质的角度对高阶思维进行了界定，提出了思维品质由敏捷性、灵活性、创造性、批判性和深刻性五种成分构成，并通过实验研究发现，培养学生的思维品质是发展其智能的突破口[2]。季明峰对高阶思维的内涵、特征、教育目标和评价标准等进行了深入分析，最终将高阶思维定性为一种包容性的、相对性的、表现高质量教育的时代性概念[3]。马淑风和杨向东对高阶思维的概念和

---

[1] 钟志贤. 教学设计的宗旨：促进学习者高阶能力发展[J]. 电化教育研究, 2004(11): 13-19.
[2] 林崇德. 培养思维品质是发展智能的突破口[J]. 国家教育行政学院学报, 2005(9): 21-26.
[3] 季明峰. 高阶思维的概念辨识[J]. 上海教育科研, 2022(11): 29-36.

内涵进行了界定，剖析了其理论意义和实践价值，认为高阶思维并非单一的思维过程，而是多种认知成分协同作用的复杂思维过程。高阶思维的概念框架需要包含对问题情境的分析、新旧知识的关系建立、不同维度信息的综合、创新性知识的产生，以及对思维过程的监督、管理和调节五个方面的认知成分，并且高阶思维的概念框架还要能够阐释五个认知成分之间如何相互作用、彼此影响、协调发展的过程[1]。总的来说，学者从高阶思维的概念、内涵、特征、评价标准、意义和价值等方面做了大量的基础理论研究，为深入研究高阶思维的发展规律和教学培养机制奠定了理论基础。

2）高阶思维教学培养研究

国内关于高阶思维教学培养的研究数量最多，主要集中在教学设计、教学模式、教学策略、与学科课程融合等方面的实践应用研究。

在教学设计方面，钟志贤教授指出，培养学生的高阶思维是教学设计研究与实践的宗旨[2]，他还从基本假设、高阶学习、知识建构和问题/任务设计等方面，对有助于学生高阶思维发展的教学设计进行了详细阐述[3]。林崇德和胡卫平认为，高阶思维课堂教学的理论包括认知冲突、自主建构、自我监控和迁移应用四个原则，教学设计应该包括确定教学目标、突出知识形成过程、联系已有经验、注重培养非智力因素、训练思维品质、提升智力能力，以及营造良好的教学情境、分层教学、因材施教等方面的基本要求，并通过多年的教学实践发现，高阶思维教学可以有效地促进师生互动，激发课堂的思维活动，提高课堂教学质量[4]。王伟等提出高阶思维教学需要做到：在教学目标上，由对知识的关注向对思维的关注转变；在教学内容的结构上，由学科逻辑向运用逻辑转变；在教学过程上，由学科化的知识向发展思维转变；在学习效果上，由知识的掌握向思维的生成转变[5]。

在教学模式方面，以高阶思维发展为目标的深度学习成为研究热点。郑葳和刘月霞认为，深度学习是信息时代教学变革的必然选择，是将教学改进的目标指向发展学生的核心素养，指向增进学生的深度理解和创造性解决问题等高阶思维

---

[1] 马淑风, 杨向东. 什么才是高阶思维？——以"新旧知识关系建立"为核心的高阶思维概念框架[J]. 华东师范大学学报（教育科学版），2022(11): 58-68.
[2] 钟志贤. 教学设计的宗旨：促进学习者高阶能力发展[J]. 电化教育研究, 2004(11): 13-19.
[3] 钟志贤. 促进学习者高阶思维发展的教学设计假设[J]. 电化教育研究, 2004(12): 21-28.
[4] 林崇德, 胡卫平. 思维型课堂教学的理论与实践[J]. 北京师范大学学报（社会科学版），2010(1): 29-36.
[5] 王伟, 黄少如, 唐烨伟等. 高阶思维教学特征及教学设计模式初探[J]. 中小学数字化教学, 2018(3): 27-30.

能力的提升①。崔友兴认为，以高阶思维为目标的深度学习，着重于对知识的理解、生成和迁移，凸显了学生的主体性、主动性和创造性，重点关注学习的体验性和挑战性，特别要注重营造和使用情境②。段茂君和郑鸿颖提出了以深度学习为基础的高阶思维发展模式，由创设问题情境、确立拓展方向、优化整合、提炼心理机能四个部分组成，这一模式具有系统性和整体性的特点，有利于培养学生的高阶思维③。此外，翻转课堂也是培养学生高阶思维的有效教学模式。丁永刚等提出了基于 SPOC 的翻转课堂 2.0 教学模式，并通过实证研究证实该模式可以促进学生高阶思维的形成④。此外，促进高阶思维发展的教学模式还有项目式教学、支架式教学、合作学习、基于问题的学习等模式。总的来说，促进高阶思维发展的教学模式均强调以学生为中心，强调学生的主体性。

在教学策略方面，钟志贤教授认为，小组讨论、小组协作、合作学习、案例分析、项目学习、角色扮演、问题探究等策略有利于发展学生的高阶思维⑤。崔友兴认为，创设和利用具有真实性、变异性、多样性和可迁移性的学习情境，能够助推学生高阶思维的培养⑥。此外，概念图、思维导图、思维可视化工具等的利用对学生知识体系的构建、认知方式的改变和高阶思维的发展等具有重要意义。此外，思维产生于问题，问题是思维的起点⑦，课堂提问与互动直接影响学生高阶思维的培养。王耀慧和刘树仁提出了把握问题建构的关键时机、设计意义联结的提问内容、留出适宜恰当的思考时间、选用及时反馈的理答方式等提问策略，以促进学生进行深度反思，提升学生的高阶思维能力⑧。汤明清认为，以高阶思维发展为目标的课堂提问，应注重提问的目的性、科学性、需求性、双向性、反馈性，将问题设定在知识的生长点上，重视学科理念与方法⑨。张光陆提出了重建教师角色，提升学生的话语互动能力，构建适切的课堂话语互动基本规则，以及精心设计课堂

---

① 郑葳, 刘月霞. 深度学习：基于核心素养的教学改进[J]. 教育研究, 2018(11): 56-60.
② 崔友兴. 基于核心素养培育的深度学习[J]. 课程·教材·教法, 2019, 39(2): 66-71.
③ 段茂君, 郑鸿颖. 基于深度学习的高阶思维培养模型研究[J]. 现代教育技术, 2021, 31(3): 5-11.
④ 丁永刚, 金梦甜, 张馨等. 基于 SPOC 的翻转课堂 2.0 教学模式设计与实施路径[J]. 中国电化教育, 2017(6): 95-101.
⑤ 钟志贤. 如何发展学习者高阶思维能力?[J]. 远程教育杂志, 2005(4): 78.
⑥ 崔友兴. 基于核心素养培育的深度学习[J]. 课程·教材·教法, 2019, 39(2): 66-71.
⑦ 郅庭瑾. 为思维而教[J]. 教育研究, 2007(10): 44-48.
⑧ 王耀慧, 刘树仁. 利用课堂提问促进深度学习的策略研究[J]. 教学与管理, 2018(33): 101-103.
⑨ 汤明清. 指向高阶思维的课堂提问策略探究[J]. 基础教育课程, 2019(19): 41-47.

话语互动任务等师生话语互动策略,以促进学生高阶思维的发展[1]。总而言之,关于高阶思维教学策略的研究,主要探索了从浅层学习到深度学习转变的策略与方法。

在与学科课程融合方面,文科的研究主要集中在语文、英语和思想政治学科,理科的研究主要集中在化学、物理、地理、生物和信息技术学科。在跨学科融合方面,潘星竹等提出了包括发现问题、分析问题和设计解决问题的方案,小组合作学习共同完成作品的制作,解决问题和展示作品,自我反思和发布作品五个步骤在内的 STEM 教学模式,并通过实证研究证明该模式能提升学生的高阶思维能力[2]。王佑镁等提出将 STEM 教育和创客教育融合,运用设计思维工具,从目标任务、使能工具、设计方案、原型作品和评价反思五个环节设计模式,让学生既掌握了必备的跨学科知识,也提升了高阶思维能力[3]。总而言之,结合不同学科的高阶思维研究,既为高阶思维的培养提供了可开展的方法,又能推动学科与高阶思维研究的深度融合。

3)高阶思维与信息技术的关系研究

信息技术的发展为教育教学改革注入了新的活力。钟志贤教授认为,恰当地运用信息技术,有助于促进学习者的有意义学习和高阶思维的发展[4]。他认为信息技术作为学习工具,为学校教育开发基于真实问题的新课程、提供促进学习的支撑和工具、为学生与教师提供更多反馈和反思的机会提供了潜在效能[5]。张喜艳等提出了改变教师的信息技术应用观,以有效发展学生高阶思维为学习目标,将学习方式创新为信息技术支持的自主、合作和探究学习,创建基于信息技术管理的学习共同体的新型教学组织形式[6]。此外,在利用信息技术发展学生高阶思维方面,使用的信息技术主要聚焦于虚拟社区、教育游戏和社会性软件等方面。随着智能时代的到来,高阶思维的研究从重视"技术"到重视"育人"转变,既要正确看待智能技术与教学深度融合的潜力,也要关注技术促进教学过程中是否使教学回

---

[1] 张光陆. 促进深度学习的师生话语互动: 特征与提升对策[J]. 全球教育展望, 2020, 49(10): 27-38.

[2] 潘星竹, 姜强, 黄丽等. "支架+"STEM 教学模式设计及实践研究——面向高阶思维能力培养[J]. 现代远距离教育, 2019(3): 56-64.

[3] 王佑镁, 郭静, 宛平等. 设计思维: 促进 STEM 教育与创客教育的深度融合[J]. 电化教育研究, 2019(3): 34-41.

[4] 钟志贤, 肖宁. 用信息技术促进有意义的学习[J]. 开放教育研究, 2009, 15(2): 44-49.

[5] 钟志贤. 信息技术作为学习工具的应用框架研究[J]. 电化教育研究, 2008(5): 5-10.

[6] 张喜艳, 解月光, 杜中全. 信息技术促进教学创新研究[J]. 中国电化教育, 2012(8): 22-25.

归"育人"的原点和本真,这才是教育的根本所在[①]。虽然智慧教育、人工智能与教学融合已成为新的发展趋势,但是理论和实践研究还较为缺乏,有待进一步的深入探索。

（6）前沿趋势分析

通过 CiteSpace 软件对关键词进行突现分析,时间区间为 1 年,运行得到 12 个突现关键词,如图 1-8 所示。高阶思维的研究前沿趋势主要有三个:一是高阶思维理论研究,"高层次思维""创造性思维""批判性思维""思维品质"等突现关键词都与高阶思维的理论研究相关;二是高阶思维教学培养的研究,突现关键词有"建构主义""化学教学""翻转课堂""策略""深度学习""核心素养"等;三是利用信息技术促进高阶思维的研究,突现关键词有"信息技术"等。总的来说,高阶思维的研究前沿趋势与研究热点是一致的。

关键词	年份	强度	开始年份	结束年份	2001—2021
高层次思维	2001	2.79	**2001**	2007	
建构主义	2001	2.64	**2001**	2011	
创造性思维	2001	2.18	**2003**	2008	
信息技术	2001	2.18	**2004**	2009	
批判性思维	2001	2.19	**2012**	2014	
化学教学	2001	2.59	**2014**	2017	
翻转课堂	2001	7.49	**2015**	2018	
策略	2001	3.45	**2016**	2018	
深度学习	2001	6.73	**2018**	2021	
学科核心素养	2001	2.24	**2018**	2019	
核心素养	2001	4.78	**2019**	2021	
思维品质	2001	2.28	**2019**	2021	

图 1-8 高阶思维研究突现关键词

（三）高阶思维相关研究的述评

通过对高阶思维的研究现状进行分析,笔者发现国外学者对高阶思维的研究热点集中在"理论研究""教学培养""影响因素""评价""信息技术"等主

---

① 陈明选,来智玲. 智能时代教学范式的转型与重构[J]. 现代远程教育研究, 2020, 32(4): 19-26.

题，国内学者对高阶思维的研究热点集中在"理论研究""教学培养""信息技术"等主题。国内外学者的研究热点中，"教学培养"的研究是研究的重点，研究数量远远超过其他几个主题，而国内关于"影响因素"和"评价"两个主题的研究要少于国外研究。目前在以核心素养为导向的课程改革背景下，高阶思维的研究还存在不足以及有待进一步解决的问题，具体如下。

1）高阶思维的内涵和构成要素的研究。国内外学者对高阶思维的界定各有不同，有的从思维过程的角度进行界定，有的从分层次的角度进行界定，还有的从分类的角度进行界定。出现这种情况可能的原因在于，高阶思维带有学科特性，不同学科在界定高阶思维时关注的侧重点不同，如哲学强调思辨，心理学强调问题解决，教育学强调认知水平层次[①]。因此，高阶思维的内涵和构成要素有待厘清。

2）高阶思维影响因素的研究。国外学者从学生个体因素和环境因素等方面研究了高阶思维的影响因素，这些影响因素在我国的文化背景下是否有效，还需要进行深入探讨。教育者如果不了解学生高阶思维发展的影响因素，就很难提出有效的教学模式和教学策略。

3）高阶思维评价的研究。我国在高阶思维评价的研究上还较为薄弱，已有的评价研究多是借鉴或改进国外的评价框架或评价工具，其是否能适应我国的教学系统以及不同学科的需求，还需要进行深入探究。

4）技术赋能高阶思维的实践研究。高阶思维与信息技术的融合正在不断加强并走向智能化发展，同时从重"技术"不断向重"育人"转变，如何利用新兴信息技术更好地赋能高阶思维的发展还有待深入研究。

本 章 小 结

首先，本章界定了混合学习和高阶思维的概念，阐释了两个概念的内涵与特

---

① 汪茂华. 高阶思维能力评价研究[D]. 上海：华东师范大学, 2018: 41-42.

征，指出高阶思维包括问题解决能力、批判性思维、创造性思维和团队协作能力四种思维能力，并将混合学习界定为在线学习与面对面课堂学习的有机混合，通过承载不同的学习内容和学习活动，达到学习效果最优化的学习方式。其次，本章深入分析了混合学习和高阶思维的国内外研究现状，以及目前研究的不足，研究结果表明：①目前混合学习设计的研究大多是以教师或教学设计者的视角进行教学设计的，以学习者视角探究混合学习设计理论与实践的研究较为缺乏；新兴信息技术利用不充分，混合学习的优势未得到充分发挥。②高阶思维的内涵、构成要素、影响因素、评价和技术赋能高阶思维的实践研究等方面较为缺乏。

第二章

大学生混合学习现状调查分析

　　本章基于全视角学习理论，编制了大学生混合学习初始量表，通过项目分析、信效度检验、探索性因素分析等方法对量表进行了修订，形成了正式量表，之后，使用该量表，面向国内19所高校的在校本科生发放问卷，共收集有效问卷3449份，通过描述性统计、t检验和单因素方差分析，分析了目前大学生混合学习存在的主要问题及其成因，为后续大学生混合学习中高阶思维发展的影响因素探索奠定了基础。

第一节　调查高校与样本量的确定

一、调查高校的确定

为摸清我国大学生混合学习的现状，对比不同地区本科生的混合学习情况，本书根据全国四大经济区域划分，特将全国划分为东北、东部、中部、西部4个区域，并从4个区域选取8个省级行政区（辽宁省、北京市、天津市、山东省、河南省、湖北省、四川省、云南省），每个省级行政区选取实施了混合学习的高校，共计19所高校作为样本进行问卷调查，如表2-1所示。

表 2-1　调查高校

地区	省份	高校名称
东北地区	辽宁省	大连理工大学、大连民族大学
东部地区	北京市	北京科技大学、北方工业大学
	天津市	天津工业大学、中国民航大学
	山东省	曲阜师范大学
中部地区	河南省	河南师范大学
	湖北省	华中师范大学、湖北大学
西部地区	四川省	西南财经大学、西南石油大学
	云南省	昆明理工大学、云南师范大学、云南财经大学、云南民族大学、西南林业大学、曲靖师范学院、玉溪师范学院

在调查高校的选取上，本书遵循了具有代表性和涵盖面广的原则，选取了国内"985工程"高校、"211工程"高校、教育部直属高校、省属重点高校、省属地方高校，涵盖了综合类、理工类、师范类、财经类、民族类、农林类等多种类

型。19 所高校中，"985 工程"高校、"211 工程"高校有大连理工大学、北京科技大学、华中师范大学、西南财经大学；综合类高校有天津工业大学、湖北大学、西南石油大学；理工类高校有大连理工大学、北京科技大学、北方工业大学、中国民航大学、昆明理工大学；师范类高校有曲阜师范大学、河南师范大学、华中师范大学、云南师范大学、曲靖师范学院、玉溪师范学院；财经类高校有西南财经大学、云南财经大学；民族类高校有大连民族大学、云南民族大学；农林类高校有西南林业大学。

二、样本量的确定

在样本量的选取上，本书选取了在校本科生作为调查对象，在各年级的本科生中选取一定比例的学生进行问卷调查。

试测问卷以云南师范大学（下文简称 Y 大学）的本科生为调查对象，共选取 421 人（表 2-2）。正式问卷以辽宁省、北京市、天津市、山东省、河南省、湖北省、四川省、云南省 8 个省级行政区的 19 所高校的本科生为调查对象，共选取 3449 人（表 2-2）。

表 2-2　试测问卷和正式问卷的样本量统计

特征	类别	试测问卷 样本量（人）	试测问卷 百分比（%）	正式问卷 样本量（人）	正式问卷 百分比（%）
性别	男	102	24.2	1540	44.7
	女	319	75.8	1909	55.3
年级	大一	104	24.7	1354	39.3
	大二	97	23.0	899	26.1
	大三	142	33.7	1013	29.4
	大四	78	18.5	183	5.3

注：因四舍五入存在误差，部分数据和不为 100%，下同

第二节　调查问卷的编制与实施

一、调查问卷的初始设计

根据伊列雷斯提出的全视角学习理论，学习包括动机、内容和互动三个维度。伊列雷斯认为所有学习都包含这三个维度，且这三个维度必须作为一个整体共同发展，才能满足学习能力的发展要求[①]。因此，本书所设计的问卷主要包括动机（为什么学）、内容（学什么）、互动（如何学）三个维度。此外，新兴信息技术作为混合学习的优势之一，可以为大学生的学习提供有效支撑；高阶思维作为混合学习效果的评价指标之一，有助于对大学生混合学习效果进行科学评价。基于此，除以上三个维度外，问卷还增加了技术（学习支持）和高阶思维（学习效果）两个维度。

本书在设计问卷的题项时，一方面参照国内外已有的较为成熟的量表及测量题项，另一方面结合混合式学习的特征自行拟定。

1. 动机维度

从心理学角度来看，学习动机是一种能够促使学生主动进行学习的内在驱动力，是一种激发和引导学生进行学习的需要，即学习动机可以反映出学习者进行学习的驱动力和愿意学习的程度[②]。在学习动机的类型划分方面，德西（Deci）和莱恩（Ryan）将学习动机划分为内生动机和外生动机。内生动机是个体为了寻求挑战和乐趣，满足好奇心而参与活动的倾向；而外生动机是个体为了活动本身之

[①] 克努兹·伊列雷斯. 我们如何学习：全视角学习理论[M]. 第 2 版. 孙玫璐译. 北京：教育科学出版社, 2014: 3-28.

[②] 陈琦, 刘儒德. 当代教育心理学[M]. 北京：北京师范大学出版社, 1997: 120-122.

外的其他因素而参与活动的倾向[①]。

根据上述学习动机的划分，动机维度的题项编制主要参考德西、阿马比尔（Amabile）[②]、池丽萍[③]等的研究。在广泛征求专家意见后，通过修订，最终形成了动机维度的测量题项，共 9 道题，内生动机的题项包括：①我喜欢混合学习课程；②为了扩展我的知识面；③为了满足我的个人兴趣；④为了充实我的课余时间；⑤为了提高我的信息素养。外生动机的题项包括：①课程需要或老师要求；②为了取得好成绩；③为了不辜负父母的期望；④为了得到老师的表扬和同学的尊重。

2. 内容维度

本书将学习内容划分为课程内容和资源特征。课程内容是指线上线下混合学习的课程内容、课程弹性、课程难易程度等方面的设置；资源特征是指学习资源是否及时更新、是否满足个性化学习需求、是否及时推送相关学习资源、资源分类是否明确、资源呈现方式等。

根据上述学习内容的划分，内容维度的题项编制主要参考阿博（Arbaugh）[④]、牟智佳[⑤]、李宝[⑥]等的研究。在广泛征求专家意见后，通过修订，最终形成了内容维度的测量题项，共 10 道题，课程内容的题项包括：①课程内容丰富有趣，能激发我的学习兴趣；②课程内容很实用，能帮助我解决实际问题；③课程内容衔接良好，线上与线下课程内容相互衔接；④对于在线学习内容，我可以利用碎片化时间进行学习；⑤课程内容和学习任务的难度适中。资源特征的题项包括：①学习平台的学习资源及时更新；②学习平台及时推送的资源符合我的学习需求；③学习资源分类明确并且有对应的拓展资源；④学习平台提供文本、PPT 课件、

[①] Deci, E. L., Ryan, R. M. Intrinsic Motivation and Self-determination in Human Behavior[M]. New York: Plenum, 1985: 43-85.

[②] Amabile, T. M., Hill, K. G., Hennessey, B. A., et al. The work preference inventory: Assessing intrinsic and extrinsic motivational orientations[J]. Journal of Personality and Social Psychology, 1994, 66(5): 950-967.

[③] 池丽萍, 辛自强. 大学生学习动机的测量及其与自我效能感的关系[J]. 心理发展与教育, 2006(2): 64-70.

[④] Arbaugh, J. B. Virtual classroom characteristics and student satisfaction with internet-based MBA courses[J]. Journal of Management Education, 2000, 24(1): 32-54.

[⑤] 牟智佳, 张文兰. 基于 Moodle 平台的网络学习动机影响因素模型构建及启示[J]. 电化教育研究, 2013(4): 37-42.

[⑥] 李宝, 张文兰, 张思琦等. 混合式学习中学习满意度影响因素的模型研究[J]. 远程教育杂志, 2016(1): 69-75.

视频等多样化的学习资源；⑤学习平台可以根据学习者不同的学习风格呈现合适的学习资源。

3. 互动维度

伊列雷斯认为，互动是指个体与其所处社会性及物质性环境之间的互动，这种互动表现为两种水平：一种是周边的人际交往水平；另一种是一般社会性的水平[1]。基于此，本书将互动划分为个体互动和环境互动，个体互动是指学习者与学习者、学习者与教师之间的交互；环境互动是指学习者与团队、学习者与学习平台之间的交互。

根据上述互动的划分，互动维度的题项编制主要参考伊列雷斯、陈怡呈（Yi-Cheng Chen）[2]等的研究。在广泛征求专家意见后，通过修订，最终形成了互动维度的测量题项，共9道题，个体互动的题项包括：①我会和老师、同学通过聊天工具一起讨论学习问题；②我提出学习问题后，老师、同学能及时回复；③每次与老师的交流都使我感受到了鼓舞；④老师对小组或个人作品的评价和反馈，激发了我的学习兴趣；⑤我乐于和同学进行讨论交流。环境互动的题项包括：①以小组协作的方式开展学习时，同伴的见解可以加深我对所学内容的理解；②我能在小组协作学习中发挥作用，并完成自己所承担的任务；③我会参与在线学习平台中的一些讨论、评价的活动；④混合学习通过线上和线下交流讨论，有助于我对知识的理解。

4. 技术维度

在技术维度，戴维斯（Davis）等提出的技术接受模型（technology acceptance model，TAM）将感知易用性和感知有用性作为用户面对新技术时考虑的两个关键因素[3]。此外，学习平台的功能设计也影响着学习者对技术的接受程度。基于此，本书将技术划分为感知易用性、感知有用性和平台功能设计。感知易用性是指学

---

[1] 克努兹·伊列雷斯. 我们如何学习：全视角学习理论[M]. 第2版. 孙玫璐译. 北京：教育科学出版社，2014: 28.

[2] Chen, Y. C., Yeh, R. C., Lou, S. J., et al. What drives successful web-based language learning environment? An empirical investigation of the critical factors influencing college students' learning satisfaction[J]. Procedia-Social and Behavioral Sciences, 2013, 103: 1327-1336.

[3] Davis, F. D., Bagozzi, R. P., Warshaw, P. R. User acceptance of computer technology: A comparison of two theoretical models[J]. Management Science, 1989, 35(8): 982-1003.

习者认为混合式学习平台的便捷易用程度；感知有用性是指学习者认识到混合学习方式能够改善或提升自己，体会到所学知识的有用性；平台功能设计是指平台布局、界面以及功能等方面的设计情况。

根据上述技术的划分，技术维度的题项编制主要参考戴维斯、李宝[1]等的研究。在广泛征求专家意见后，通过修订，最终形成了技术维度的测量题项，共10道题，感知易用性的题项包括：①混合学习能用更少的时间，获取更多的知识；②混合学习方式比传统课堂学习方式能更快捷地获取知识；③学习平台的操作简单，这种易操作性能够促使我经常登录平台学习。感知有用性的题项包括：①混合学习方式能够帮助我获取最新、最丰富的知识；②学习平台能够提供实时分析学生学习过程的数据，对我的学习有帮助；③学习平台能够将我参与的学习活动过程记录下来，对我的学习有帮助。平台功能设计的题项包括：①学习平台运作良好；②学习平台的设计（如布局、导航）清晰、界面美观；③学习平台的功能比较多，能提高我的学习兴趣；④学习平台中对用户发帖数量、在线时间的排行，能提高我的学习积极性。

5. 高阶思维维度

本书将高阶思维划分为问题解决能力、批判性思维、创造性思维和团队协作能力。问题解决能力是指学习者个体在学习情境中，应用认知过程处理与解决问题的能力；批判性思维是指学习者主动地、不断地、细致地对某种观念或认识进行反思，洞察其产生的原因和由此指向的结果；创造性思维是指学习者在面对问题时，能够从多角度进行思考，寻求解决方案，既不会被已有的知识所局限，也不会被传统方法所束缚；团队协作能力是指学习者除了能够与团队成员进行有效交流外，还需要培养自身的元认知能力，通过自我调节来达成团队目标和解决问题。

根据上述高阶思维的划分，高阶思维维度的题项编制主要参考钟志贤[2]、张浩[3]、王靖[4]等的研究。在广泛征求专家意见后，通过进一步修订，最终形成了

---

[1] 李宝, 张文兰, 张思琦等. 混合式学习中学习满意度影响因素的模型研究[J]. 远程教育杂志, 2016(1): 69-75.

[2] 钟志贤. 教学设计的宗旨：促进学习者高阶能力发展[J]. 电化教育研究, 2004(11): 13-19.

[3] 张浩, 吴秀娟, 王静. 深度学习的目标与评价体系构建[J]. 中国电化教育, 2014(7): 51-55.

[4] 王靖, 崔鑫. 深度学习动机、策略与高阶思维能力关系模型构建研究[J]. 远程教育杂志, 2018(6): 41-52.

高阶思维维度的测量题项，共 4 道题，分别对应问题解决能力、批判性思维、创造性思维和团队协作能力。

根据上述量表维度及测量题项，本书编制了大学生混合学习现状调查问卷（初稿）。本问卷初稿共设计了两个部分。第一部分是基本信息，共 10 个题项。第二部分是大学生混合学习现状调查，包含动机、内容、互动、技术和高阶思维 5 个维度，共设计量表题 42 题、开放题 3 题。量表题项统一采用利克特五点量表形式，每项计为 1—5 分，分别表示非常不同意、不同意、一般、同意、非常同意，量表题项与变量名如表 2-3 所示。

表 2-3　量表题项与变量名

维度	构面	题项	变量名
动机	内生动机	11—15 题	A1_1—A1_5
	外生动机	16—19 题	A2_1—A2_4
内容	课程内容	20—24 题	B1_1—B1_5
	资源特征	25—29 题	B2_1—B2_5
互动	个体互动	30—34 题	C1_1—C1_5
	环境互动	35—38 题	C2_1—C2_4
技术	感知易用性	39—41 题	D1_1—D1_3
	感知有用性	42—44 题	D2_1—D2_3
	平台功能设计	45—48 题	D3_1—D3_4
高阶思维	问题解决能力	49 题	E_1
	批判性思维	50 题	E_2
	创造性思维	51 题	E_3
	团队协作能力	52 题	E_4

二、调查问卷的试测及题项筛选

试测问卷以 Y 大学本科生为调查对象，通过问卷星发放问卷，发放时间为 2022 年 5 月 24 日至 2022 年 6 月 6 日，最终回收有效问卷 421 份。使用 SPSS 26.0 软件对试测数据进行项目分析、信度检验和探索性因素分析,以修订试测问卷。

(一)基于临界比值法的项目分析

项目分析的主要目的在于检验编制的量表或测验个别题项的适切性或可靠程度。项目分析的判别指标中,最常用的是临界比值法,通过决断值(critical value,CR)来删除未达到显著水平的题项[1],主要操作步骤是:首先,计算各被试的量表总分,并对其进行排序;其次,将总分在前、后27%的被试划分为高、低分组,本量表中,总分在165分以上的被试为高分组,总分在127分以下的被试为低分组;最后,通过独立样本 t 检验比较高、低分组在每个题项上的差异,删除未达到显著水平的题项。利用SPSS 26.0软件进行统计分析,所有题项临界比值的 t 统计量均大于3.000,且 p 值均为0.000,达到显著水平,表明所有题项均可以保留。

(二)信度检验

信度代表量表的一致性或稳定性。信度检验也可作为同质性检验的指标之一。最常用的信度检验指标是克龙巴赫 α(Cronbach's α)系数[2]。利用SPSS软件对总量表和每个题项的 α 系数进行统计分析,结果表明,总量表的信度值为0.983,α 系数在0.900以上,表明该量表具有良好的内部一致性。修正后的题项与总计的相关性(corrected item-total correlation,CITC)均大于0.400,且删除某一题项后,由剩余题项组成的量表的 α 系数为0.983或0.984,表明所有题项的同质性较高,可以保留。

(三)探索性因素分析

采用因素分析,检验量表的建构效度。因素分析的目的在于找出量表潜在的结构,减少题项的数量,将量表题项变为一组数量较少但相关关系较大的变量,

---

[1] 吴明隆. 问卷统计分析实务: SPSS 操作与应用[M]. 重庆: 重庆大学出版社, 2010: 158-160.
[2] 吴明隆. 问卷统计分析实务: SPSS 操作与应用[M]. 重庆: 重庆大学出版社, 2010: 184.

这种因素分析是一种探索性因素分析[①]。利用 SPSS 软件，对量表进行 KMO（Kaiser-Meyer-Olkin）与巴特利特（Bartlett）检验，结果显示，KMO=0.978>0.9，且 p=0.000，表明题项间有共同因素存在，非常适合进行因素分析。

1. 动机维度

利用 SPSS 软件，对动机维度进行 KMO 与巴特利特检验，KMO=0.897>0.8，且 p=0.000，表明动机维度题项间有共同因素存在，适合进行因素分析。采用主成分分析法，配合最大变异法进行直交转换，动机维度共提取出两个共同因素，共同因素 1 包含 7 个题项，共同因素 2 包含 2 个题项（表 2-4）。共同因素 1 中包含内生动机和外生动机测量题项，由于内生动机包含的题项较多，保留该构面的题项，删除外生动机中因素负荷量最大的题项 A2_4，进行第二次因素分析。

表 2-4 动机维度转轴后的成分矩阵（第一次因素分析）

变量名	共同因素	
	1	2
A1_3	0.849	0.191
A1_4	0.848	0.061
A1_1	0.824	0.165
A1_5	0.787	0.322
A1_2	0.771	0.346
A2_4	0.670	0.291
A2_3	0.640	0.448
A2_1	0.067	0.893
A2_2	0.475	0.704

第二次因素分析后共提取出两个共同因素。由于题项 A2_3 在两个共同因素转轴后的共同因素负荷量分别为 0.587、0.474，均大于 0.45，可将该题项归于共同因素 2（表 2-5）。两个因素转轴后的特征值分别为 3.931、1.884，联合解释变异量为 72.679%，大于 60%，表明保留提取的两个因素后，量表的建构效度良好。两个共同因素的构念与量表编制的构念及题项符合，根据各因素构念包含的题项特性，共同因素 1 为内生动机构面，共同因素 2 为外生动机构面。

[①] 吴明隆. 问卷统计分析实务：SPSS 操作与应用[M]. 重庆：重庆大学出版社，2010: 194.

表 2-5 动机维度转轴后的成分矩阵（第二次因素分析）

变量名	共同因素	
	1	2
A1_4	0.856	0.087
A1_3	0.853	0.216
A1_1	0.832	0.190
A1_5	0.791	0.344
A1_2	0.784	0.366
A2_3	0.587	0.474
A2_1	0.068	0.890
A2_2	0.434	0.724

2. 内容维度

利用 SPSS 软件，对内容维度进行 KMO 与巴特利特检验，KMO=0.957>0.9，且 p=0.000，表明内容维度题项间有共同因素存在，非常适合进行因素分析。采用主成分分析法，限定提取两个共同因素，转轴后的成分矩阵如表 2-6 所示。由于题项 B1_5 在两个共同因素转轴后的共同因素负荷量分别为 0.630、0.598，均大于 0.45，可将该题项归于共同因素 2。两个因素转轴后的特征值分别为 4.021、3.681，联合解释变异量为 77.017%，大于 60%，表明保留提取的两个因素后，量表的建构效度良好。两个共同因素的构念与量表编制的构念及题项符合，根据各因素构念包含的题项特性，共同因素 1 为资源特征构面，共同因素 2 为课程内容构面。

表 2-6 内容维度转轴后的成分矩阵

变量名	共同因素	
	1	2
B2_5	0.800	0.338
B2_4	0.756	0.404
B2_1	0.747	0.455
B2_2	0.737	0.510
B2_3	0.705	0.475
B1_5	0.630	0.598
B1_2	0.409	0.816
B1_4	0.392	0.804
B1_1	0.444	0.765
B1_3	0.543	0.675

3. 互动维度

利用 SPSS 软件，对互动维度进行 KMO 与巴特利特检验，KMO=0.942>0.9，且 p=0.000，表明互动维度题项间有共同因素存在，非常适合进行因素分析。采用主成分分析法，限定提取两个共同因素，转轴后的成分矩阵中共同因素 1 包含个体互动构面的所有测量题项，共同因素 2 包含环境互动构面的所有测量题项（表 2-7）。两个因素转轴后的特征值分别为 3.515、3.413，联合解释变异量为 76.974%，大于 60%，表明保留提取的两个因素后，量表的建构效度良好。两个共同因素的构念与量表编制的构念及题项符合，根据各因素构念包含的题项特性，共同因素 1 为个体互动构面，共同因素 2 为环境互动构面。

表 2-7　互动维度转轴后的成分矩阵

变量名	共同因素 1	共同因素 2
C1_2	0.859	0.309
C1_1	0.816	0.346
C1_3	0.773	0.414
C1_4	0.642	0.557
C1_5	0.622	0.553
C2_2	0.250	0.867
C2_3	0.421	0.801
C2_4	0.480	0.715
C2_1	0.496	0.711

4. 技术维度

利用 SPSS 软件，对技术维度进行 KMO 与巴特利特检验，KMO=0.955>0.9，且 p=0.000，表明技术维度题项间有共同因素存在，非常适合进行因素分析。采用主成分分析法，限定提取三个共同因素，转轴后的成分矩阵中共同因素 1 包含 3 个题项，共同因素 2 包含 5 个题项，共同因素 3 包含 2 个题项（表 2-8）。共同因素 3 中，包含感知易用性和平台功能设计构面的测量题项各一题，由于题项 D1_3 的因素负荷量最大，删除该题项，进行第二次因素分析。

表 2-8 技术维度转轴后的成分矩阵（第一次因素分析）

变量名	共同因素		
	1	2	3
D3_2	0.789	0.218	0.399
D3_4	0.741	0.437	0.241
D3_3	0.626	0.457	0.454
D1_2	0.277	0.757	0.429
D2_1	0.477	0.736	0.241
D1_1	0.240	0.723	0.510
D2_3	0.637	0.647	0.114
D2_2	0.516	0.572	0.394
D1_3	0.309	0.353	0.808
D3_1	0.598	0.307	0.607

第二次因素分析中，限定提取三个共同因素（表 2-9）。三个共同因素转轴后的特征值分别为 2.762、2.544、2.193，联合解释变异量为 83.326%，大于 60%，表示保留提取的三个因素后，量表的建构效度良好。三个共同因素的构念与量表编制的构念及题项符合，根据各因素构念包含的题项特性，共同因素 1 为平台功能设计构面，共同因素 2 为感知易用性构面，共同因素 3 为感知有用性构面。

表 2-9 技术维度转轴后的成分矩阵（第二次因素分析）

变量名	共同因素		
	1	2	3
D3_1	0.781	0.494	0.164
D3_2	0.762	0.166	0.473
D3_3	0.675	0.495	0.358
D3_4	0.652	0.322	0.494
D1_1	0.349	0.827	0.276
D1_2	0.290	0.752	0.435
D2_2	0.483	0.515	0.503
D2_3	0.388	0.347	0.773
D2_1	0.320	0.538	0.674

5. 高阶思维维度

利用 SPSS 软件，对高阶思维维度进行 KMO 与巴特利特检验，KMO=0.832>0.8，且 p=0.000，表明高阶思维维度题项间有共同因素存在，适合进行因素分析。采用主成分分析法，在不限定因素个数的情况下，提取特征值大于 1 的共同因素一个，一个因素提取的特征值为 3.122，解释变异量为 78.325%。该维度的成分矩阵如表 2-10 所示，题项的因素负荷量均大于 0.45，表明题项与共同因素"高阶思维"的关系密切，同质性较高，均可以保留。

表 2-10　高阶思维维度的成分矩阵

变量名	共同因素
	1
E_3	0.906
E_1	0.890
E_4	0.874
E_2	0.870

通过探索性因素分析，共删除题项 A2_4、D1_3 两题，最后保留的量表测量题项共 40 题，其中动机维度 8 题，内容维度 10 题，互动维度 9 题，技术维度 9 题，高阶思维维度 4 题。

三、调查问卷的正式确定与实施

通过对调查问卷的试测与题项筛选，本书最终确定了 40 个量表测量题项，并在此基础上编制了正式的大学生混合学习现状调查问卷（附录 1）。正式问卷包含 10 个基本信息题、40 个量表题、3 个开放题。使用该问卷对辽宁省、北京市、天津市、山东省、河南省、湖北省、四川省、云南省 8 个省级行政区的 19 所高校开展问卷调查，通过问卷星发放问卷，发放时间为 2022 年 6 月 15 日至 2022 年 7 月 15 日，去除答题时间过短、整份问卷均选同一选项等无效问卷，最终回收有效问卷 3449 份。

利用 SPSS 软件对量表进行信效度检验。在信度检验方面,对总量表和各个维度的 α 系数进行统计分析,总量表和各个维度的 α 系数均在 0.900 以上,表明该量表具有良好的内部一致性。在效度检验方面,对总量表和各个维度进行 KMO 与巴特利特检验,KMO 值在 0.872—0.991,且 $p=0.000<0.05$,表明量表的建构效度良好。

第三节 调查结果分析

一、调查问卷信息的描述性统计分析

(一)基本信息统计分析

对调查问卷的基本信息进行统计,主要包括地区、专业、采用混合学习的课程数量、采用混合学习最多的课程类型、每周在线学习的时间、在线学习占混合学习的时间比例等内容(表 2-11)。从统计结果可以看出,在地区分布方面,参与调查的本科生主要集中在西部地区;在专业方面,参与调查的本科生主要集中在教育学、文学、理学、工学、管理学等专业;在采用混合学习的课程数量方面,参与调查的本科生主要集中在 1—3 门,说明高校混合学习课程的普及率不高,目前混合学习方式还没有得到广泛的认可和推广;在采用混合学习最多的课程类型方面,参与调查的本科生采用最多的是专业必修课;在每周在线学习的时间方面,参与调查的本科生主要集中在 3 小时及以下,说明大部分大学生每周在线学习的时长不超过 3 小时;在在线学习占混合学习的时间比例方面,参与调查的本科生主要集中在 39% 及以下。

表 2-11 调查问卷的基本信息统计

学生特征	类别	人数	百分比（%）
地区	东北地区（辽宁省）	214	6.2
	东部地区（北京市、天津市、山东省）	261	7.6
	中部地区（河南省、湖北省）	190	5.5
	西部地区（四川省、云南省）	2784	80.7
专业	哲学	34	1.0
	经济学	78	2.3
	法学	65	1.9
	教育学	324	9.4
	文学	225	6.5
	历史学	67	1.9
	理学	828	24.0
	工学	1496	43.4
	农学	42	1.2
	管理学	290	8.4
采用混合学习的课程数量	1—3 门	1743	50.5
	4—6 门	1034	30.0
	7 门及以上	672	19.5
采用混合学习最多的课程类型	专业必修课	1418	41.1
	专业选修课	591	17.1
	通识必修课	760	22.0
	通识选修课	680	19.7
每周在线学习的时间	少于 2 小时	1052	30.5
	2—3 小时	1573	45.6
	4—5 小时	522	15.1
	6 小时及以上	302	8.8
在线学习占混合学习的时间比例	少于 20%	1185	34.4
	20%—39%	1623	47.1
	40%—59%	427	12.4
	60%及以上	214	6.2

(二) 动机维度统计分析

对动机维度进行描述性统计,结果如表 2-12 所示,统计数据显示,大学生混合学习的外生动机的均值(3.70)高于内生动机的均值(3.61)。在内生动机方面,大学生进行混合学习的影响因素中均值相对较高的是"为了扩展我的知识面"(3.71)和"为了提高我的信息素养"(3.70);在外生动机方面,大学生进行混合学习的主要影响因素是"课程需要或老师要求"(3.75)。总体来说,大部分学生学习混合学习课程是在课程需要或老师要求下进行的,内生动机的培养还有待提高。

表 2-12 动机维度的描述性统计

构面	题项	非常不同意	不同意	一般	同意	非常同意	M	SD
内生动机 (3.61)	我喜欢混合学习课程	121	149	1571	1002	606	3.53	0.947
	为了扩展我的知识面	80	112	1271	1247	739	3.71	0.916
	为了满足我的个人兴趣	98	171	1449	1087	644	3.58	0.942
	为了充实我的课余时间	122	221	1451	1011	644	3.53	0.981
	为了提高我的信息素养	78	104	1314	1243	710	3.70	0.905
外生动机 (3.70)	课程需要或老师要求	66	83	1251	1290	759	3.75	0.889
	为了取得好成绩	72	112	1306	1220	739	3.71	0.909
	为了不辜负父母的期望	105	152	1370	1122	700	3.63	0.954

注:"构面"一列中,括号内数据为均值,下同

(三) 内容维度统计分析

对内容维度进行描述性统计,结果如表 2-13 所示,统计数据显示,课程内容和资源特征两个构面的均值分别为 3.66 和 3.70,超过均值 2.5,整体上能够达到一般及以上水平。在课程内容方面,"对于在线学习内容,我可以利用碎片化时间进行学习"(3.69)的均值较高。在资源特征方面,"学习平台提供文本、PPT

课件、视频等多样化的学习资源"(3.75)和"学习平台的学习资源及时更新"(3.70)的均值相对较高。整体而言，课程内容和学习资源还需要向多样化、个性化发展，以满足不同学习风格的学习者的需求。

表 2-13　内容维度的描述性统计

构面	题项	非常不同意	不同意	一般	同意	非常同意	M	SD
课程内容（3.66）	课程内容丰富有趣，能激发我的学习兴趣	83	133	1414	1169	650	3.63	0.912
	课程内容很实用，能帮助我解决实际问题	81	119	1392	1201	656	3.65	0.905
	课程内容衔接良好，线上与线下课程内容相互衔接	74	122	1385	1196	672	3.66	0.902
	对于在线学习内容，我可以利用碎片化时间进行学习	76	115	1324	1237	697	3.69	0.905
	课程内容和学习任务的难度适中	65	104	1362	1279	639	3.67	0.874
资源特征（3.70）	学习平台的学习资源及时更新	62	94	1342	1271	680	3.70	0.876
	学习平台及时推送的资源符合我的学习需求	67	113	1367	1257	645	3.67	0.882
	学习资源分类明确并且有对应的拓展资源	59	103	1377	1238	672	3.68	0.876
	学习平台提供文本、PPT课件、视频等多样化的学习资源	55	82	1264	1334	714	3.75	0.865
	学习平台可以根据学习者不同的学习风格呈现合适的学习资源	70	118	1318	1256	687	3.69	0.896

（四）互动维度统计分析

对互动维度进行描述性统计，结果如表 2-14 所示，统计数据显示，环境互动的均值（3.71）要高于个体互动的均值（3.66）。在个体互动方面，"我乐于和同学进行讨论交流"的均值（3.69）相对较高。在环境互动方面，"我能在小组协作学习中发挥作用，并完成自己所承担的任务"的均值（3.73）相对较高。总的来说，学生与学习平台的互动要多于学生与老师、同学的互动，这提示我们，在之后的混合学习设计中，应加强师生、生生间的互动，老师应及时对学生提出的问题进行解答，促使学生积极参与到讨论交流中来。

表 2-14 互动维度的描述性统计

构面	题项	非常不同意	不同意	一般	同意	非常同意	M	SD
个体互动（3.66）	我会和老师、同学通过聊天工具一起讨论学习问题	66	146	1422	1192	623	3.63	0.892
	我提出学习问题后，老师、同学能及时回复	65	125	1359	1261	639	3.66	0.883
	每次与老师的交流都使我感受到了鼓舞	56	105	1420	1229	639	3.66	0.867
	老师对小组或个人作品的评价和反馈，激发了我的学习兴趣	64	102	1381	1263	639	3.67	0.873
	我乐于和同学进行讨论交流	52	96	1374	1286	641	3.69	0.856
环境互动（3.71）	以小组协作的方式开展学习时，同伴的见解可以加深我对所学内容的理解	63	95	1330	1324	637	3.69	0.865
	我能在小组协作学习中发挥作用，并完成自己所承担的任务	56	71	1284	1369	669	3.73	0.850
	我会参与在线学习平台中的一些讨论、评价的活动	57	84	1311	1341	656	3.71	0.857
	混合学习通过线上和线下交流讨论，有助于我对知识的理解	60	82	1342	1296	669	3.71	0.865

（五）技术维度统计分析

对技术维度进行描述性统计，结果如表 2-15 所示，统计数据显示，感知有用性的均值（3.70）要高于感知易用性（3.67）和平台功能设计（3.66）的均值。在感知易用性方面，"混合学习方式比传统课堂学习方式能更快捷地获取知识"的均值（3.68）相对较高。在感知有用性方面，"学习平台能够提供实时分析学生学习过程的数据，对我的学习有帮助"（3.70）和"学习平台能够将我参与的学习活动过程记录下来，对我的学习有帮助"（3.70）的均值相对较高。在平台功能设计方面，"学习平台的设计（如布局、导航）清晰、界面美观"的均值（3.69）相对较高。总的来说，目前的混合学习并未充分发挥技术的优势，技术仅作为学习资源的载体，未来还需进一步加强大数据、人工智能等新兴技术与课堂教学的深度融合，从而提升混合学习质量。

表 2-15　技术维度的描述性统计

构面	题项	非常不同意	不同意	一般	同意	非常同意	M	SD
感知易用性（3.67）	混合学习能用更少的时间，获取更多的知识	74	120	1356	1263	636	3.66	0.890
	混合学习方式比传统课堂学习方式能更快捷地获取知识	66	101	1349	1272	661	3.68	0.879
感知有用性（3.70）	混合学习方式能够帮助我获取最新、最丰富的知识	57	98	1366	1272	656	3.69	0.867
	学习平台能够提供实时分析学生学习过程的数据，对我的学习有帮助	52	93	1347	1305	652	3.70	0.856
	学习平台能够将我参与的学习活动过程记录下来，对我的学习有帮助	56	87	1340	1319	647	3.70	0.856
平台功能设计（3.66）	学习平台运作良好	71	103	1348	1300	627	3.67	0.877
	学习平台的设计（如布局、导航）清晰、界面美观	55	86	1389	1274	645	3.69	0.857
	学习平台的功能比较多，能提高我的学习兴趣	66	114	1391	1249	629	3.66	0.878
	学习平台中对用户发帖数量、在线时间的排行，能提高我的学习积极性	70	118	1428	1217	616	3.64	0.883

（六）高阶思维维度统计分析

对高阶思维维度进行描述性统计，结果如表 2-16 所示，统计数据显示，混合学习在提升大学生高阶思维方面，整体上能够达到一般及以上水平。混合学习能提升学生团队协作能力（3.71）和问题解决能力（3.70）的均值要高于批判性思维

（3.68）和创造性思维（3.66）的均值，说明混合学习在发展学生批判性思维和创造性思维方面相对缺乏。

表 2-16 高阶思维维度的描述性统计

构面	题项	非常不同意	不同意	一般	同意	非常同意	M	SD
高阶思维	问题解决能力	47	86	1363	1314	639	3.70	0.844
	批判性思维	51	96	1385	1287	630	3.68	0.853
	创造性思维	53	107	1413	1261	615	3.66	0.858
	团队协作能力	55	87	1313	1346	648	3.71	0.853

（人数（人））

二、大学生混合学习差异性比较分析

常用的平均数差异检验是独立样本 t 检验和单因素方差分析。独立样本 t 检验适用于两个群体间平均数的差异检验；单因素方差分析适用于三个以上群体间平均数的差异检验。因此，本书研究中，不同性别大学生混合学习差异性比较采用的统计方法为独立样本 t 检验；不同年级、不同地区大学生混合学习差异性比较采用的统计方法为单因素方差分析。

（一）不同性别大学生混合学习差异性比较分析

利用 SPSS 软件，采用 Levene（莱文）法检验两组样本的方差是否同质。经 Levene 法的 F 值检验结果为，p 值均小于 0.05，达到显著水平，表明两组样本的方差不同质。采用校正过的 t 检验法（表 2-17），除外生动机构面的 t 值未达到显著水平外，其他 9 个构面的 t 值均达到显著水平，表明不同性别的大学生对内生动机、课程内容、资源特征、个体互动、环境互动、感知易用性、感知有用性、平台功能设计、高阶思维 9 个构面的认同度均有显著差异，且男生的认同感显著高于女生。

表 2-17　不同性别大学生混合学习的差异比较摘要表

构面	性别	M	SD	t	p（双尾）
内生动机	男	3.66	0.934	3.300	0.001
	女	3.57	0.780		
外生动机	男	3.72	0.893	1.534	0.125
	女	3.68	0.743		
课程内容	男	3.70	0.910	2.805	0.005
	女	3.62	0.764		
资源特征	男	3.73	0.908	1.980	0.048
	女	3.67	0.746		
个体互动	男	3.72	0.883	3.601	0.000
	女	3.62	0.739		
环境互动	男	3.75	0.887	2.585	0.010
	女	3.68	0.729		
感知易用性	男	3.73	0.923	3.372	0.001
	女	3.63	0.791		
感知有用性	男	3.75	0.889	3.265	0.001
	女	3.65	0.756		
平台功能设计	男	3.70	0.907	2.343	0.019
	女	3.63	0.749		
高阶思维	男	3.75	0.872	3.798	0.000
	女	3.64	0.732		

总的来说，男生采用混合学习方式进行学习的内生动机明显强于女生，且在高阶思维能力培养方面显著优于女生。究其原因，技术对男生更具吸引力，且混合学习方式的灵活性强，学习者可以根据自身的需求选择学习资源，因此，男生对混合学习的认同感水平要高于女生。

（二）不同年级大学生混合学习差异性比较分析

利用 SPSS 软件，采用 Levene 法检验样本群体的方差是否同质。经检验，10

个构面的 Levene 统计量的 F 值检验结果为，p 值均大于 0.05，未达到显著水平，表明样本群体的方差同质。采用单因素方差分析（表 2-18），外生动机、个体互动、环境互动、高阶思维 4 个构面的 F 值均未达到显著水平（$p>0.05$），表明不同年级的大学生对这 4 个构面的认同度没有显著差异。而内生动机、课程内容、资源特征、感知易用性、感知有用性、平台功能设计 6 个构面的 F 值均达到显著水平（$p<0.05$），表明不同年级的大学生至少有两个组别的平均数间的差异达到显著水平。

表 2-18　不同年级大学生混合学习的单因素方差分析

构面	类别	平方和	df	均方	F	p
内生动机	组间	8.800	3	2.933	4.039	0.007
	组内	2501.569	3445	0.726		
	总计	2510.369	3448			
外生动机	组间	3.608	3	1.203	1.820	0.141
	组内	2276.550	3445	0.661		
	总计	2280.158	3448			
课程内容	组间	9.188	3	3.063	4.425	0.004
	组内	2384.455	3445	0.692		
	总计	2393.642	3448			
资源特征	组间	9.292	3	3.097	4.588	0.003
	组内	2325.722	3445	0.675		
	总计	2335.014	3448			
个体互动	组间	4.967	3	1.656	2.540	0.055
	组内	2245.774	3445	0.652		
	总计	2250.741	3448			
环境互动	组间	4.316	3	1.439	2.228	0.083
	组内	2224.584	3445	0.646		
	总计	2228.900	3448			
感知易用性	组间	7.410	3	2.470	3.396	0.017
	组内	2505.583	3445	0.727		
	总计	2512.993	3448			

续表

构面	类别	平方和	df	均方	F	p
感知有用性	组间	6.707	3	2.236	3.336	0.019
	组内	2308.616	3445	0.670		
	总计	2315.323	3448			
平台功能设计	组间	7.139	3	2.380	3.515	0.015
	组内	2331.853	3445	0.677		
	总计	2338.992	3448			
高阶思维	组间	3.942	3	1.314	2.060	0.103
	组内	2197.749	3445	0.638		
	总计	2201.691	3448			

采用最小显著差异法（least significant difference，LSD）的多重比较进行进一步的判断（表 2-19）。就内生动机、课程内容、资源特征 3 个构面而言，大三、大四年级学生的得分显著高于大一、大二年级的学生，而大一和大二年级学生之间、大三和大四年级学生之间的得分差异均未达到显著水平。就感知易用性、感知有用性、平台功能设计 3 个构面而言，大四年级学生的得分显著高于大一、大二、大三年级的学生，而大一、大二和大三年级学生之间的得分差异均未达到显著水平。

表 2-19　不同年级大学生混合学习的 LSD 法多重比较摘要表

构面	（I）年级	（J）年级	平均差异（I-J）	标准误	p	95%置信区间 下限	95%置信区间 上限
内生动机	大三	大一	0.08455	0.03540	0.017	0.0151	0.1540
		大二	0.09190	0.03905	0.019	0.0153	0.1685
	大四	大一	0.16474	0.06711	0.014	0.0331	0.2963
		大二	0.17209	0.06911	0.013	0.0366	0.3076
课程内容	大三	大一	0.08212	0.03456	0.018	0.0144	0.1499
		大二	0.10919	0.03812	0.004	0.0345	0.1839
	大四	大一	0.14417	0.06552	0.028	0.0157	0.2726
		大二	0.17125	0.06747	0.011	0.0390	0.3035

续表

构面	（I）年级	（J）年级	平均差异（I-J）	标准误	p	95%置信区间 下限	95%置信区间 上限
资源特征	大三	大一	0.07657	0.03413	0.025	0.0096	0.1435
	大三	大二	0.08572	0.03765	0.023	0.0119	0.1595
	大四	大一	0.18679	0.06471	0.004	0.0599	0.3137
	大四	大二	0.19593	0.06663	0.003	0.0653	0.3266
感知易用性	大四	大一	0.18762	0.06717	0.005	0.0559	0.3193
	大四	大二	0.19702	0.06916	0.004	0.0614	0.3326
	大四	大三	0.13666	0.06850	0.046	0.0024	0.2710
感知有用性	大四	大一	0.18013	0.06447	0.005	0.0537	0.3065
	大四	大二	0.18468	0.06639	0.005	0.0545	0.3148
	大四	大三	0.12919	0.06575	0.050	0.0003	0.2581
平台功能设计	大四	大一	0.19223	0.06480	0.003	0.0652	0.3193
	大四	大二	0.20397	0.06672	0.002	0.0732	0.3348
	大四	大三	0.15566	0.06608	0.019	0.0261	0.2852

总的来说，随着年级的升高，大学生对混合学习的认同度也逐渐增强。通过对不同年级学生的访谈发现，大一、大二年级的学生课程安排较多，学习任务重，缺乏充足的时间进行线上学习，因此，他们更倾向于采用传统课堂学习的方式。而大三、大四年级的学生课程安排较少，有充足的时间进行线上学习，且能根据自身的学习兴趣和学习需求选择适合自身的学习资源，因此，他们更倾向于采用线上线下相结合的混合学习方式。但是，由于线上线下衔接不到位、学生自制力差、与老师和同学的互动不足等原因，目前混合学习的效果不佳。

（三）不同地区大学生混合学习差异性比较分析

利用 SPSS 软件，采用 Levene 法检验样本群体的方差是否同质。经检验，10个构面的 Levene 统计量的 F 值检验结果为，p 值均小于 0.05，均达到显著水平，表明样本群体的方差不同质。采用盖姆斯-霍威尔（Games-Howell）检验法进行多重比较（表 2-20），10 个构面中，东部地区学生的得分均显著高于东北地区、中部地区、西部地区的学生，而东北地区、中部地区、西部地区学生之间的得分差异均未达到显著水平。

表 2-20　不同地区大学生混合学习的 Games-Howell 检验法多重比较摘要表

构面	（I）地区	（J）地区	平均差异（I-J）	标准误	p	95%置信区间 下限	95%置信区间 上限
内生动机	东部地区	东北地区	0.23929	0.08625	0.029	0.0169	0.4617
		中部地区	0.36633	0.08718	0.000	0.1415	0.5912
		西部地区	0.21276	0.06014	0.003	0.0574	0.3681
外生动机	东部地区	东北地区	0.33845	0.08388	0.000	0.1221	0.5548
		中部地区	0.37108	0.08350	0.000	0.1556	0.5865
		西部地区	0.25327	0.05468	0.000	0.1120	0.3945
课程内容	东部地区	东北地区	0.34354	0.08393	0.000	0.1271	0.5600
		中部地区	0.43688	0.08068	0.000	0.2288	0.6450
		西部地区	0.28973	0.05458	0.000	0.1488	0.4307
资源特征	东部地区	东北地区	0.35004	0.08473	0.000	0.1315	0.5686
		中部地区	0.43412	0.08026	0.000	0.2271	0.6411
		西部地区	0.26880	0.05544	0.000	0.1256	0.4120
个体互动	东部地区	东北地区	0.34982	0.08205	0.000	0.1382	0.5614
		中部地区	0.46686	0.07857	0.000	0.2642	0.6695
		西部地区	0.32699	0.05416	0.000	0.1871	0.4669
环境互动	东部地区	东北地区	0.34830	0.08311	0.000	0.1339	0.5626
		中部地区	0.37271	0.08065	0.000	0.1647	0.5807
		西部地区	0.28041	0.05414	0.000	0.1406	0.4203
感知易用性	东部地区	东北地区	0.33206	0.08596	0.001	0.1104	0.5537
		中部地区	0.40066	0.08544	0.000	0.1803	0.6210
		西部地区	0.27413	0.05914	0.000	0.1213	0.4269
感知有用性	东部地区	东北地区	0.35053	0.08282	0.000	0.1369	0.5641
		中部地区	0.43968	0.08255	0.000	0.2267	0.6526
		西部地区	0.27578	0.05584	0.000	0.1315	0.4200

续表

构面	（I）地区	（J）地区	平均差异（I-J）	标准误	p	95%置信区间 下限	95%置信区间 上限
平台功能设计	东部地区	东北地区	0.30854	0.08544	0.002	0.0882	0.5289
平台功能设计	东部地区	中部地区	0.37822	0.08312	0.000	0.1638	0.5926
平台功能设计	东部地区	西部地区	0.19750	0.05855	0.005	0.0462	0.3488
高阶思维	东部地区	东北地区	0.32830	0.08180	0.000	0.1174	0.5392
高阶思维	东部地区	中部地区	0.41396	0.08172	0.000	0.2031	0.6248
高阶思维	东部地区	西部地区	0.28745	0.05528	0.000	0.1446	0.4302

总的来说，在动机、内容、互动、技术和高阶思维五个维度的大学生混合学习上，东部地区要明显优于东北地区、中部地区、西部地区。究其原因，大学生混合学习的发展在很大程度上依赖于高校软硬件设施的建设和师资队伍的培养。东部地区的高校软硬件设施完善，学习资源丰富，师资队伍综合能力强，因此东部地区大学生的混合学习效果更好。而东北地区、中部地区、西部地区需要完善教学设施，加强师资队伍培养，丰富教学资源，优化教学方法，以促进混合学习质量的提升。

第四节 大学生混合学习存在的主要问题及成因分析

结合问卷调查结果，笔者就混合学习存在的问题与Y大学的学生和教师进行了访谈与交流。访谈提纲分为学生版和教师版，每个版本均设置了7个问题，主要是为了在问卷调查的基础上，深入了解大学生混合学习的应用现状、存在的实际问题、如何提升混合学习效果以及大学生对混合学习的评价和建议等。通过对学生和教师的访谈发现，大学生混合学习存在的问题主要集中在以下几个方面。

一、大学生混合学习缺乏明确的学习目标指引

通过对问卷调查结果的统计分析发现，在动机（3.64）、内容（3.68）、互动（3.68）、技术（3.68）和高阶思维（3.69）这5个维度中，动机维度的均值最低，且外生动机的均值（3.70）显著高于内生动机（3.61），说明大学生混合学习动机不足，大多数学生学习混合学习课程是在学校或教师的要求下进行的，缺乏内生动机。此外，访谈发现，学生和教师普遍认为大学生缺乏混合学习动机，学习目标不明确，混合学习存在盲目性和随意性等问题。

究其原因，主要在于以下几点：①大学生缺乏明确的学习目标指引。许多大学生在进入大学后，由于摆脱了高中忙碌、繁重的学业压力，转而步入"轻松"的大学生活中，紧张的心理松懈下来，对自己未来的发展无所适从，在学校没有或较少有压力和忧患意识，对于自己想学什么和学好什么缺少明确的认识和规划，因此，在课程学习中，他们的学习动机不强，缺乏明确的学习目标。②教师对大学生的学习动机缺乏关注。我国高校仍然较多地采用教师讲授为主的大课堂教学形式，教师教学方式相对单一，多数教师片面追求知识传授和课程进度，缺乏对大学生学习动机的关注，使得学生学习的内生动机未能有效发挥作用，学生对课程学习缺少兴趣，表现为不喜欢上课、不积极回答老师提问、课堂参与度不高等。

鉴于以上的原因，要改善目前大学生混合学习动机不足、缺乏明确的学习目标指引的现状，后续大学生混合学习设计中要注意以下几个方面。首先，明确学习目标。在大学生混合学习设计中，要将课程目标转化为具体的学习目标，引导学生根据学习目标逐步完成学习任务，克服学习上的盲目性和随意性。此外，学习目标要与学生的实际生活联系起来，引导他们运用课本上的知识发现、分析和解决生活中的实际问题，能够学以致用。其次，激发学习兴趣。兴趣是推动学生学习的内在动力，是激发学生学习动机的关键因素。教师应改变单一的、讲授为主的教学方式，增强学生的参与感，让学生能够积极主动地参与到学习中来，开展多样化的学习活动，如小组讨论、小组协作、专题研讨、案例分析、问题探究等学习活动，以此来激发学生的学习兴趣。此外，在混合学习中，生动丰富的学习资源和个性化的学习平台能够有效调动学生的学习兴趣，激活他们的学习动机。

在设计混合学习时，要根据学生的学习兴趣与需求对学习资源和学习平台进行精心设计与开发，同时要注意多种学习资源的有效结合和技术工具的合理使用，以激发学生的学习兴趣。

二、学生高阶思维的批判性思维和创造性思维薄弱

通过对高阶思维维度的统计分析发现，大学生的高阶思维能力整体上较为一般，其中，问题解决能力和团队协作能力相对较强，批判性思维和创造性思维相对较为薄弱。同时，访谈发现，目前大学生混合学习过程中，线下教学大多仍是采用灌输式的教学方式，教师和学生以教材为中心，教学内容在一定程度上存在理论脱离实践的问题，学生"上课抄笔记、考前背笔记、考完全忘记"的现象较为普遍，导致学生的学科知识薄弱，独立思考能力弱化，高阶思维尤其是批判性思维和创造性思维培养严重不足等问题。

究其原因，主要在于以下几点：①应试教育存在一定的不足，如重分数、轻能力，重灌输、轻启发，重继承、轻创造，重讲解、轻实践等。②在大学课堂教学中，教学内容通常是"唯一的"和"标准的"，大学生往往处于被动地位，习惯于死记硬背教师讲授的和书本上的知识，懒于思考。

鉴于以上原因，要改善目前大学生高阶思维薄弱的问题，后续大学生混合学习设计中要注意以下几个方面。首先，改变教学观念。大学生混合学习设计要从改变教学观念入手，确立"以学生为中心"的教学观念，以培养大学生高阶思维为目标导向，由灌输式教学向启发式教学、合作探究学习转变，由知识单向传授向知识创造、师生对话转变，由单一评价方式向多元评价方式转变。其次，创新教学内容和教学方法。教师应在教学过程中创新教学内容和教学方法，使教学过程由因循守旧的过程向探索创新的过程转变，从而展现教学中的求异思维。在设计混合学习时，教师应注重理论联系实际，根据现实生活中的事件或问题来创设学习情境，落实教学内容，选择教学手段和教学方法等；放弃权威思想，建立积极、和谐、民主的师生关系；尊重学生的个性化和差异化，因材施教，充分调动学生学习的积极性和主动性；增强学生的问题意识，培养学生运用现有知识发现、

分析和解决实际问题的能力；鼓励学生大胆质疑和创新，着力培养学生的高阶思维，特别是批判性思维和创造性思维。

三、线上线下混合学习缺乏系统性的设计方案

通过对学生和教师的访谈发现，目前大学生混合学习存在的主要问题在于线上线下混合学习衔接不到位，缺乏系统性的设计方案。就学生而言，混合学习课程存在线上线下教学内容简单重复、线上线下教学材料脱节、线上线下学习任务缺乏关联、线上学习不能有效引导线下讨论和实践、线上师生互动不足、线下教师讲解过多、线上线下评价机制衔接不畅等问题；就教师而言，许多高校在混合学习的开展和推广上存在盲目性和随意性，缺少教学理念、教学方法、教学环境、教学工具、评价体系的支撑，缺乏系统性的设计方案，教师难以有效开展线上线下混合学习。

究其原因，主要在于以下几点：①大学生混合学习缺乏精心的设计。许多高校为了紧跟线上线下混合学习的潮流，一味地开展混合学习，却未对教师进行混合学习相关技能的培训，导致部分教师缺乏混合学习理念和教学方法，难以有效开展混合学习。这部分教师仅将线下教学内容简单地搬到线上，或仅将线上学习简单地理解为发布通知、作业和学习资源，导致线上线下教学分离、线上线下学习衔接不到位等问题。②大学生混合学习实施缺乏技术支持。技术支持主要包括学习资源和学习平台两个方面。在学习资源方面，线上学习资源丰富多样，资源整合不当会造成学习资源混乱和盲目堆砌，进而影响学生的学习效果；在学习平台方面，当前大学生在线学习平台较多，同一门课程的 MOOC 资源丰富，但质量良莠不齐，配套教材也各不相同，且平台之间无法共享，因而会存在线上线下教材脱节、多个平台交叉使用等情况。③大学生混合学习评价体系不完善。完善的评价体系有助于教师发现和总结教学过程中遇到的问题，便于及时改进混合学习设计，而很多高校在实施混合学习的过程中仅关注教学过程，忽视了评价体系的构建与应用，这使得教师在教学过程中遇到的问题得不到有效解决，阻碍了大学生混合学习的开展和推广。

鉴于以上原因，要改善目前大学生混合学习线上线下衔接不到位的情况，需要建立系统性的大学生混合学习设计、实施和评价方案。首先，精心设计大学生混合学习。教师应改变传统教学理念和教学方法，以学生为中心对大学生混合学习过程中的各要素进行系统性设计，将线上线下教学内容、教学过程和教学评价进行有效衔接，充分调动学生学习的积极性和主动性，激发学生的学习兴趣，提升学习效果。其次，技术支持大学生混合学习实施。高校应充分挖掘网络学习资源，针对各门课程，构建课程资源库、教学资源包、试题库等，并在后续的教学过程中不断进行更新和完善；还应设计和开发智能服务学习平台，满足教师随时随地利用平台开展教学和学生个性化学习的需求。最后，完善大学生混合学习评价体系。混合学习评价体系是保证和提高混合学习质量的重要环节，高校应建立一套科学、高效的评价体系，以对每个教学环节进行监控，同时将评价结果及时反馈给教师，从而促进教师对教学环节的修正，保证混合学习的有效开展。

本 章 小 结

本章在对国内外大学生混合学习相关文献进行分析的基础上，借鉴已有的混合学习量表，编制了大学生混合学习初始量表。通过项目分析、信效度检验、探索性因素分析对量表进行了修订，形成了正式量表。正式量表包含动机（为什么学）、内容（学什么）、互动（如何学）、技术（学习支持）和高阶思维（学习效果）五个维度，共40个量表题项。之后，本书使用自编的正式量表，对8个省级行政区的19所高校开展了问卷调查，共收集有效问卷3449份，通过描述性统计、t检验和单因素方差分析，以及对学生和教师的访谈，分析了目前大学生混合学习存在的问题，主要体现在学习动机不足，缺乏明确的学习目标指引；高阶思维薄弱，批判性思维和创造性思维亟待提高；线上线下学习衔接不到位，缺乏系统性的设计方案等方面。究其原因，主要在于教师对大学生学习动机缺乏关注、应试教育存在一定的不足、缺乏对混合学习的精心设计、技术支持不到位、评价体系不完善等。后续大学生混合学习设计可以从明确学习目标，激发学习兴趣，改变教学观念，创新教学内容和教学方法，建立系统性的设计、实施和评价方案等方面入手。

第三章

大学生混合学习中高阶思维发展的影响因素探索

本章基于全视角学习理论,提出了大学生混合学习中高阶思维发展的影响因素假设模型,采用结构方程模型对假设模型进行了验证,并进一步分析了大学生混合学习中各个影响因素的组成部分,以及各个影响因素是如何对大学生高阶思维发展产生影响的,从而相对系统地解释大学生混合学习中高阶思维发展的影响机制,为后续大学生混合学习设计模式构建和课程设计奠定了基础。

第一节 影响因素假设模型

一、影响因素假设模型的提出

根据调查问卷的分析与设计，本书假设大学生混合学习中高阶思维发展的影响因素包括内容、动机、互动和技术四个维度。基于已有研究成果，本书提出了各个影响因素之间作用关系的 10 条研究假设，这些研究假设构成了大学生混合学习中高阶思维发展的影响因素假设模型，如图 3-1 所示。

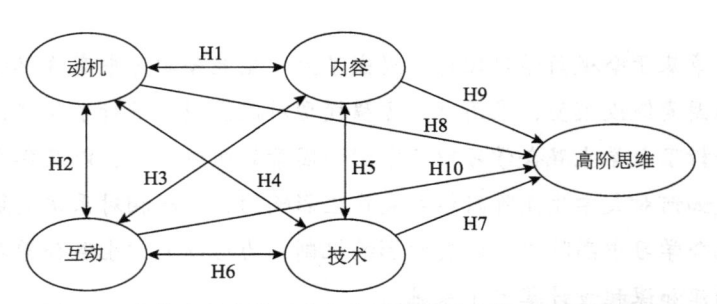

图 3-1 大学生混合学习中高阶思维发展的影响因素假设模型

二、影响因素假设模型的研究假设

根据全视角学习理论，伊列雷斯认为，学习必须是一个连贯过程的一部分，必须具有一种联系性[①]。因此，学习的动机、内容和互动三个维度之间存在着紧密的相互作用关系，且具有整体性。基于此，本书提出以下假设：

---

① 克努兹·伊列雷斯. 我们如何学习: 全视角学习理论[M]. 第 2 版. 孙玫璐译. 北京: 教育科学出版社, 2014: 3-28.

H1：动机与内容存在相关关系。

H2：动机与互动存在相关关系。

H3：内容与互动存在相关关系。

从技术维度来看，许多研究表明，技术支持对学习者的学习效果有显著正向影响[1]。此外，王子婷和安建强的研究表明，技术会影响学习者的学习动机，进而影响学习效果[2]。杨根福的研究表明，技术与学习内容的匹配程度是学习者学习效果的关键影响因素[3]。黄灵霞的研究发现，学习平台的稳定性、丰富性和易用性会对学生的学习成绩产生直接影响，还可以通过学生与教师的互动间接影响学生的学习效果[4]。基于此，本书提出以下假设：

H4：技术与动机存在相关关系。

H5：技术与内容存在相关关系。

H6：技术与互动存在相关关系。

H7：技术对高阶思维有显著正向影响。

从学习动机维度来看，蒙吉尔（Munger）和劳埃德（Loyd）认为，学习动机与学习效果之间具有非常紧密的联系，学习动机强的学习者的学习效果优于学习动机弱的学习者[5]。卡洛斯（Carlos）等的研究表明，学习动机高会使学习者在课堂上更有毅力，学习效果更好，而学习动机低的学习者学习效果不佳[6]。王改花的研究表明，学习动机对学习成绩、学习满意度、自评学习效果、总学习效果均有显著正向影响[7]。李兴蓉等通过实证研究发现，学习动机是学习者学习效果的最关

---

[1] Bliuc, A., Ellis, R., Goodyear, P., et al. Learning through face-to-face and online discussions: Associations between students' conceptions, approaches and academic performance in political science[J]. British Journal of Educational Technology, 2010, 41(3): 512-524；Cheng, Y. M. Antecedents and consequences of e-learning acceptance[J]. Information Systems Journal, 2011, 21(3): 269-299；张成龙，李丽娇，李建凤. 基于MOOCs的混合式学习适应性影响因素研究——以Y高校的实践为例[J]. 中国电化教育，2017(4): 60-66.

[2] 王子婷，安建强. 大学生在线学习动机影响因素量化研究[J]. 软件导刊，2019(5): 219-224.

[3] 杨根福. 混合式学习模式下网络教学平台持续使用与绩效影响因素研究[J]. 电化教育研究，2015(7): 42-48.

[4] 黄灵霞. 网络高等教育学生学习效果影响因素研究[D]. 北京：中国石油大学，2019: 46-47.

[5] Munger, G. F., Loyd, B. H. Gender and attitudes toward computers and calculators: Their relationship to math performance[J]. Journal of Educational & Computing Research, 1989, 5(2): 167-177.

[6] Carlos, A. H., Iria, E. A., Mar, P. S., et al. Understanding learners' motivation and learning strategies in MOOCs[J]. The International Review of Research in Open and Distributed Learning, 2017, 18(3): 119-136.

[7] 王改花. 大学生学习者特征对线上线下混合式学习效果的影响研究[D]. 西安：陕西师范大学，2020: 196.

键的影响因素[1]。此外，也有研究表明，学习动机对学习效果无直接影响。例如，曾嘉灵等的研究发现，学习动机对学习者学习效果没有直接影响，而是通过学习者的学习过程间接影响学习效果[2]。基于此，本书提出以下假设：

H8：动机对高阶思维有显著正向影响。

从学习内容维度来看，卡萨卜（Kassab）等的研究表明，学习内容会直接影响学习者的学习效果，高质量、丰富的学习内容会激发学习者的学习动机，促使其更努力地学习[3]。德什潘德（Deshpande）和丘赫洛明（Chukhlomin）的研究发现，学习资源和内容会显著影响学习者的学习效果[4]。此外，也有研究表明，学习内容对学习效果没有直接显著影响。例如，秦瑾若的研究表明，学习内容对学习效果并没有直接显著影响，而是显著影响学习动机，进而影响学习效果[5]。基于此，本书提出以下假设：

H9：内容对高阶思维有显著正向影响。

从互动维度来看，肯特（Kent）等的研究表明，互动对学习者的学习效果有积极影响[6]。傅钢善和王改花的研究发现，学习者互动越强，学习效果越好[7]。马婧等的研究表明，师生间的互动程度是影响学习者知识建构水平和学习效果的重要因素[8]。李小娟等的研究发现，学习者的互动交流行为能正向影响学习绩效[9]。此外，皮玛（Pima）等的研究还表明，混合学习是促进互动的有效方式[10]。基于此，本书提出以下假设：

---

[1] 李兴蓉, 郭红生, 张连刚. 大学生网络自主学习效果影响因素实证分析[J]. 现代教育管理, 2009(10): 57-60.

[2] 曾嘉灵, 陆星儿, 杨阳等. 基于结构方程的远程学习者满意度影响因素研究[J]. 中国远程教育, 2016(8): 59-65.

[3] Kassab, S. E., Al-Shafei, A. I., Salem, A. H. Relationships between the quality of blended learning experience, self-regulated learning, and academic achievement of medical students: A path analysis[J]. Advances in Medical Education and Practice, 2015, 6(22): 27-34.

[4] Deshpande, A., Chukhlomin, V. What makes a good MOOC: A field study of factors impacting student motivation to learn[J]. American Journal of Distance Education, 2017, 31(4): 275-293.

[5] 秦瑾若. 基于MOOC的大学生混合式学习适应性影响因素及干预研究[D]. 西安: 陕西师范大学, 2019: 221.

[6] Kent, C., Laslo, E., Rafaeli, S. Interactivity in online discussions and learning outcomes[J]. Computers & Education, 2016, 97: 116-128.

[7] 傅钢善, 王改花. 基于数据挖掘的网络学习行为与学习效果研究[J]. 电化教育研究, 2014(9): 53-57.

[8] 马婧, 韩锡斌, 周潜等. 基于学习分析的高校师生在线教学群体行为的实证研究[J]. 电化教育研究, 2014(2): 13-18.

[9] 李小娟, 梁中锋, 赵楠. 在线学习行为对混合学习绩效的影响研究[J]. 现代教育技术, 2017(2): 79-85.

[10] Pima, J. M., Odetayo, M., Iqbal, R., et al. A thematic review of blended learning in higher education[J]. International Journal of Mobile and Blended Learning (IJMBL), 2018, 10(1): 1-11.

H10：互动对高阶思维有显著正向影响。

第二节　影响因素假设模型检验

本书采用结构方程模型对假设模型进行验证，包括结构方程模型的建立、模型拟合度评估、模型修正和模型检验四个步骤，使用 AMOS 和 SPSS 软件进行分析。

一、结构方程模型的建立

根据假设模型图，在 AMOS 软件中绘制大学生混合学习中高阶思维发展影响因素的结构方程模型，如图 3-2 所示。结构方程模型中包含 13 个观察变量和 5 个

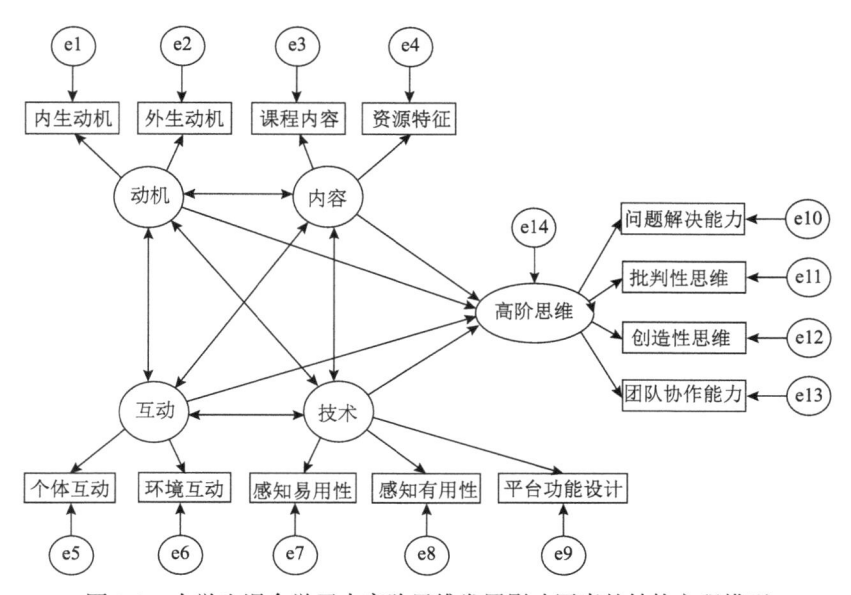

图 3-2　大学生混合学习中高阶思维发展影响因素的结构方程模型

潜在变量，13个观察变量为内生动机、外生动机、课程内容、资源特征、个体互动、环境互动、感知易用性、感知有用性、平台功能设计、问题解决能力、批判性思维、创造性思维、团队协作能力；5个潜在变量为动机、内容、互动、技术、高阶思维，其中动机、内容、互动、技术为外因潜在变量，高阶思维为内因潜在变量。

13个观察变量的描述性统计如表3-1所示。各观察变量的最小值为1.00，最大值为5.00，没有偏离值出现。利用SPSS软件对13个观察变量的相关系数进行分析，各观察变量间的相关系数均为正数，协方差也均为正数，表明13个观察变量间均呈显著正相关。

表3-1 13个观察变量的描述性统计（N=3449）

观察变量	min	max	M	SD
内生动机	1.00	5.00	3.6101	0.8533
外生动机	1.00	5.00	3.6954	0.8132
课程内容	1.00	5.00	3.6652	0.8333
资源特征	1.00	5.00	3.6959	0.8236
个体互动	1.00	5.00	3.6618	0.8079
环境互动	1.00	5.00	3.7095	0.8040
感知易用性	1.00	5.00	3.6709	0.8537
感知有用性	1.00	5.00	3.6957	0.8195
平台功能设计	1.00	5.00	3.6617	0.8236
问题解决能力	1.00	5.00	3.6993	0.8442
批判性思维	1.00	5.00	3.6811	0.8527
创造性思维	1.00	5.00	3.6605	0.8575
团队协作能力	1.00	5.00	3.7089	0.8535

二、模型拟合度评估

在构建好结构方程模型后，需要对模型拟合度的各项指标进行评估，各项指标符合要求后才可以对模型的路径进行分析。具体模型拟合度如表 3-2 所示。结构方程模型的 χ^2 值为 729.868，$p=0.000<0.05$，达到显著水平；χ^2/df 值为 13.270，明显高于标准值，因此，需要对模型进行修正。

表 3-2 模型拟合度评估摘要表

统计检验量		检验结果数据	适配的标准	模型适配判断
绝对适配度指数	χ^2	729.868 （$p=0.000<0.05$）	$p>0.05$	否
	RMR	0.006	RMR<0.05	是
	RMSEA	0.060	RMSEA<0.05（适配良好） RMSEA<0.08（适配合理）	适配合理
	GFI	0.968	GFI>0.90	是
	AGFI	0.947	AGFI>0.90	是
比较适配度指数	NFI	0.989	NFI>0.90	是
	RFI	0.985	RFI>0.90	是
	IFI	0.990	IFI>0.90	是
	TLI	0.986	TLI>0.90	是
	CFI	0.990	CFI>0.90	是
简约适配度指数	PGFI	0.585	PGFI>0.50	是
	PNFI	0.698	PNFI>0.50	是
	PCFI	0.698	PCFI>0.50	是
	χ^2/df	13.270	$\chi^2/df<3.00$（适配良好）， $\chi^2/df<5.00$（可接受）	否

注：残差均方根（root mean square residual，RMR），近似均方根误差（root mean square error of approximation，RMSEA），拟合优度指数（goodness-of-fit index，GFI），调整的拟合优度指数（adjusted goodness-of-fit index，AGFI），规范拟合指数（normed fit index，NFI），相对拟合指数（relative fit index，RFI），增值拟合指数（incremental fit index，IFI），塔克-刘易斯指数（Tucker-Lewis index，TLI），比较拟合指数（comparative fit index，CFI），简约拟合指数（parsimony goodness-of-fit index，PGFI），简约规范拟合指数（parsimony normed fit index，PNFI），简约比较拟合指数（parsimony comparative fit index，PCFI）

三、模型修正

利用 AMOS 软件，采用极大似然法对结构方程模型中的各条路径进行评估。

通过删除不显著路径、增加两个变量间的共变关系等,对结构方程模型进行多次修正,修正后的模型拟合度如表 3-3 所示。由此可以看出,修正模型的 χ^2 值为 224.442,$p=0.000<0.05$,达到显著水平。由于卡方值易受样本数大小的影响,当样本数很大时,所有假设模型的卡方值的 p 值均会达到显著水平($p<0.05$),导致假设模型与观察数据无法适配。因此,在对整体模型适配度的判别时,不应仅以卡方值作为判断准则,鉴于其余指标值均在标准范围内,这表明,通过修正,模型的拟合度得到改善,修正模型整体上具有良好的拟合度。

表 3-3 修正模型拟合度评估摘要表

统计检验量		检验结果数据	适配的标准	模型适配判断
绝对适配度指数	χ^2	224.442（$p=0.000<0.05$）	$p>0.05$	否
	RMR	0.003	RMR<0.05	是
	RMSEA	0.033	RMSEA<0.05（适配良好） RMSEA<0.08（适配合理）	适配良好
	GFI	0.990	GFI>0.90	是
	AGFI	0.981	AGFI>0.90	是
比较适配度指数	NFI	0.997	NFI>0.90	是
	RFI	0.995	RFI>0.90	是
	IFI	0.997	IFI>0.90	是
	TLI	0.996	TLI>0.90	是
	CFI	0.997	CFI>0.90	是
简约适配度指数	PGFI	0.522	PGFI>0.50	是
	PNFI	0.613	PNFI>0.50	是
	PCFI	0.614	PCFI>0.50	是
	χ^2/df	4.676	$\chi^2/df<3.00$（适配良好）, $\chi^2/df<5.00$（可接受）	可接受

四、模型检验

在修正完结构方程模型的基础上,本书对假设模型进行检验,利用 AMOS 软件构建大学生混合学习中高阶思维发展的影响因素模型，以厘清各个变量之间的因果关系，结构方程模型的标准化路径系数如图 3-3 所示。

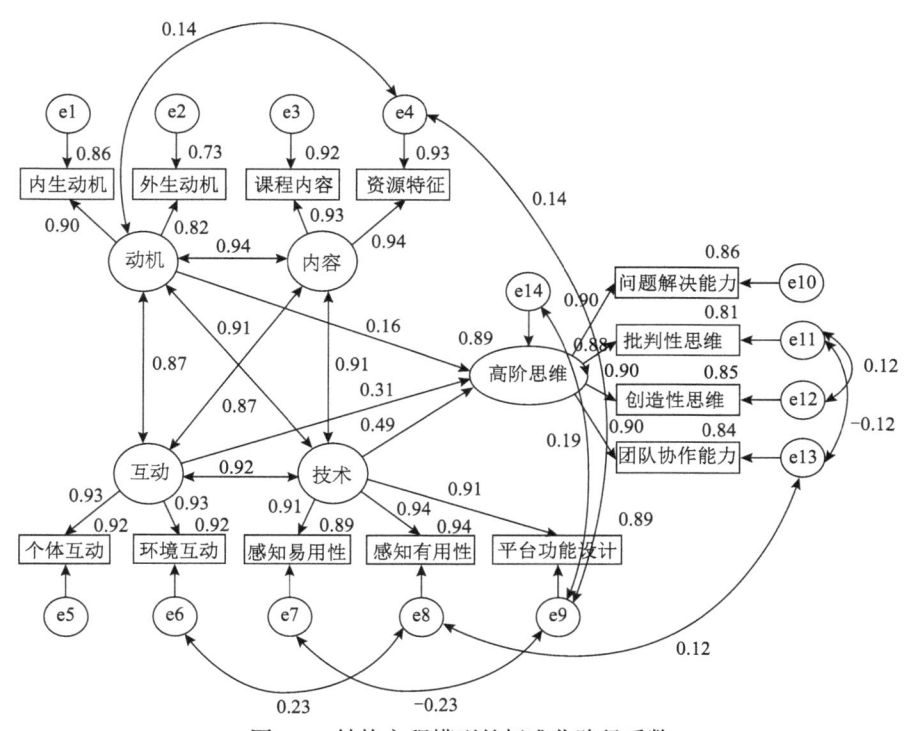

图 3-3　结构方程模型的标准化路径系数

结构方程模型中的路径系数值越大（$p<0.05$），表示两个变量间的影响效果越大。假设模型检验结果如表 3-4 所示，10 个研究假设中，9 个研究假设通过了验证，1 个研究假设没有通过验证。根据结果分析，动机、内容、互动、技术 4 个外因潜在变量中任意两个变量之间都存在显著的正相关关系。内容对高阶思维的影响不显著，动机、互动、技术对高阶思维均具有显著正向影响，且动机、互动、技术对高阶思维解释的变异量为 88.5%。

表 3-4　假设模型检验结果

编号	路径			标准化系数	标准误	临界比	p	验证结果
H1	动机	↔	内容	0.938	0.016	38.336	0.000	通过

续表

编号	路径			标准化系数	标准误	临界比	p	验证结果
H2	动机	↔	互动	0.868	0.015	36.776	0.000	通过
H3	内容	↔	互动	0.906	0.015	38.444	0.000	通过
H4	动机	↔	技术	0.871	0.016	36.669	0.000	通过
H5	内容	↔	技术	0.908	0.016	38.242	0.000	通过
H6	互动	↔	技术	0.915	0.015	38.37	0.000	通过
H7	高阶思维	←	技术	0.493	0.030	16.017	0.000	通过
H8	高阶思维	←	动机	0.160	0.022	7.231	0.000	通过
H9	高阶思维	←	内容	−0.015	0.044	−0.332	0.740	不通过
H10	高阶思维	←	互动	0.310	0.030	10.419	0.000	通过

综上所述，大学生混合学习中高阶思维发展的影响因素最终模型如图 3-4 所示，其中，变量之间标注的数字为标准化路径系数。

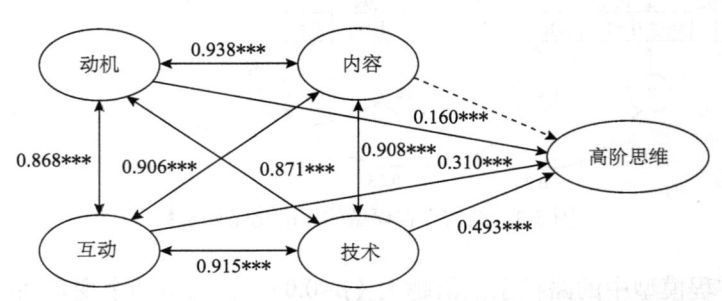

图 3-4　大学生混合学习中高阶思维发展的影响因素最终模型

注：虚线表示路径系数不显著

第三节　检验结果分析

本书基于 3449 份有效样本数据对大学生混合学习中高阶思维发展的影响因

素模型进行了验证,得出了大学生混合学习中高阶思维发展的影响因素最终模型,根据该模型,对当前大学生混合学习中高阶思维发展的影响因素进行了分析,结果如下。

一、内容因素对高阶思维的影响不显著

内容因素对高阶思维的影响不显著,这与以往大多数学者的研究结论不一致,但与秦瑾若的研究结论一致,即学习内容对学习效果没有直接显著影响[1]。作为达成学习目标最重要的资源、载体和中介,学习内容对学生的高阶思维发展有着不可替代的作用。然而,本次问卷调查发现,目前大学生混合学习中,学习内容对学生高阶思维的发展不具有显著影响,说明在混合学习中,学习内容仅被视为知识和技能,并没有达到伊列雷斯提出的在一些更广的范围内理解学习内容,即建构"意义"和"能力"这一层面[2]。同时,通过对学生和教师的访谈发现,混合学习中线上线下学习衔接不到位,如线上线下学习内容简单重复,线上线下教材脱节等,是学习内容对高阶思维不具有显著影响的主要原因,因此,后续大学生混合学习设计中应重点关注线上线下学习内容的有效衔接。此外,内容与动机、互动、技术三个影响因素均存在显著的正相关关系,说明为学习者提供优质的课程内容和丰富的学习资源,可以有效提高学生的学习动机、互动水平,以及学生对技术的接受度。

二、技术因素对高阶思维具有显著影响

技术因素对大学生高阶思维发展的影响系数最大,其路径系数为 0.493,说明在混合学习中,技术支持是影响大学生高阶思维发展的关键因素。这与布利乌克

---

[1] 秦瑾若. 基于 MOOC 的大学生混合式学习适应性影响因素及干预研究[D]. 西安: 陕西师范大学, 2019: 221.

[2] 克努兹·伊列雷斯. 我们如何学习: 全视角学习理论[M]. 第 2 版. 孙玫璐译. 北京: 教育科学出版社, 2014: 27.

（Bliuc）[1]、程永明（Yung-Ming Cheng）[2]、张成龙[3]等的研究结论是一致的，同时也符合混合学习新兴信息技术的特征，学习平台的易用性、有用性、稳定性和丰富性是发展学习者高阶思维的重要影响因素。因此，后续大学生混合学习设计中要注意以下几点：①利用信息技术为线上线下混合学习提供支持，包括学习平台设计与开发、学习资源开发与整合、管理系统开发等；②利用大数据技术，对学生的学习过程数据进行分析，构建学习者模型，实现学习者的个性化和差异化学习；③充分利用学习平台的数据，对学生的学习进度、作业测评、单元测试、发帖数量等进行量化评价，形成对学生的形成性评价和总结性评价相结合的多元评价方式。

三、互动因素对高阶思维具有显著影响

互动因素与高阶思维之间的路径系数为 0.310，说明在混合学习中，互动对大学生高阶思维发展具有显著正向影响。这与 Kent[4]、傅钢善[5]、马婧[6]、李小娟[7]等的研究结论是一致的，师生互动、生生互动，以及学生与学习环境的互动，有利于学生高阶思维的培养。因此，后续大学生混合学习设计中要注意以下几点：①混合学习设计中要开展更多的协作学习活动，如小组讨论、小组协作、专题研讨、案例分析、问题探究等，以增加交互行为；②教师要通过各种方式主动引导学生积极参与交互，如对学生的提问及时回复、组织学生积极参与讨论、对学生的作品进行评价和反馈等。

---

[1] Bliuc, A., Ellis, R., Goodyear, P., et al. Learning through face-to-face and online discussions: Associations between students' conceptions, approaches and academic performance in political science[J]. British Journal of Educational Technology, 2010, 41(3): 512-524.

[2] Cheng, Y. M. Antecedents and consequences of E-learning acceptance[J]. Information Systems Journal, 2011, 21(3): 269-299.

[3] 张成龙, 李丽娇, 李建凤. 基于 MOOCs 的混合式学习适应性影响因素研究——以 Y 高校的实践为例[J]. 中国电化教育, 2017(4): 60-66.

[4] Kent, C., Laslo, E., Rafaeli, S. Interactivity in online discussions and learning outcomes[J]. Computers & Education, 2016(97): 116-128.

[5] 傅钢善, 王改花. 基于数据挖掘的网络学习行为与学习结果研究[J]. 电化教育研究, 2014(9): 53-57.

[6] 马婧, 韩锡斌, 周潜等. 基于学习分析的高校师生在线教学群体行为的实证研究[J]. 电化教育研究, 2014(2): 13-18.

[7] 李小娟, 梁中锋, 赵楠. 在线学习行为对混合学习绩效的影响研究[J]. 现代教育技术, 2017(2): 79-85.

四、动机因素对高阶思维具有显著影响

动机因素与高阶思维的路径系数为 0.160，说明在混合学习中，学习动机对大学生高阶思维发展具有显著正向影响。这与 Munger[1]、Carlos[2]、王改花[3]、李兴蓉[4]、曾嘉灵[5]等的研究结论是一致的，通过激发大学生的学习动机，可以有效培养大学生的高阶思维。因此，后续大学生混合学习设计中要注意以下几点：①明确课程学习的具体需求与目标，引导学生养成对成功学习的积极预期和归因习惯，激发学生的学习动机；②提升学习平台的易用性与有用性，增强学习资源的丰富性与个性化等，都可以激发学生的学习动机。

五、动机、内容、互动和技术四个因素之间存在高度的相关关系

研究结果显示，动机、内容、互动和技术四个影响因素中任意两个因素之间都存在显著的正相关关系。动机与内容之间的相关系数为 0.938，动机与互动之间的相关系数为 0.868，内容与互动之间的相关系数为 0.906，动机与技术之间的相关系数为 0.871，内容与技术之间的相关系数为 0.908，互动与技术之间的相关系数为 0.915，说明四个影响因素之间存在高度的相关关系。动机、内容、互动三个影响因素之间存在显著的正相关关系，这一结论也论证了全视角学习理论中在一种学习情境下，动机、内容和互动三个因素具有整体性这一点。此外，技术因素与动机、内容、互动三个因素之间存在显著的正相关关系，说明在混合学习中，技术与其他影响因素之间存在紧密的相互作用。因此，后续大学

---

[1] Munger, G. F., Loyd, B. H. Gender and attitudes toward computers and calculators: Their relationship to math performance[J]. Journal of Educational & Computing Research, 1989, 5(2): 167-177.
[2] Carlos, A. H., Iria, E. A., Mar, P. S., et al. Understanding learners' motivation and learning strategies in MOOCs[J]. The International Review of Research in Open and Distributed Learning, 2017, 18(3): 119-136.
[3] 王改花. 大学生学习者特征对线上线下混合式学习效果的影响研究[D]. 西安: 陕西师范大学, 2020: 196.
[4] 李兴蓉, 郭红生, 张连刚. 大学生网络自主学习效果影响因素实证分析[J]. 现代教育管理, 2009(10): 57-60.
[5] 曾嘉灵, 陆星儿, 杨阳等. 基于结构方程的远程学习者满意度影响因素研究[J]. 中国远程教育, 2016(8): 59-65.

生混合学习设计中要将这四个因素作为一个整体共同发展,以此来发展学生的高阶思维。

本 章 小 结

  为揭示大学生混合学习中高阶思维发展的影响机制,本章基于全视角学习理论,提出了大学生混合学习中高阶思维发展的影响因素假设模型,并采用结构方程模型对假设模型进行了验证。研究结果表明:①内容因素对高阶思维的影响不显著,进一步说明了目前的大学生混合学习中线上线下学习衔接不到位,存在线上线下学习内容简单重复、线上线下教材脱节等问题;②动机、互动、技术三个因素对高阶思维均具有显著正向影响,且对高阶思维解释的变异量为88.5%;③动机、互动、技术三个因素对高阶思维的影响系数由大到小依次为技术、互动、动机;④在混合学习中,动机、内容、互动和技术四个影响因素之间存在高度的相关关系。鉴于以上结论,后续大学生混合学习设计中要综合考虑线上线下学习内容有效衔接,技术、互动、动机对高阶思维发展的关键作用,动机、内容、互动和技术四个因素的整体发展等方面。

第四章

大学生混合学习设计的宏观模式构建

本章从宏观层面构建高阶思维导向的大学生混合学习设计模式，并对各构成要素进行解析。首先，大学生混合学习设计模式的构建需要建立在坚实的理论基础上，本书以全视角学习理论和教学设计理论为基础，结合混合学习设计、大学生混合学习设计的内涵与特征，构建大学生混合学习设计模式；其次，本书以学习者的视角来探索高阶思维导向的大学生混合学习设计，因此，在构建大学生混合学习设计模式时以学习的发生机制和大学生的认知发展特点为依据；最后，在构建大学生混合学习设计模式时，本书充分考虑了目前大学生混合学习现状调查结果和大学生高阶思维发展的影响因素，以构建出能发展大学生高阶思维、提高混合学习质量的大学生混合学习设计模式。

第一节　大学生混合学习设计的意涵

一、混合学习设计的内涵阐释

（一）混合学习设计的由来

随着社会的发展进步，21世纪的教师需要不断反思自己的教学成果和学生的学习效果，以满足新时代对人才培养的需求；同时，随着信息技术的高速发展，学生必须适应复杂的通信媒体和技术工具。在这种背景下，一种创新的以学生为中心的教学设计理念——"学习设计"应运而生。"学习设计"的概念是由澳大利亚教育专家卡兰茨（Kalantzis）和科佩（Cope）提出的，自2003年起，澳大利亚和马来西亚两个国家开展了"学习设计"项目，通过几年的研究与实践，培养了一大批优秀教师，积累了宝贵的经验与丰富的教学资源[1]。在我国，"学习设计"的概念是曹晓明和何克抗于2006年提出的，他们认为学习设计即"为学习而设计"，是一种以活动为中介的课程、学习规划，具有三个理念：一是学习设计的目的之一是在数字化学习环境中拓展学习活动设计，学习活动是学习设计的重要载体，包括课堂讨论、小组协作、问题解决、角色扮演等；二是通过对学习活动进行排序和组织，构成学习活动序列，从而促进学生的有效学习，这一学习活动序列既包含各个学习活动发生的时序，也包含各种学习内容呈现的逻辑次序；三是可以将学习设计进行记录，让学生分享与再利用[2]。

教学设计是对教与学的过程事先所构想出的有计划的安排。其中，教学可以被看成是一系列精心安排的外部事件，这些经过设计的外部事件是为了支持内部

---

[1] 吴军其, 刘玉梅. 学习设计: 一种新型的教学设计理念[J]. 电化教育研究, 2009(12): 80-83.
[2] 曹晓明, 何克抗. 学习设计和学习管理系统的新发展[J]. 现代教育技术, 2006, 16(4): 5-8.

的学习过程。从这个意义上说，学习设计的理念是蕴含在教学设计中的。学习设计更多的是从学习者的角度来考虑和设计教学过程，其本质上仍是一种教学设计，但学习设计比教学设计更注重以学生为中心的设计活动[①]。科诺尔（Conole）认为，学习设计是一种方法，设计者利用合适的资源与技术对学习活动或是干预方式进行设计[②]。多博齐（Dobozy）提出，学习设计是设计者通过明确的认识论和技术手段，尝试对学习序列进行整合而形成的一套方法体系[③]。洛基尔（Lockyer）和道森（Dawson）认为，学习设计是一系列有计划的教学设计行为，通过设计学习任务、活动、资源以及技术工具来实现某一具体情境下的学习目标[④]。刘（Law）等认为，学习设计与教学设计的区别在于：教学设计是指对教学过程进行分析、设计、开发、实施和评价，而学习设计侧重于将相关的学习理论研究融入学生的学习设计中，以达到预期的学习目标[⑤]。

混合学习设计是基于学习设计对混合学习进行具体计划的复杂过程。随着信息技术的飞速发展和互联网时代的到来，混合学习呈现出井喷式发展趋势，创新人才培养、教育教学改革都在呼唤混合学习，混合学习的设计与实施给教师带来了新的挑战。新媒体联盟的《地平线报告》从2012—2017年连续五年将"混合学习设计"列为促进高等教育领域技术运用的关键趋势[⑥]。冯晓英教授认为，混合学习设计是以促进学生的学为根本目的，在设计视角上要由教学设计向学习设计转变，在设计理念上要由知识传递设计向能力培养设计转变，在设计范畴上要由前端设计向全过程设计转变，同时重点关注核心目标、学习体验和学习支架三个要素的设计[⑦]。

[①] 吴军其, 刘玉梅. 学习设计: 一种新型的教学设计理念[J]. 电化教育研究, 2009(12): 80-83.

[②] Conole, G. Designing for Learning in An Open World[M]. New York: Springer, 2013: 7.

[③] Dobozy, E. Learning design research: Advancing pedagogies in the digital age[J]. Educational Media International, 2013, 50(1): 63-76.

[④] 转引自任英杰. 面向理解的学习设计[M]. 广州: 暨南大学出版社, 2022: 1-2.

[⑤] Law, N., Li, L., Herrera, L. F., et al. A pattern language based learning design studio for an analytics informed inter-professional design community[J]. Interaction Design and Architecture, 2017(33): 92-112.

[⑥] 冯晓英, 王瑞雪. "互联网+"时代核心目标导向的混合式学习设计模式[J]. 中国远程教育, 2019(7): 19-26, 92-93.

[⑦] 冯晓英. 混合式学习设计[M]. 北京: 北京师范大学出版社, 2022: 59-60.

（二）混合学习设计的内涵

互联网时代，混合学习已经不再是简单的学习方式组合，而是线上学习与线下学习的充分融合，带来教学方式与教学设计的变革。冯晓英教授用混合学习设计的概念替代了混合教学设计的概念，她认为互联网时代的混合学习是一种颠覆性创新：它推动了教师角色定位的根本性转变，促使教师由学科专家、知识传授者向学习的设计者和促进者转变；推动了教学方式与教学理念的变革，促使教学由"以教师为中心"或"以学科为中心"向"以学生为中心"转变[1]。混合学习设计的内涵可从以下几个方面来理解。

1. 混合学习设计以多种理论为基础

混合学习设计的理论基础并非由少数人的实践经验总结得来的，而是基于已被大量实验研究所证实的科学理论，混合学习设计的许多原理和方法都是源于这些理论，主要包括学习理论和教学理论。通过掌握这些理论，混合学习设计者就可以在共同的专业视野或情境下理解混合学习设计的内容。目前，混合学习设计的理论基础主要有两个方向：一是传统教学设计理论，在教育领域中被广泛接受的传统学习理论是行为主义学习理论、认知主义学习理论和建构主义学习理论，这些都在混合学习设计和实施过程中起到了关键作用[2]；二是学习科学理论，主要包括联通主义学习理论、社会文化理论等[3]。

2. 混合学习设计是理论与实践的桥梁

混合学习设计并非对混合学习的本质和一般规律进行研究，而是在学习理论和教学理论的指导下，运用系统方法对混合学习过程中的各个要素进行具体的设计与规划。也就是说，它是学习理论、教学理论与教学实践之间的中间环节。通过混合学习设计，教师可以将现有的科学理论应用到实际教学中，以指导混合学习工作的实施；同时，教师也可以将混合学习实施经验升华为理论，以充实和完善混合学习理论。因此，混合学习设计是理论与实践的桥梁。

---

[1] 冯晓英. 混合式学习设计[M]. 北京：北京师范大学出版社，2022: 1-2.
[2] 杨天啸, 雷静. 在线教育的理论基础与发展趋势[J]. 教育研究, 2020, 41(8): 30-35.
[3] 杨天啸, 雷静. 在线教育的理论基础与发展趋势[J]. 教育研究, 2020, 41(8): 30-35.

3. 混合学习设计的根本目的在于促进学习者的学习

混合学习的目的在于促进学习者的有效学习，通过促进学习者的学习促使其发展，而混合学习设计作为理论与实践的桥梁，其根本目的也在于促进学习者的学习。促进学习者的学习包含着两层意义：一是通过对混合学习过程进行具体的设计与规划，帮助学生最大限度地获取知识和技能；二是帮助学生提高学习能力，即发展学生的高阶思维。帮助学生获取知识和技能是混合学习设计的直接目的，而发展学生的高阶思维则是混合学习设计的最终目标。

（三）混合学习设计的特征

结合混合学习设计的由来和内涵，本书认为混合学习设计主要包括两个方面的内容：一是混合学习设计的理论基础，主要研究"为什么"的问题，即研究在混合学习设计过程中影响混合学习效果的要素有哪些，以及各要素之间的作用关系；二是混合学习设计的过程模式，主要研究"怎么做"的问题，即研究混合学习设计过程中各要素之间的有序组织。总的来说，混合学习设计具有以下特征。

1. 系统性

混合学习设计是运用系统论的观点，将混合学习过程作为一个整体系统来进行设计、实施和评价，使之成为具有最优功能的系统。混合学习设计的系统性决定了混合学习设计要从混合学习系统的整体功能出发，综合考虑教师、学生、学习内容、学习活动、学习评价等要素之间以及要素与整体之间的本质联系，利用系统分析技术（学习需求分析、学习者分析、学习内容分析）、问题解决优化技术（学习策略的制定、学习媒体的选择）以及评价调控技术（形成性评价、总结性评价），形成解决复杂学习问题的最优方案，并在实施过程中取得最优的效果。

2. 理论性和创造性

混合学习设计是将学习理论、教学理论等基础理论的原理和方法转换成解决混合学习问题的方案，其目的并非寻找客观存在但尚不明确的教学规律，而是综合运用学习理论、教学理论等解决混合学习问题。同时，高度抽象的理论与动态变化的实践之间存在一定的距离，理论无法预测所有的情况，具体情境中的学习问题往往需要教师创造性地运用理论，以适应原有理论未能预测的新情况、新问题。因此，混合学习设计是理论性和创造性的结合。

3. 计划性

混合学习过程包含学习目标、学习活动、学习资源、技术工具、学习评价等要素，混合学习设计就是要对这些影响混合学习效果的要素进行具体设计。这些设计往往通过过程模式来表示，即用流程图来表现各个要素之间的线性程序。按照系统论的观点，这些要素之间的关系是非线性的，是相互影响、相互补充的，因此，混合学习设计要综合考虑各个环节，根据需求有计划地设计各个要素。

二、大学生混合学习设计的内涵阐释

（一）大学生混合学习设计的对象

大学生混合学习设计的对象是在校大学生。大学生与中小学生有很大的区别，大学生的身体和心理发展都已经达到了比较成熟的阶段，他们的身体形态、机能发育处于"准"成熟期，其运动水平和身体发展也从生长发育期向稳定期过渡，其心理发展程度也达到了一个较高的层次，具体体现在如下方面：科学观察能力提升，并开始形成理性思维和辩证思维；学习动机明确，理智、道德和审美意识逐步形成与发展；独立意识和自我意识增强，不再像中小学生一样，完全听从教师的指挥；性格逐渐发展成熟并且趋于稳定；等等[①]。将大学生作为混合学习设计的对象，就必须对其德、智、体、美等方面的发展特征和规律进行全面研究，同时要适应其生理和心理的特征与发展规律，才能使其得到全面发展。

以在校大学生作为混合学习设计的对象的优势在于：①目前，混合学习已成为高校教育教学的新常态；②大学生已经具备一定的信息素养和操作能力，并且相较于中小学生，大学生的学习具备更多的灵活性和自主性，便于混合学习的开展；③大学生来自不同的地域，其学习天赋、学习兴趣、学习风格、学习能力等都不完全一样，而混合学习融合了传统学习和在线学习的优势，更能体现"学生

---

① 薛天祥. 高等教育学[M]. 桂林：广西师范大学出版社, 2001: 58-59.

是学习主体"的教育理念，促使每一位大学生都能得到发展和进步。

（二）大学生混合学习设计的内涵

混合学习的目的在于促进学习者的有效学习，这意味着大学生混合学习设计要由关注"促进教师的教"向"促进学生的学"转变，由关注知识习得向能力培养转变，由前端设计向学习全过程设计转变。因此，大学生混合学习设计的内涵如下。

1. 促进大学生学习的设计

大学生混合学习设计是一种促进大学生学习的设计，这源于加涅的口号"为学习而设计教学"。教学就是促进学习者身心的一系列转换，通过合理安排外部条件，激发、促进、支持和推动学习内部过程和学习结果的达成。教学本身是围绕学习展开的，即"教"是为"学"服务的。大学生混合学习设计的焦点应从关注"促进教师的教"转向关注"促进学生的学"，应重视对学生的特征分析，并以此作为大学生混合学习设计的依据；注重学生的个体差异，着重考虑能促进学生个体发展的学习；充分挖掘学生的内在潜能，激发他们学习的主动性和积极性，促使学生内部学习过程的发生并使其产生积极的变化。

2. 培养大学生能力的设计

信息技术的广泛应用使得知识的传递和获取更加灵活、便捷和多元化。时代的发展使得教育的目标和重心发生了变化，新时代要重点培养学生的问题解决能力、创新能力、交流沟通能力以及高水平的信息素养[1]。传统课堂教学设计往往关注的是学生对知识的习得，教学目标通常是相应的知识点，如以"双基"（基础知识与基本技能）为培养目标，关注学科知识的传递，多采用讲授式教学模式等。"核心素养"的提出促使教学设计由关注学生的知识习得向能力培养转变。在能力培养的目标导向下，大学生混合学习设计以培养学生的高级思维为目标，不仅关注学科知识的传递，更加关注学科知识背后隐含的原理、方法、思维等，帮助学生学会学习、发展能力，教学模式以合作探究学习模式为主。

---

[1] 褚宏启. 中国教育发展方式的转变：路径选择与内生发展[J]. 华东师范大学学报（教育科学版），2018, 36(1): 1-14.

3. 面向学习全过程的设计

目前大学生混合学习设计的误区在于将学习前的前端设计与学习过程设计割裂开来，将大学生混合学习设计简单理解为设计和开发在线资源[①]。这种误区的直接表现是对混合学习过程设计的重视不足，这也是目前 MOOC 课程退课率高的重要原因之一[②]。大学生混合学习设计不是为了"促进教师的教"，而是为了"促进学生的学"，不仅要关注前端设计与资源开发，更要关注对学生混合学习过程的设计。因此，在设计大学生混合学习时，要将前端设计与学习过程设计看作一个整体进行设计与规划。

（三）大学生混合学习设计的价值取向

研究大学生混合学习设计的价值取向，可以将某种价值观作为指导，对价值目标的行为倾向进行选择和决策。

1. 彰显育人为本的价值理念

培养人是高等教育最基本的功能，是高等教育的价值体现。育人为本是高等教育的教学理念，是高等教育的指导思想和工作方针。《国家中长期教育改革和发展规划纲要（2010—2020 年）》指出，把育人为本作为教育工作的根本要求。要以学生为主体，以教师为主导，充分发挥学生的主动性，把促进学生健康成长作为学校一切工作的出发点和落脚点。关心每个学生，促进每个学生主动地、生动活泼地发展，尊重教育规律和学生身心发展规律，为每个学生提供合适的教育。

叶澜教授指出，在很长一段时间里，课程教学的育人价值仅限于对知识的掌控。实际上，在应试教育背景下，课程教学更倾向于通过背诵或者巩固所要考试的内容来达到巩固记忆、熟练应答和顺利考试的目的，从而在一定程度上导致课程教学育人价值的贫乏化[③]。育人为本的教育价值取向改变了传统教育中只重知识传递，而忽视了人的能力和人格培养的取向[④]。育人为本的价值目标是实现人的全

---

① 丁兴富. 远程教育的微观理论[J]. 中国远程教育, 2001(2): 11-14.
② 冯晓英, 王瑞雪. "互联网+"时代核心目标导向的混合式学习设计模式[J]. 中国远程教育, 2019(7): 19-26, 92-93.
③ 叶澜. 重建课堂教学价值观[J]. 教育研究, 2002(5): 3-7.
④ 翟博. 育人为本：教育思想理念的重大创新[J]. 教育研究, 2011(1): 8-14.

面发展，教育不仅要让学生学会知识，还要提高学生的学习能力、问题解决能力、创新能力，提高学生的综合素质。

教育工作要以育人为本，而人与人之间是存在各种差别的，因此，因材施教是育人为本的基本要求[1]。哲学家莱布尼茨曾说过：世界上没有两片完全相同的树叶，也没有两个完全相同的人。人生来就是有差异的，每一位学习者的天赋、兴趣、学习风格、学习能力和学术背景都不完全一样，学校教育并不是用一个"模子"来塑造他们，而是要因材施教，使每位学生都能得到充分发展[2]。而混合学习方式融合了传统学习和在线学习的优势，充分体现了以学生为本的教育理念。一方面，学生可以在互联网上获取海量优质的教学资源和学习资源，通过线上自主学习和线下合作探究学习，充分发挥学生的主观能动性，促使每一位学生都能得到发展和进步；另一方面，教师作为引导者，要在学生学习过程中不断与学生互动交流，为学生答疑解惑、引导学习活动开展等，以培养学生的问题解决能力和批判创新精神。

2. 凸显"以学定教"的实践取向

陶行知先生明确提出"以学定教"的思想，认为"先生的责任不在教，而是教学生学"，"教的法子必须根据学的法子"[3]。郭思乐教授认为，教学的原动力是学生的学，这是因为学是先发的、本原的、自然的，是教育本体的因素，更是最活跃的、多变的目标性因素，是教的目的和归依；而发自外部的教，是后来的、可改变的，是居于助动力地位的。高校教育问题解决的关键是通过把"以教为主"转变为"以学为主"，从而达到真正意义上的教育生产力的解放。他提出：①学先于教——学是促进教育和教学的原动力；②学决定教——学是教育的真正主导力量；③学成就教——学是教育教学的工作本质和核心；④学大于教——学是创造教育教学业绩的根本动力[4]。

长期以来，人们习惯把教学理解为：教是学的基础和前提，教学即"先教后学"。在这种教学关系中，"教"支配控制"学"，"学"服从"教"，学生的

---

[1] 顾明远, 石中英. 国家中长期教育改革和发展规划纲要（2010-2020 年）解读[M]. 北京: 北京师范大学出版社, 2010: 21.
[2] 转引自严先元. 学习设计与学习方式[M]. 长春: 东北师范大学出版社, 2013: 4.
[3] 中央教育科学研究所. 陶行知教育文选[M]. 北京: 教育科学出版社, 1981: 4.
[4] 郭思乐. 学校教学的动力分析[J]. 课程·教材·教法, 2008, 28(1): 21-25.

主体性、创造性被压抑，教师越教，学生越不会学、不爱学。"先学后教"作为一种教学改革模式，逐渐成为我国课程改革中最具代表性的本土化的教育学说[①]。"先学后教"的本质就是将学习的主动权还给学生，改变过去学生被动的、依赖的学习状态，让学生学习的主动性、独立性得以不断发展和提高，这是学习观念和学习方式的变革。"先学后教"已被实践证明是一条既能减轻学生过重课业负担又能提高教学质量的教改之路[②]。

"以学定教"是"先学后教"的必然逻辑，即学生学习在先，教师的教只能是从这一前提和基础出发，根据学生在"先学"过程中提出和存在的问题、疑难来进行。在大学生混合学习设计中，"以学定教"的基本环节是：①有指导的"先学"。教师要呈现每堂课的教学目标和学生"先学"的要求。教学目标给学生提供了正确、具体、明确的学习任务，同时也限定了教师的教学范围，避免了课堂教学的随意性。根据教学目标，教师提出学生"先学"的要求，同时每个知识点应包含自学检测部分。然后让学生通过线上自主学习完成"先学"的要求，并进行检测。检测的目的在于充分暴露学生自学存在的问题，了解学生的学情，同时，在自学检测中，对于学生已掌握的学习内容，教师不需要再进行讲解；对于学生还不能完全理解的内容，教师可以通过学生之间小组讨论、合作学习等方式进行互补和启发。②小组合作学习。小组合作学习是"以学定教"的重要环节，目的是让学生通过小组讨论、合作学习来解决"先学"中遇到的困难和问题，有助于培养学生的社会性意识、问题解决能力和团队协作能力。③有针对性的"后教"。有指导的"先学"能够帮助教师了解学生的真实学情，以便开展有针对性的"后教"。教师并不是课堂教学的主体，而是要根据学生的学情发现问题、分析问题，帮助学生解决问题，促进学生成长。

3. 促进大学生高阶思维的发展

随着信息技术的飞速发展和互联网时代的到来，社会迫切需要培养"终身学习者""问题解决者""高阶思维者"等高级人才，促使高阶思维成为新时代人才培养的诉求。低阶思维很容易被高速发展的新兴信息技术所取代，且在记忆曲线中往往是被遗忘的；而高阶思维集中体现了知识时代对人才素养提出的新要求，

---

① 刘家访. 先学后教运行机制的重建[J]. 中国教育学刊, 2011(11): 40-44.
② 余文森. 先学后教：中国本土的教育学[J]. 课程·教材·教法, 2015, 35(2): 17-25.

是适应知识时代发展的关键能力[1]。

高阶思维活动涉及的大多是劣构问题解决、元认知、批判性思维等，学习的结果是对知识的深层理解和迁移应用[2]。在大学生混合学习设计中，线上环节，学生根据教师提供的教学目标和学习要求进行自主学习；线下环节，教师根据学生的真实学情，有目的、有计划地创设情境，组织学生开展合作探究学习，促进和深化学习者对知识的建构，发展学生的问题解决能力、批判性思维、创造性思维和团队协作能力等高阶思维。

第二节　大学生混合学习设计的生成机制解析

大学生混合学习设计模式的生成是以学习发生的机制、大学生认知发展特点、混合学习设计的原则为基础的。

一、学习发生的机制

大学生混合学习设计必须以学习过程为目的，而不是以教学过程为目的[3]，因此，详细了解学习发生的机制是大学生混合学习设计的前提。学习理论的发展经历了从行为主义、认知主义到建构主义的历史演变。

行为主义学习理论认为，学习是有机体在一定条件下形成刺激与反应的联结，从而获得新经验的过程。例如，桑代克（Thorndike）认为，学习的本质是有机体通过不断尝试错误，逐渐形成刺激与反应之间的联结；巴普洛夫（Pavlov）和华

---

[1] 钟志贤. 如何发展学习者高阶思维能力?[J]. 远程教育杂志, 2005(4): 78.
[2] 杨玉琴, 倪娟. 深度学习: 指向核心素养的教学变革[J]. 当代教育科学, 2017(8): 43-47.
[3] 加涅, 韦杰, 戈勒斯等. 教学设计原理[M]. 第 5 版. 王小明, 庞维国, 陈保华等译. 上海: 华东师范大学出版社, 2007: 4.

生（Watson）认为，联结的形成是由条件刺激与无条件刺激相结合，从而产生原先只能由无条件刺激才能引发的反应；格思里（Guthrie）认为，刺激与反应只要在时空上结合，也就是在同一时间发生或相继发生，就可以形成联结；斯金纳（Skinner）认为，有机体在刺激情境中能够做出许多不同的行为，当某个行为被强化时，这个行为在这种情境中出现的可能性就会增加，从而产生情境与反应的联结[1]。

认知主义学习理论认为，学习不是简单地在强化条件下形成刺激与反应的联结，而是有机体积极主动地形成新的完形或认知结构。例如，格式塔心理学家认为，学习是有机体通过神经系统的组织作用达到"顿悟"，从而建立与新情境相关的完形的过程；托尔曼（Tolman）认为，有机体通过认知获得达到目的的符号及其意义，形成"目标—对象—手段"三者联系在一起的"认知地图"；布鲁纳（Bruner）认为，学生学习是通过类目化的信息加工活动，积极主动地形成认知结构或知识的类目（概念和规则）编码系统的过程；奥苏贝尔（Ausubel）认为，学习是通过同化，将当前的知识与认知结构建立非人为的、实质的联系，使知识结构不断发展的过程[2]。

建构主义学习理论是从认知主义繁衍而来的，是"后认知主义"的学习理论。建构主义学习理论认为，学习是学习者在原有知识经验的基础上，在一定社会文化环境中，主动对新信息进行加工处理，建构知识的意义的过程。例如，皮亚杰认为，学习是一种"自我建构"，个体思维的发生过程就是在主体与客体的相互作用中获得个体经验与社会经验，从而使图式不断协调、建构的过程；维果茨基（Vygotsky）认为，学习是一种"社会建构"，强调认知过程中学习者所处社会文化历史背景的作用，重视"活动"和"社会交往"在人的高级心理机能发展中的地位[3]。

在批判与反思传统学习理论的基础上，20世纪下半叶，研究人员开始从不同的学科视角对人的学习进行全方位的研究，在此基础上产生和发展了一个全新的跨学科研究领域——学习科学[4]。学习科学汲取了建构主义、认知科学、教育技术学、社会文化研究等相关领域的研究成果，将大脑的研究与内隐学习、非正式学习、正式学习等现有研究整合起来，通过各种实地调研，剖析并探究在不同情境

---

[1] 转引自莫雷，张卫. 学习心理研究[M]. 广州：广东人民出版社，2005: 31-36.
[2] 转引自莫雷，张卫. 学习心理研究[M]. 广州：广东人民出版社，2005: 37-39.
[3] 转引自莫雷，张卫. 学习心理研究[M]. 广州：广东人民出版社，2005: 133-149.
[4] 高文等. 学习科学的关键词[M]. 上海：华东师范大学出版社，2009: 19.

下学习的产生机理[①]。《剑桥学习科学手册》（The Cambridge Handbook of the Learning Sciences）中指出，学习科学的研究目的有二：一是在于加深对认识活动和社会化活动的认识，以获得最佳的学习效果；二是利用学习科学的知识对教学及其他学习情境进行再设计，帮助学生更高效、更深入地开展学习[②]。简而言之，学习科学主要研究的是人是如何学习的，以及怎样才能促进有效学习。学习科学将人的学习归纳为"人类学习的七个原则"：①在以学科的基本理念和原理为核心的基础上，将新的知识同已有的知识进行组合，可以帮助学习者更好地了解并掌握新的知识；②学习者已有的知识与经验是学习新知识的出发点；③利用元认知策略对认知行为进行识别、监督与调控，可以提高学习者的学习能力；④学习者在学习策略、方法、能力模式和方式上存在差异，这主要是由于个体的基因特点和以往经验的共同影响而产生的；⑤学习者的学习动机和自我效能感对所学内容、学习时间和学习程度会产生显著影响；⑥学习者在学习时的行为或活动会对所学内容产生影响；⑦社会支持的互动能提高学习者的学习效果[③]。

伊列雷斯认为，所有学习的发生都离不开两个过程，且这两个过程都必须是活跃的：一个过程是个体与所处环境的互动过程，个体一般都能够察觉到这个过程，通过这一过程，知觉或导向成为学习的重要影响因素；另一个过程是发生在个体互动所蕴含的冲动和影响中的获得过程，这个过程的特征是将新的冲动、影响与个体原有的学习成果联系起来，通过这一过程，个体获得了新的学习成果。伊列雷斯还认为，获得过程总是包含着内容与动机，因而产生了学习的三个维度，即内容、动机和互动，且这三个维度构成了所有学习的组成部分[④]。

总的来说，大学生混合学习设计要以学习科学为依据，遵循学习发生的机制，促进有效学习，具体包括以下几点：创设学习情境，促进知识的建构；在学习者已有知识的基础上深化理解，促进知识的迁移；组建学习共同体，促进知识的社会协商；将内容、动机和互动三个维度作为整体进行设计等。

---

① 转引自赵健，郑太年，任友群等. 学习科学研究之发展综述[J]. 开放教育研究, 2007, 13(2): 15-20.
② R. 基思·索耶. 剑桥学习科学手册[M]. 徐晓东等译. 北京：教育科学出版社, 2010: 1-35.
③ 杰瑞·P. 戈勒博，梅丽尔·W. 伯坦索尔，杰伊·B. 拉波夫等. 学习与理解：改进美国高中的数学与科学先修学习[M]. 陈家刚，邓妍妍，王美译. 北京：教育科学出版社, 2008: 115-126.
④ 克努兹·伊列雷斯. 我们如何学习：全视角学习理论[M]. 第 2 版. 孙玫璐译. 北京：教育科学出版社, 2014: 1-28.

二、大学生认知发展特点

大学生混合学习设计是围绕学习者进行的，学习者才是学习活动的中心[1]。本书的研究对象是大学生，在进行大学生混合学习设计之前，先要了解大学生的认知发展特点。"认知发展理论"一词是由瑞士心理学家皮亚杰首次提出的，用来描述人类儿童在认知方面的成长过程。而后，美国哈佛大学心理学家佩里（Perry）在其基础上进行了扩展和延伸，提出了大学生认知发展理论，这一理论对我国的高等教育发展和改革有着重要的指导意义[2]。大学是人类认知能力发展的重要时期，大学生在接受高等教育的同时，也经历着认知发展的重要阶段。佩里将大学生的认知发展分成三个阶段。

第一个阶段是二元化思维模式阶段。这一阶段的学生看待问题的方式是二元论的，即对错、黑白和好坏等。在这种思维模式下，学生认为事物只有一个正确答案，但是他们已经意识到复杂性和不确定性的存在，在某些领域，教师作为权威也不知道答案是什么，知识是未知的，需要进一步去发现。

第二个阶段是相对主义思维模式阶段。在这个阶段，绝对的对错认识被改变，学生认识到知识是相对的而不是绝对的，能够接受知识的不确定性。这一阶段的学生会有挑战权威的表现，有时会缺失判断对错的标准。

第三个阶段是承诺阶段。这一阶段是一个涉及个体道德发展的过程，是一个由低水平向高水平发展的过程。学生能够认可自我，并且能够对自我职业发展风格等进行确认，如关于专业、职业、信仰等的决策。

佩里的大学生认知发展理论向我们揭示了大学生的认知发展是一个连续的过程，其核心是从二元化思维向多元化、相对主义思维模式转变，最终目标是学生个人做出承诺[3]。传统的课堂教学过于重视教师的教，而相对忽视了学生的学，这种教师作为绝对权威的"灌输式"教学模式不利于大学生的认知发展。要帮助学生从二元化思维模式向相对主义思维模式转变，教师与学生之间需要建立一种共同探究的关系，"低层次的教育提出一批封闭的和既定的知识……在高层次，教

---

[1] 谢幼如. 教学设计原理与方法[M]. 北京：高等教育出版社, 2016: 45.
[2] Wankat, P. C., Oreovicz, F. S. Teaching Engineering[M]. West Lafayette: Purdue University Press, 1993: 269-276.
[3] 牛慧娟. 佩里的大学生认知发展理论对教学改革的启示[J]. 现代教育科学, 2008(1): 6-9.

师不是为学生而存在；教师和学生都有正当理由共同探求知识"[1]，教学过程不是传递（绝对的）知识，而是探究不知道的知识的过程[2]。在佩里的大学生认知发展理论中，大学生由二元化思维向相对主义思维模式转变的重要体现在于学生可以自主发表意见，敢于质疑教师的权威，认知发展的第三个阶段是承诺，承诺体现的是学生的自我认同，因此，教师在教学过程中应帮助学生发展解决问题的能力，培养学生的自我效能感。

总体来说，大学生的认知发展特点表现为从具象思维到抽象思维的转变，从二元化思维向多元化、相对主义思维的转变等，这些特点会伴随着高校的教育过程不断发展，从而促进大学生综合素质的提升。而大学生的认知发展在整体上呈分布不均衡的特点，即同一班级的学生认知水平是不一致的，因此，大学生混合学习设计应与大学生的认知发展相适应。

三、混合学习设计的原则

1. 以学生为中心的原则

以学生为中心是混合学习的关键特征。从学生的角度出发，让其在学习过程中主动地探究与建构知识，培养学生的创造性思维、批判性思维，提升学生分析问题、解决问题的能力，充分体现了育人为本的价值取向。在进行大学生混合学习设计时，以学生为中心主要体现在如下方面：①在学习活动中，要使学生的主动性和积极性得到最大限度的发挥，尤其是要能充分体现学生的首创精神；②在各种情境下，给学生提供各种运用所学知识的机会，实现其知识的"外化"；③使学生能够从自己的行为中得到反馈，从而对自己所遇到的事情有正确的认知，并且能够用自己的行为解决真实的问题，也就是实现自我反馈。总的来说，发挥学生的首创精神、将知识外化和实现自我反馈是体现以学生为中心的三个要素。

---

[1] 伯顿·克拉克. 探究的场所：现代大学的科研和研究生教育[M]. 王承绪译. 杭州：浙江教育出版社，2001：19.

[2] 小威廉姆·E. 多尔. 后现代课程观[M]. 第2版. 王红宇译. 北京：教育科学出版社，2015：160-161.

2. 目标导向性的原则

目标导向需要贯穿于学习的全过程，在大学生混合学习设计的各个环节中都需明确要对学习者的哪些能力进行培养、要实现哪些学习目标等，并且要以实现目标作为学习评价的依据。在制定学习目标时，教师要将学生团队的学习目标与学生个体的学习目标有机地统一起来。此外，学习目标还应该包括知识技能目标、情感态度目标、能力培养目标和具体的过程性目标。在混合学习中，教师应通过各种方式，如网络、课堂等，适时地向学生传递这些目标[①]。

3. 创设学习情境促进知识建构的原则

学习活动往往离不开特定的情境，在真实的情境中学习，有助于促使学习者运用自身已有的认知结构中的相关知识和经验对新知识加以同化和引导，使新的知识具有特定的意义；当学习者已有的经验无法同化新知识时，就会发生顺应的过程，也就是在已有的认识结构中进行改造和重构。总之，同化与顺应是建构新知识意义的重要途径，而创设学习情境有利于促进这一建构过程[②]。在混合学习中，各种新兴信息技术的支持，有利于为学生创设各种学习情境，因而能够促进学习者对知识的建构。

4. 合作学习深化知识建构的原则

学习者与周围环境的交互作用，对于学习内容的理解（即知识建构）起着关键性的作用。在教师的指导下，学生通过合作学习形成了学习小组，在这种合作学习小组中，学生对不同的理论、观点、信念和假设进行批判性研究，开展协商和辩论，即提出自己的意见、论据和相关材料，并对他人的意见进行分析和评价。在这种合作学习环境中，所有学习者的思维和智力都能被团体所共享，促使学习小组能够共同完成知识建构，而不是某一位或某几位学生的知识建构。显然，这种思维碰撞和头脑风暴比单纯依靠学生个体自己对所学知识加以建构要深刻和全面得多。

总的来说，大学生混合学习设计应该坚持以学生为中心、目标导向性、创设学习情境和合作学习的原则，以促进和深化学习者对知识的建构，提升学习者的思维能力，从而提高教与学的效果。

---

① 赵建华. 混合学习应用的理论与方法[M]. 北京：中央广播电视大学出版社，2015: 132.
② 何克抗. 信息技术与课程深层次整合理论[M]. 北京：北京师范大学出版社，2008: 44-48.

第三节 大学生混合学习设计的模式借鉴

一、国外大学生混合学习设计的典型模式

（一）加里森等的探究社区模型

探究社区模型是由加拿大远程教育领域著名学者加里森等创建的。探究社区理论主要有三大核心维度，分别是认知存在感、社会存在感和教学存在感，如图 4-1 所示[1]。这三大维度部分重叠并互相补充，是教育交互的本质要素，也是成功的高等教育经验的关键前提[2]。支持对话是指开启和维持合作开放式交流的责任，设置氛围是指建立探究环境的责任，管理学习是指对于自主和小组学习的监

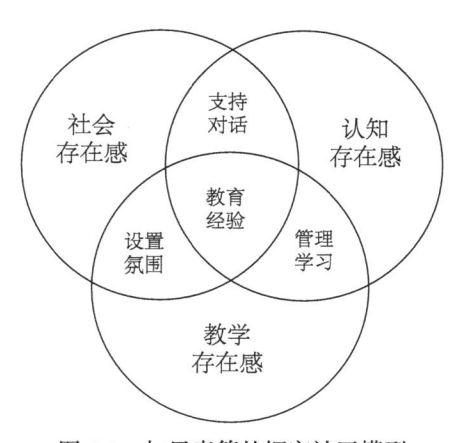

图 4-1 加里森等的探究社区模型

---

[1] Garrison, D. R, Anderson, T, Archer, W. The first decade of the community of inquiry framework: A retrospective[J]. The Internet and Higher Education, 2010, 13(1): 5-9.

[2] 刘永花，丁新. 兰迪·加里森研究[J]. 中国电化教育, 2004(10): 35-39.

控和管理，探究社区模型的内核指向教育经验的创建[①]。探究社区模型被认为是混合学习模式的理论基础，国内外众多研究者采用此模型对混合学习进行理论设计和教学实践指导。

1）认知存在感是指学习者通过持续的思考与交流，在探究社区中建构意义的程度。从实践层面来说，它可以作为一种评价探究社区内的反思与批判交流的工具。从实质层面来说，它是高阶思维与高层次学习产生的前提条件。

2）社会存在感是指个体借助媒体将个体投影到探究性学习共同体中，使自身成为"真正的人"（表现出完整人格）。它为学习者创造了一个意义协商、合作知识建构与批判反思的环境，并帮助学生在学习共同体中发展其批判性思维和团队合作能力。

3）教学存在感是指设计、推动和引导学习者的认识过程和社交过程，旨在构建学生的个体意义并获得具有教育意义的学习结果。它的主要任务是构建和设置学习内容，设计学习活动，安排学习活动的先后顺序，以及组织、监督和管理有目标的批评交流与合作反思活动，通过对学生进行直接引导和适时反馈，保证有意义学习的发生。

（二）卡恩的混合学习八角框架

混合学习八角框架是由卡恩提出来的，他指出在进行混合学习设计时，要把八种要素考虑在内，即机构、教学、技术、界面设计、评价、管理、资源支持和伦理八个要素，其中大部分要素之间是有相互关系和互相依存的，见图4-2[②]。

1）机构要素是指企业或教育培训机构的行政运作、教学事务以及学生服务等。机构运行人员要对学习的准备状态、学习内容、学习计划的结构及学习需求等有基本的认识，如机构要了解经需求分析得出的需求是否能代表学生的真实需求等。

2）教学要素是指学习内容的分析，包括学习目标、学生需求、教学计划和教学策略等。为了了解教学要素，可以用清单列出计划的全部学习目标，选出最合适的信息传输方法。

3）技术要素考虑的问题包括如何创设学习环境、如何利用工具开展学习计

[①] 杨洁, 白雪梅, 马红亮. 探究社区研究述评与展望[J]. 电化教育研究, 2016(7): 50-57.
[②] 詹泽慧. 混合学习活动系统设计: 策略与应用效果[M]. 广州: 华南理工大学出版社, 2011: 53-54.

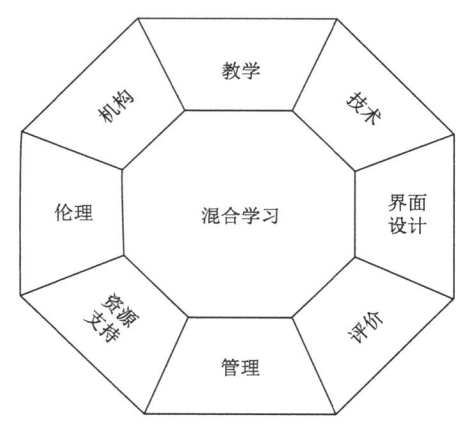

图 4-2　卡恩的混合学习八角框架

划、如何设计或利用最合适的学习管理系统对实际需要的学习内容进行分类管理等。

4）界面设计要素是指设计混合学习中的每个元素与用户接触的界面，要保证界面能支持混合学习元素的正确表达，保证学生采取不同信息传输渠道都能顺利学习。界面的布局要考虑内容结构、学习导航、说明查询等。

5）评价要素主要是指评价混合学习是否适用。对学生的绩效和学习成果的评价以及对混合学习本身设计的评价是评价的两个重要方面。

6）管理要素是指混合学习过程中的相关事项的管理问题，如基础设计、各种传输通道的管理、学生的注册、日常的通告等。

7）资源支持要素是指管理线上和线下各种类型的资源，以保证学生、教师的正常使用。

8）在设计混合学习时，伦理要素也是需要考虑的，如机会平等、文化差异、种族等。

（三）科斯和德·威特的混合学习 3C 模型

德国学者科斯和德·威特提出了混合学习的 3C 模型，如图 4-3 所示[1]。

根据该模型，任何混合学习环境都由三个部分组成：①内容（content），指

---

[1] Kerrse, M., De Witt, C. A didactical framework for the design of blended learning arrangements[J]. Journal of Educational Media, 2003, 28(2-3): 101-113.

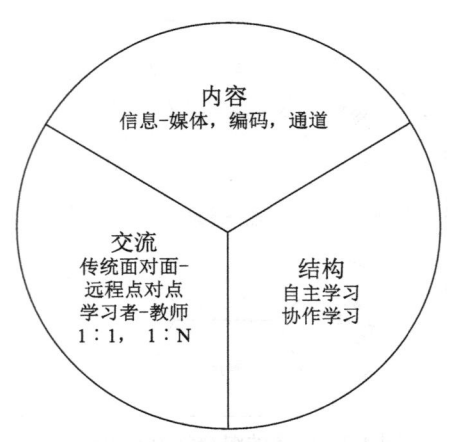

图 4-3 科斯和德·威特的混合学习 3C 模型

可供学习者使用的学习材料；②交流（communication），指学习者之间、学习者与教师之间交流互动的工具；③结构（construction），指帮助和指导学习者自主学习和协作学习的活动，从而开展不同难度的学习任务。

这三个部分可在不同的情境中开展，如面对面交流、媒体互动、在互联网上同步或异步传输。在不同的学习安排中，这三个部分的权重不同，如基于问题的学习和协作学习，学习者就需要把大部分的学习时间用在结构部分。在设计混合学习时，需要对教学目标和学习目标等进行整体分析，以确定各个部分的权重，如当学习目标主要是信息和基础知识的获取时，交流和结构部分就需要减少；当采用虚拟社区的学习方法时，内容部分就不重要了；而当知识是由学习者已知的事实或规则组成时，内容部分就比较重要了。

二、国内大学生混合学习设计的典型模式

（一）李克东和赵建华的混合学习设计模式

李克东和赵建华将混合学习设计模式分为八个阶段，这八个阶段构成了一个持续改进的循环过程，如图 4-4 所示[①]。

---

① 李克东，赵建华. 混合学习的原理与应用模式[J]. 电化教育研究，2004(7): 1-6.

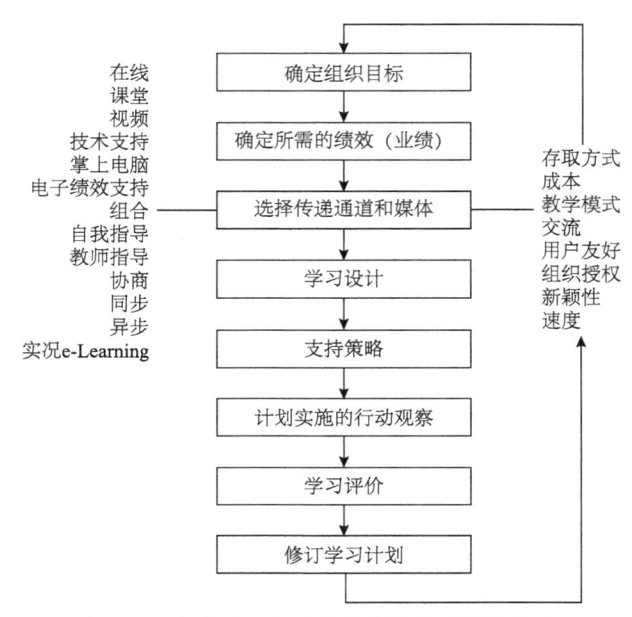

图 4-4　李克东和赵建华的混合学习设计模式

1）确定组织目标，即确定开展混合学习的目标。

2）确定所需的绩效（业绩），即确定通过混合学习应取得什么样的绩效。

3）选择传递通道和媒体。选择传递通道和媒体时需要考虑两个方面的内容：一是要考虑可供选择的传递手段，包括学习方式与媒体，主要有在线、课堂、视频、技术支持、掌上电脑、电子绩效支持、组合、自我指导、教师指导、协商、同步、异步和实况 e-Learning；二是要考虑同传递手段有关的效能和成本因素，如存取方式、成本、教学模式、交流、用户友好、组织授权、新颖性和速度。

4）学习设计，即邀请课程专家、教育专家和技术专家，制定并形成混合学习计划。

5）支持策略，即确定完成混合学习需要什么样的支持策略。

6）计划实施的行动观察，即设计在实施计划过程中需要观察和记录的项目（以表格形式）。

7）学习评价，即对学习的效果进行评价，包括诊断性评价、形成性评价和总结性评价。

8）修订学习计划，即根据学习评价的结果，对学习计划进行修订，然后进入下一轮学习。

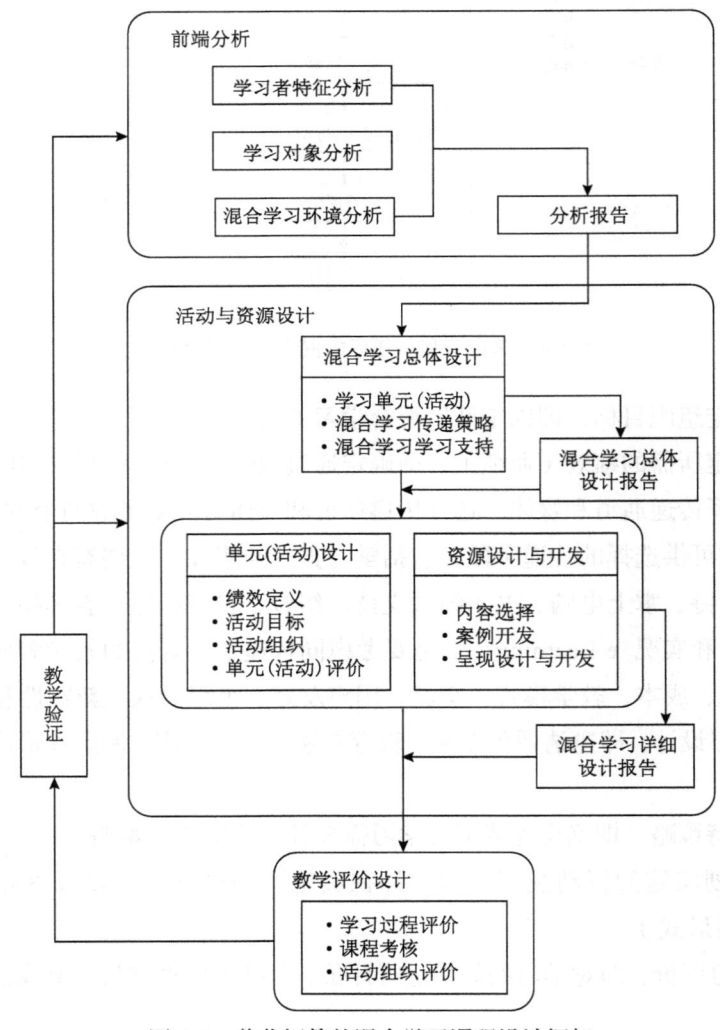

（二）黄荣怀等的混合学习课程设计框架

混合学习课程设计框架是黄荣怀等在2009年提出来的，如图4-5所示[①]。

图4-5　黄荣怀等的混合学习课程设计框架

[①] 黄荣怀, 马丁, 郑兰琴等. 基于混合式学习的课程设计理论[J]. 电化教育研究, 2009(1): 9-14.

1）前端分析。前端分析阶段包括学习者特征分析、学习对象分析和混合学习环境分析三个方面的工作。

2）活动与资源设计。这个阶段的工作由混合学习总体设计、单元（活动）设计、资源设计与开发三个环节组成。混合学习总体设计是其他两个环节设计的基础，其结果是总体设计报告。总体设计报告包括对课程目标、学习过程等的构想，也为课程评价提供了依据。

3）教学评价设计。教学评价设计是课程设计的第三个阶段，主要通过学习过程评价、课程考核和活动组织评价等方式对教学效果进行评价。

（三）冯晓英和王瑞雪的核心目标导向混合学习设计模式

核心目标导向混合学习设计模式是冯晓英和王瑞雪在2019年提出的，该模式包括三个关键环节、十个步骤，如图4-6所示[①]。

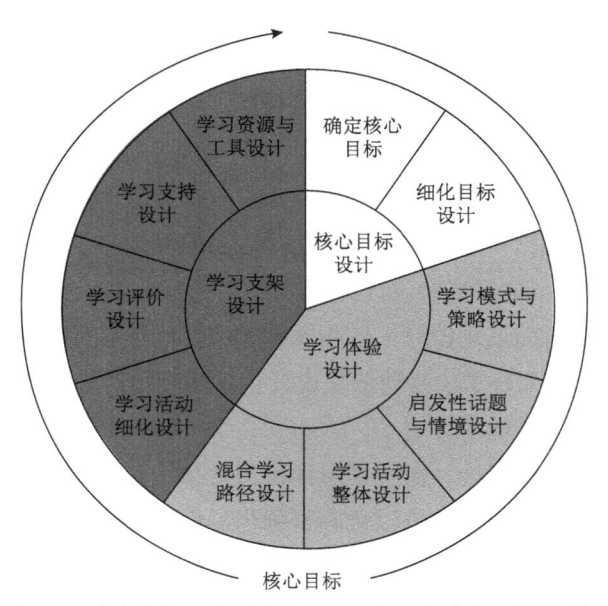

图4-6 冯晓英和王瑞雪的核心目标导向混合学习设计模式

---

① 冯晓英，王瑞雪. "互联网+"时代核心目标导向的混合式学习设计模式[J]. 中国远程教育, 2019(7): 19-26, 92-93.

1）关键环节一：核心目标设计。

步骤 1：确定核心目标。该步骤是设计的首要环节，需要教师根据但不限于学科知识点，对学生在课程学习中所能达到的学习成果进行预设，找到知识点背后的原理、方法、思维等，并从中提炼出最关键的能力或方法且将其作为教学的核心目标。

步骤 2：细化目标设计。该步骤是将所确定的核心目标进一步转化、分解为具体的教学目标和学习目标。

2）关键环节二：学习体验设计。

步骤 3：学习模式与策略设计。根据上一环节确定的核心目标，设计宏观的学习模式与策略。

步骤 4：启发性话题与情境设计。根据核心目标，设计既符合学生的已有知识经验，又能激发学生学习兴趣的启发性话题，再创设学习情境，借助启发性话题让学习情境与核心目标相契合。

步骤 5：学习活动整体设计。初步确定学生参与课程学习、达成学习目标的关键学习路径。在进行学习活动整体设计时，需要注意以下几点：学习活动任务的难度要适中；学习活动设计应指向学习目标，同时应与学习情境相适应，并符合学生的认知发展特征。

步骤 6：混合学习路径设计。在这一步，教师或教学设计者需要考虑宏观层面混合学习模式的选择和微观层面混合学习路径的设计。

3）关键环节三：学习支架设计。

步骤 7：学习活动细化设计。该步骤的实质是为学生的学习搭建支架，是混合学习成功实施的必要环节。活动细化设计包括活动名称、活动目的、活动计划、活动指导、活动评价及规则等。

步骤 8：学习评价设计。混合学习评价通常采用形成性评价与总结性评价相结合的评价方式。混合学习评价以核心目标为导向，每个评价活动都与学习目标相对应。评价设计要考虑评价内容、评价主体和评价方式等方面。

步骤 9：学习支持设计。学习支持设计包括两类：一类是在学习前预设的学习支持；另一类是在学习实施过程中提供的动态的学习支持服务。

步骤 10：学习资源与工具设计。学习资源与工具可以包括阅读材料、PPT、视频等学习资源，也可以包括习题、试卷等测试工具，还可以包括评价框架、反思框架、模板、示例等操作性工具。

第四节 大学生混合学习设计模式构建

一、高阶思维导向的大学生混合学习设计模式

本书基于教学设计理论，重点参考借鉴了黄荣怀等、冯晓英和王瑞雪的混合学习设计模式，将高阶思维导向的大学生混合学习过程划分为五个构成要素，分别是前端分析、学习目标制定、学习活动设计、活动支持设计和学习评价设计，由五个构成要素构建了高阶思维导向的大学生混合学习设计模式。同时，本书基于全视角学习理论，设计了激发学习动机、掌握学习内容、促进课堂互动"三维一体"的学习活动，以此作为大学生高阶思维发展的过程载体，如图4-7所示。

二、高阶思维导向的大学生混合学习设计要素解析

（一）前端分析

前端分析由学习者特征分析、学习内容分析和学习环境分析三个环节构成。

1. 学习者特征分析

学习者分析又称教学对象分析，是指教学设计过程中了解学习者的学习准备情况（包括学习者一般特征和学习者初始能力）及学习风格的分析工作[1]。学习者特征分析涉及智力因素和非智力因素。其中智力因素主要包括学习者原有的认知

---

[1] 顾明远. 教育大辞典[M]. 增订合编本（下）. 上海：上海教育出版社，1998：1821.

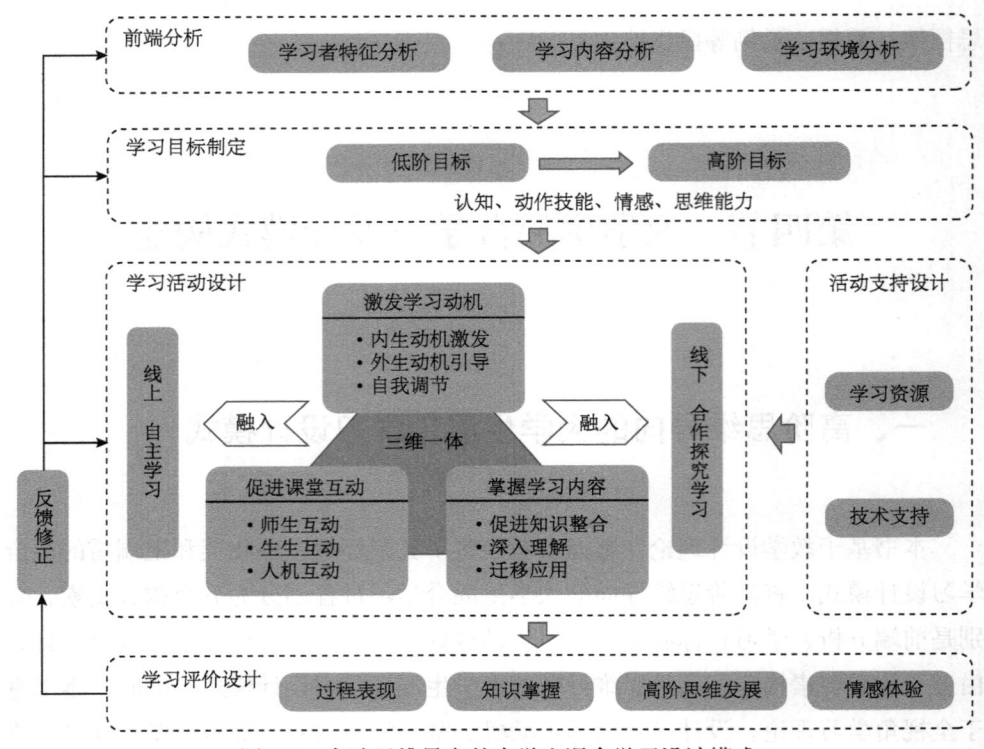

图 4-7 高阶思维导向的大学生混合学习设计模式

结构和认知能力；非智力因素包括学习风格、学习动机、学习兴趣、自我效能感等[1]。对学习者特征进行分析，就是要运用适当的方法来确定学习者原有的认知结构、认知能力、学习风格、学习兴趣等，并将它们描述出来，以便对学习者进行更有针对性的教学。

本书的研究对象为大学生，大学生一般处于 18—23 岁，这个年龄段是智力发展的高峰期，具体表现为：观察能力相对深刻、记忆力最佳状态、想象力丰富多重、思维逐步完善、注意力稳定等特点[2]。在这一阶段发展智力，关键是要重视学科知识结构，学生要对所学专业、学科有完整的理解，只有掌握了学科知识结构，才能有效地解决涉及该学科的问题，进而进行"转换"[3]。非智力因素对学习的作

---

[1] 谢幼如. 教学设计原理与方法[M]. 北京：高等教育出版社，2016: 6.
[2] 邵帅. 新生代大学生的心理行为特点及教育管理对策研究[M]. 北京：北京工业大学出版社，2018: 49-50.
[3] 李龙. 教学设计[M]. 北京：高等教育出版社，2010: 122.

用主要体现在动机、定向、引导、维持、调控、强化六个方面[1]。学习者学习效果的取得并非由智力因素单方面决定,而是由智力因素与非智力因素的协调合作来决定的。也就是说,在学习过程中,要想获得有效的学习效果,除了智力活动外,更重要的是要最大限度地激发学生的非智力因素,从而促进智力因素的活跃[2]。

传统的学习者特征分析方法主要依靠静态的学生成长档案、问卷调查、课前测验以及学生自评互评等。计算机技术的快速发展及其在教育领域的广泛应用,驱动了数字化、科学化的学习者特征分析方法。计算机技术支持的动态的、基于数据的学习者特征分析主要是指利用机器学习算法对采集到的过程性、阶段性数据进行分析,以获得学习者特征。例如,杨娟和张养力提出了一种可动态自适应的计算模型——LS-Pre,以预测学习者的学习风格[3]。罗凌等基于贝叶斯网络对学习者的学习风格进行预测[4]。卢宇等结合深度学习和知识图谱构建学习者模型[5]。

2. 学习内容分析

学习内容是教师和学习者进行教学活动的重要依据,是学习者认识和掌握的主要对象[6]。学习内容分析也称学习任务分析,目的是揭示学习目标规定的、需要学生掌握的知识或技能的结构框架,并据此确定促使这些知识或技能习得的有效教学条件[7]。学习内容分析的起点是学生需要掌握的知识或技能结构框架,即学习目标。从学习目标开始分析,采用逆向设问的方法,分析要达到的学习目标,学生需要预先获得的知识或技能,一直分析到学生学习的起点,即学生的初始能力。

从知识维度来看,安德森等将知识分为四类[8]:①事实性知识,是学习者理解某一学科或某一问题所必须具备的基础知识,包括专业术语、具体细节和要素的知识;②概念性知识,是在一个更大的体系内各基本要素间的相互关系,包括知

---

[1] 邵帅. 新生代大学生的心理行为特点及教育管理对策研究[M]. 北京: 北京工业大学出版社, 2018: 51.
[2] 燕国材. 非智力因素与教育改革[J]. 课程·教材·教法, 2014, 34(7): 3-9.
[3] 杨娟, 张养力. LS-Pre: 在开放式学习环境中自适应地预测学习者学习风格[J]. 计算机科学, 2012, 39(3): 227-230.
[4] 罗凌, 杨有, 马燕. 基于 TAN 贝叶斯网络的学习风格检测研究[J]. 计算机工程与应用, 2015, 51(6): 48-54.
[5] 卢宇, 薛天琪, 陈鹏鹤等. 智能教育机器人系统构建及关键技术——以 "智慧学伴" 机器人为例[J]. 开放教育研究, 2020, 26(2): 83-91.
[6] 裴娣娜. 教学论[M]. 北京: 教育科学出版社, 2007: 161.
[7] 李龙. 教学设计[M]. 北京: 高等教育出版社, 2010: 115.
[8] 安德森等. 学习、教学和评估的分类学: 布鲁姆教育目标分类学修订版[M]. 简缩本. 皮连生主译. 上海: 华东师范大学出版社, 2007: 41-53.

识的种类与范畴，原则与一般原则，理论、模型和结构的知识；③程序性知识，指做某事的方法、探究的方法，以及使用技能、算法、技术和方法的准则，包括具体学科的技能和算法、技术和方法的知识，决定何时使用适当程序的准则知识；④元认知知识，指关于一般认知的知识以及自我认知的意识和知识，包括策略性知识、关于认知任务的知识、关于自我的知识等。

对于学习内容的安排，要符合大学生的认知规律，遵循从简单到复杂、从易到难、从良构到劣构的基本原则。在混合学习中，事实性知识和概念性知识适合学生自主学习，因此，可以将这些学习内容安排在线上学习中；而程序性知识和元认知知识适合学生通过师生互动、生生互动，以及合作探究学习，因此，可以将这些学习内容安排在线下课堂学习中。

3. 学习环境分析

学习环境是指促进学习者发展的各种支持性条件的统合。我们可从以下几个方面来理解学习环境[①]：①学习环境是为促进学生发展，尤其是高阶思维发展而创设的学习空间，包括物质空间、活动空间和心理空间。②学习环境是由多种支持要素组成的，包括各种资源、工具、教师的支持、心理环境等。③学习环境所支持的学习，通常是以学习为中心的学习方式。学习环境支持学生的学习、教师的教学、学习内容的呈现、学习活动方式、效果评价等向建构主义倾向转变。

在混合学习中，混合学习环境由在线学习环境和课堂学习环境组成。在线学习环境包括硬件和软件两个方面，硬件包括计算机、服务器、宽带、网络设施等，软件包括学习资源、学习网站、学习平台、管理系统等。课堂学习环境主要涉及教室容积、桌椅排列形式、通风、采光、装饰、陈列布局等。

教师在设计混合学习环境时，要遵循以学生为中心的原则。在线学习环境应提供课件、微课、电子教材、案例、文献、试题等丰富的学习资源，以供学生自主学习；课堂学习环境应尽量选择在网络条件好的多媒体教室或智慧教室开展，以便学习者随时查阅在线资源，同时为各种学习活动，如小组讨论、合作学习、探究学习等提供支持。此外，学校能够提供的学习环境直接决定了混合学习活动的设计。例如，学校能够提供什么样的教室，学校的网络条件，可供学生使用的

---

① 钟志贤. 论学习环境设计[J]. 电化教育研究, 2005(7): 35-41.

学习资源、学习平台等，都是设计者在设计整个课程及学习活动之前要考虑和分析的要素。

（二）学习目标制定

学习目标是指学习者通过教学应当呈现的可视行为的具体、明确的表述，是预先确定的，经过教学可以实现的，并且可以通过目前的技术工具进行度量的教学成果[1]。学习目标是统管学习活动全局的一种指导思想，是学习活动的出发点和最终归宿。学习目标应该是明确的、具象的目标。加涅等认为，当目标向学生传递了学习之后他们能做什么时，目标就是有用的；如果这些目标陈述模糊，那么它们就不大有用[2]。因此，教师应充分了解并熟练使用教学目标分类理论。

教学目标分类理论是 20 世纪 50 年代以布鲁姆为代表的美国心理学家提出来的。在这个理论体系中，布鲁姆等将学习活动所要实现的整体目标分为认知、动作技能和情感三大领域，每一领域又可细分为若干目标层次[3]。这些层次具有阶梯关系，即较高层次的目标包含且源自较低层次的目标。

在认知领域，安德森等对布鲁姆的认知维度学习目标进行了修订，由低级到高级分为记忆、理解、应用、分析、评价、创造[4]。记忆、理解主要涉及机械记忆和浅层理解等低阶思维活动，可将其归为低阶目标；应用、分析、评价、创造则能较好地体现对知识的深入理解和迁移应用，可将其归为高阶目标。

在动作技能领域，辛普森（Simpson）把动作技能领域的学习目标由低级到高级分为感知、准备、有指导的反应、机械动作、复杂的外显反应、适应、创新[5]。根据动作技能完成的难度和复杂度，将感知、准备、有指导的反应、机械动作归为低阶目标，将复杂的外显反应、适应、创新归为高阶目标。

在情感领域，克拉斯沃尔（Krathwohl）等依据价值内化的程度，将情感领域

---

[1] 何克抗，林君芬，张文兰. 教学系统设计[M]. 第 2 版. 北京：高等教育出版社，2016：47-48.
[2] 加涅，韦杰，戈勒斯等. 教学设计原理[M]. 第 5 版. 王小明，庞维国，陈保华等译. 上海：华东师范大学出版社，2007：121.
[3] 谢幼如. 教学设计原理与方法[M]. 北京：高等教育出版社，2016：26-29.
[4] 安德森. 学习、教学和评估的分类学：布鲁姆教育目标分类学修订版[M]. 简缩本. 皮连生主译. 上海：华东师范大学出版社，2007：26-28.
[5] 转引自谢幼如. 教学设计原理与方法[M]. 北京：高等教育出版社，2016：26-29.

的学习目标由低级到高级分为接受、反应、评价、组织、价值与价值体系的性格化[1]。根据学习者对价值标准的内化程度，将接受、反应归为低阶目标，将评价、组织、价值与价值体系的性格化归为高阶目标。

此外，教育的终极目标在于培养面向未来的学习者，所谓面向未来，就是要具备一定的核心素养，以适应未来的各种变化。因此，现代教育的目的不再仅仅是教会学生基本知识与技能，而是要引导学生在习得知识与技能的过程中跳出已知世界，不断面向未知世界，形成持续学习的能力[2]。我国的学习目标经历了从"双基"——基础知识与基本技能，到"三维目标"——知识与技能、过程与方法、情感态度价值观，再到"核心素养"的转变。崔允漷教授认为，学习目标的转变标志着我国的教育目标从"教学"转向"育人"[3]。它反映出我国的教学目标由侧重学科转向注重学生的当前发展，进而转向对学生今后发展的逐渐转变，最终目标是发展学生在面对未知情境中的实际问题时所需具备的核心素养和关键品质[4]。因此，除了认知、动作技能、情感三个领域的学习目标外，本书还将思维能力纳入学习目标体系中，以体现发展高阶思维的价值取向，即培养学生的高阶思维——问题解决能力、批判性思维、创造性思维和团队协作能力。

学习目标是大学生混合学习设计的起点和终点，因此，在制定学习目标时，教师应根据学习目标的层级要求，从低级到高级，科学地制定学习目标。针对混合学习的特点，线上自主学习主要用于实现课程基本知识和基本技能的获取，为高阶目标的实现做准备；线下合作探究学习是实现高阶目标的关键。教师不仅要关注学生的认知和动作技能领域的学习目标，更要关注学生的情感和思维能力领域的学习目标，并将这四个领域的学习目标嵌入线上线下的混合学习活动中。

（三）学习活动设计

随着历史的发展，"活动"的含义不断丰富和完善，我们可以从不同的角度

---

[1] 转引自谢幼如. 教学设计原理与方法[M]. 北京：高等教育出版社, 2016: 26-29.
[2] 沈书生. 信息化学习设计 聚焦五大维度[M]. 北京：科学出版社, 2020: 1.
[3] 人民网. 今天，为何要提"核心素养"[EB/OL]. http://edu.people.com.cn/n1/2016/1013/c1006-28773930.html. (2016-10-13).
[4] 杨玉琴, 倪娟. 深度学习：指向核心素养的教学变革[J]. 当代教育科学, 2017(8): 43-47.

加以理解。从认识论的层面看，活动是主体与客体之间的互动过程，是人的心理发展的前提，也是人的主观能动性的更高层次形态[1]。从教学实践的层面看，活动是指在学校的教学活动中，由学生主动参与、积极探索、变革和改造活动对象的实践活动，它建立在学生的学习兴趣和内在需求的基础上，旨在促使学生的主体素质得到全面发展[2]。叶澜教授把"活动"视为影响个体发展的基本因素中的"现实性因素"。他指出，活动对人的发展起着决定性作用，但是，这种作用的程度取决于活动自身的质量和数量、目标和主体发展水平间的差异、主体在活动中的自主性，以及活动效果等方面[3]。学习活动是指学生及其学习团体（学习伙伴、教师等）为达到某一学习目标所采取的各种行动的总和[4]。学习活动是学习者身心发展的源泉，因此学习活动的设计是大学生混合学习设计的核心内容。

在传统课堂教学中，学生的学习过程是在教师的指导和要求下被动进行的，侧重于对知识的快速记忆，而缺乏对知识的深入理解和分析，这使得他们经常处于浅层学习状态。皮卡特（Picard）的研究表明，学生在听报告的时候，他们的大脑往往处于不活跃状态，甚至低于他们睡觉时的活跃水平，也就是说，听报告相当于大脑的"死亡"（flatlining）[5]。而混合学习既关注教师引导、启发、监控教学过程的主导作用，更关注学生作为学习过程主体的主动性、积极性与创造性的培养，即培养学生的高阶思维。

本书将混合学习活动分为线上自主学习和线下合作探究学习。在线上自主学习过程中，教师的作用是激励和帮助学生进行有效的自主学习。自主学习的意义在于：学习者能够明确自己的学习动机，能够对学习内容和学习方式进行自主选择，独立解决学习过程中遇到的各种问题和困难，并且能够对自己的学习成效进行自我评估[6]。研究表明，自主学习能够帮助学生提高学习动机、提升学业成绩、增强自信心、培养认知技能、发展元认知能力，促使学生获得终身学习的能力[7]。

---

[1] 黄荣怀, 周跃良, 王迎. 混合式学习的理论与实践[M]. 北京: 高等教育出版社, 2006: 69.
[2] 田慧生, 李臣之, 潘洪健. 活动教育引论[M]. 北京: 教育科学出版社, 2000: 78-86.
[3] 叶澜. 教育概论[M]. 北京: 人民教育出版社, 1999: 226-234.
[4] 杨开城. 学生模型与学习活动的设计[J]. 中国电化教育, 2002(12): 16-20.
[5] 迈克尔·富兰, 玛丽亚·兰沃希. 极富空间: 新教育学如何实现深度学习[M]. 于佳琪, 黄雪锋译. 重庆: 西南师范大学出版社, 2016: 1.
[6] 林众, 冯瑞琴, 罗良. 自主学习合作学习探究学习的实质及其关系[J]. 北京师范大学学报（社会科学版）, 2011(6): 30-36.
[7] 张萍. 基于翻转课堂的同伴教学法: 原理·方法·实践[M]. 北京: 人民邮电出版社, 2017: 66-67.

在线下合作探究学习过程中，教师的作用是引导学生从合作探究中得到感悟和体验，发展学生的团队协作能力和科学探究能力。学生在合作学习过程中互相帮助、互相促进、互相关心，进而共同提高学习成绩。探究学习的过程是发现问题、提出问题、分析问题和解决问题的过程。合作探究学习有助于培养学生的合作精神、批判性思维和乐于探索、追根究底的好奇心[①]。线上自主学习和线下合作探究学习要遵循以学定教的价值取向，学生先在教师的指导和要求下进行线上自主学习，再通过小组合作探究学习相互帮助以共同解决问题，最后是教师根据学生的具体学情进行有针对性的教学。

此外，根据本书第三章的调查研究结果，在混合学习中，动机、互动、技术三个因素对高阶思维具有显著正向影响，内容因素与动机、互动、技术三个因素之间存在显著的正向相关关系。因此，本书将动机、内容、互动三个因素作为学习活动的主体，将技术因素作为学习活动的支持要素，提出了"三维一体"的活动设计，即激发学习动机、掌握学习内容、促进课堂互动，并将其融入线上自主学习和线下合作探究学习的过程中，以期提高混合学习质量，实现发展学生高阶思维的价值取向。

1. 激发学习动机

学习动机是指引起和维持学习者的学习活动，并指引学习活动趋向教师所设定的目标的心理倾向[②]。影响动机形成的因素有很多，因此，学习动机的激发与培养并非一种单一的结构。研究表明，完善的学习动机包括三个方面的因素：内生动机、外生动机和自我调节[③]。三者之间的作用机制是：在自我调节的作用下，个体的内生动机和外生动机相联系，从而形成激发行为的动力因素。基于此，激发学习动机可以从内生动机激发、外生动机引导和自我调节三个方面入手。

（1）内生动机激发

内生动机是推动人们行为的内在力量，是激励人们做出某一行为的主观原因[④]。内生动机源于个体的内在需要和内部唤醒状态。内在需要是动机产生的基础，泛指个体生理和心理上的缺失引发的寻求满足的愿望与要求。内在需要在与外生

---

① 刘诚杰. 论合作探究学习的意义和策略[J]. 课程·教材·教法, 2007, 27(3): 22-24.
② 莫雷. 教育心理学[M]. 北京: 教育科学出版社, 2007: 257-258.
③ 张爱卿. 动机论: 迈向 21 世纪的动机心理学研究[M]. 武汉: 华中师范大学出版社, 1999: 225-254.
④ 孙煜明. 动机心理学[M]. 南京: 南京大学出版社, 1993: 30.

动机相联系的情况下，由一种缺失或要求状态转化为唤醒状态，形成具有一定能量和方向性的驱力。

需要的满足与激发可以通过马斯洛（Maslow）的需要层次理论来理解。马斯洛将人的需要分为三大互相重叠的类别：意动需要、认知需要和审美需要。意动需要分为五个不同的层次，即生理需要、安全需要、归属与爱的需要、尊重需要、自我实现需要。其中，生理需要、安全需要、归属与爱的需要、尊重需要被称为基本需要或缺失性需要；自我实现需要与认知需要、审美需要被称为心理需要或生长需要。马斯洛认为基本需要得到满足之后，人们便不再感到这一需要，而生长需要越得到满足，人们越能产生更强的需要，并激起人们强烈的成长欲望[①]。因此，要激发学生的学习兴趣和学习热情，就要首先满足其基本的生理需要、安全需要、归属与爱的需要、尊重需要等，教师需要营造一种自由、民主、和谐、融洽，以及充满着关爱和理解的学习氛围。

此外，在课程学习中，要使学生的内在需要变为驱动学习的现实性因素，最常用的办法是创设一定的情境，使学生面对这种情境时产生学习与探究的需求[②]。巴班斯基（Babansky）认为，创设问题情境能满足成绩不良学生的好奇心和求知欲，从而激发他们的学习积极性[③]。

内生动机的激发还与学生对学习目标的理解有关。在课程学习中，学生通过明确的学习目标，强化个体内在的唤醒意识，从而促进其内生动机的激发。

（2）外生动机引导

外生动机是为实现一个特定的目的而行动的原因[④]。外生动机是外在的，个体只有在自我调节的作用下，意识或预期到外生动机的存在意义和价值的时候，才可能转化为个体的内生动机，否则它不具有动机的激励作用，因此，要正确引导学生的学习目的和学习目标。

在教育界，学习目的与学习目标是有明确区分的。"目的"含有"方向"的意味，表现普通的、总体的、终极的价值；"目标"含有"里程"的意义，表现

---

① 马斯洛. 马斯洛人本哲学[M]. 成明编译. 北京：九州出版社，2003：52-70.
② 严先元. 学习设计与学习方式[M]. 长春：东北师范大学出版社，2013：97-98.
③ 尤·克·巴班斯基. 教学过程最优化：一般教学论方面[M]. 张定璋等译. 北京：人民教育出版社，2007：211.
④ 孙煜明. 动机心理学[M]. 南京：南京大学出版社，1993：30.

个别（特殊）的、部分的、阶段（具体）的价值[①]。心理学研究表明，学习目的是学习动机的重要成分，学习目标则是产生学习趋动力的直接诱因。学习目的的动力作用是有条件的，主要条件包括如下几点：学习的抽象意义与具体意义的有机联系；学习的长远意义与当下意义的紧密结合；学习的社会意义与个人意义的水乳交融[②]。因此，学习目的应当具体化为学习目标，由此才能在课程学习中具有激发力。但是，这并不意味着对学生进行学习目的教育不重要，因为对于个体而言，学习目的一般具有指引方向的作用和价值。

外生动机除了学习目标本身之外，还包括与之相伴随的外部刺激因素，即奖励。奖励可以分为两类：一类是物质的，如奖金和奖品；另一类是精神的，如表扬和鼓励。奖励的作用在于对行为的结果进行强化。一般的研究认为这种强化有助于个体动机的激发，但也有研究表明，外部强化与动机之间不完全是正相关关系。当个体认为强化是一种"控制"时，个体的内生动机就会减弱；当个体认为强化是一种"正向反馈"时，个体的内生动机才会增强。因此，在现代心理学中，一般认为强化手段要慎用，对个体动机的激发应以内生动机为主，以外部强化手段为辅。

（3）自我调节

自我调节对动机的产生和激发起着重要作用。它介于内生动机和外生动机之间，是联系内在需要、驱力与外部目的、奖励的桥梁。

自我效能感是自我调节学习过程的重要因素[③]。班杜拉（Bandura）将自我效能感定义为一个人对自己完成某项任务的能力的信念。高自我效能感的个体倾向于设定较高的目标，并且具有较高的目标投入度。在课程学习中，高自我效能感的学生能够对自己的学习行为进行有效的约束，能够将精力放在自己的学习活动和学习任务上，能够主动地消除那些不利于学习的影响因素。班杜拉认为，个体从四个潜在来源中获得自我效能感，即成败经验、替代性经验、社会劝导、情绪唤醒。其中成败经验是最有效的来源，成功的经验会增强自我效能感，而不成功

[①] 钟启泉. 现代课程论[M]. 上海：上海教育出版社，1989: 295-299.
[②] 严先元. 学习设计与学习方式[M]. 长春：东北师范大学出版社，2013: 97-98.
[③] 郭德俊. 动机心理学：理论与实践[M]. 北京：人民教育出版社，2005: 376.

的经验则会引起自我效能感的下降[①]。

根据成就动机的期望价值理论，价值、期望与情感是自我调节过程中三个重要的动机成分[②]。在课堂教学中，学生的学习动机与他们的成就动机和抱负（志向）水平密切相关。因此，在教学过程中，要尽可能地激发学生的成就动机，提高他们的抱负水平，从而增强他们的自我效能感。从内部机理来看，学生的成就动机、抱负水平和自我效能感是通过"自我"这一人格的最高调节器来实现的，自我调节促使个体的自信、自尊、力量感、归因等心理因素对学习产生积极的影响[③]。

2. 掌握学习内容

学习内容是学习者进行学习活动的重要依据，是学习者认识和掌握的主要对象[④]。学习内容涉及"学什么"的问题。具体来讲，学习内容是指各门学科中特定的事实、观点、原理和问题，以及处理它们的方式。学习目标一旦有了明确表达，就在一定程度上为学习内容的组织提供了基本方向。因此，学习内容是实现目标最重要的资源、载体和中介。学习活动的一切问题都是围绕学习内容的安排及其结果展开的[⑤]。基于此，掌握学习内容，应当是整个学习活动的中心，具体可从促进知识整合、深入理解和迁移应用三个方面入手。

（1）促进知识整合

《人是如何学习的：大脑、心理、经验及学校》一书中指出，学生带着有关世界如何运作的前概念来到课堂，如果他们的已有知识没有被激活，没有参与到现在的学习中去，那么他们也许就不能掌握现在所教的新知识[⑥]。整合是指把在短时记忆中加工的知识与长时记忆相类似的知识联系起来[⑦]。梅耶认为，促进"整合"的教学策略包括两种：①具体先导策略，即在课前展示学习者熟悉的知识；②具

---

① 班杜拉. 思想和行动的社会基础：社会认知理论（下册）[M]. 林颖等译. 上海：华东师范大学出版社，2001：563-569.
② 郭德俊. 动机心理学：理论与实践[M]. 北京：人民教育出版社，2005：377.
③ 严先元. 学习设计与学习方式[M]. 长春：东北师范大学出版社，2013：97-98.
④ 裴娣娜. 教学论[M]. 北京：教育科学出版社，2007：161.
⑤ 丛立新. 课程论问题[M]. 北京：教育科学出版社，2000：284.
⑥ 约翰·D. 布兰思福特，安·L. 布朗，罗德尼·R. 科金等. 人是如何学习的：大脑、心理、经验及学校（扩展版）[M]. 程可拉，孙亚玲，王旭卿译. 上海：华东师范大学出版社，2013：13.
⑦ 毛伟. 意义学习与教学设计：梅耶教学设计理论研究[M]. 杭州：浙江大学出版社，2018：125.

体示范策略,即在授课中展示学习者熟悉的知识[①]。这两种策略都能帮助学习者激活原有的知识,将新知识与原有知识联系起来,促进学习者理解新知识。

促进新旧知识的整合是学生学习新知识的基础,也是发展和完善学生认知结构的基础。已有的知识和经验对学生建构知识、促进思维发展具有重要作用[②]。因此,在教学过程中,教师要充分利用学生已有的旧知识,把新知识放在整个旧知识的背景中,抓住新旧知识的内在联系,从学生原有的知识中找到新知识的认知生长点,促进新旧知识的渗透和迁移[③]。此外,教师要适当地引用一些生活中的经典事例,激发学生已有的知识,通过观测和实验将事物发生、发展和变化相关的现象与过程展现出来,并将其与学生已有的生活经验相结合,从而让学生真正理解和掌握所学内容。

(2)深入理解

促进知识整合能使学生初步理解学习内容,但这样的理解往往是浅层的,因为经验一般会停留在感性认识的水平上,并且常常具有局限性,因此,掌握学习内容的一个重要途径是深入理解学习内容。在学习科学中,学生的学习目标是达到深入理解的水平,这种理解远远超出了对事实和程序的简单回忆,而是涉及把概念和策略组织到一个层级框架中,用于决定以怎样的方式、在何时把知识应用于理解新材料并解决相关问题[④]。

学习者所需要的思维能力并不是指向知识获得,而是指向基于理解的批判性思维、创新性思维等高阶思维能力。研究表明,拥有大量不相关的事实性知识是不够的,为了发展学生的高阶思维,学生必须要有深入理解学习的能力[⑤]。对学科知识的深入理解有助于学生把事实性知识转换成有用的知识。在教学过程中,教师绝不是将教材中的现成结论传递给学生,而应重在揭示隐含在其中的精彩而又独特的思维过程,并引导学生的思维深入到知识的发现或再发现的过程中去,这样学生才能真正理解和掌握知识,并把教材上的知识转化为自己的智慧。

---

① 理查德·E. 梅耶. 应用学习科学: 心理学大师给教师的建议[M]. 盛群力, 丁旭, 钟丽佳译. 北京: 中国轻工业出版社, 2016: 80-81.
② 林崇德, 胡卫平. 思维型课堂教学的理论与实践[J]. 北京师范大学学报(社会科学版), 2010(1): 29-36.
③ 王德勋. 课堂提问时机及提问方式研究[J]. 中国教育学刊, 2008(8): 50-53.
④ R. 基思·索耶. 剑桥学习科学手册[M]. 徐晓东等译. 北京: 教育科学出版社, 2010: 237.
⑤ 约翰·D. 布兰思福特, 安·L. 布朗, 罗德尼·R. 科金等. 人是如何学习的: 大脑、心理、经验及学校(扩展版)[M]. 程可拉, 孙亚玲, 王旭卿译. 上海: 华东师范大学出版社, 2013: 15.

（3）迁移应用

迁移是指原有知识对新知识或新行为所产生的影响[1]。迁移现象是普遍存在的，主要是由于客观事物本来就是普遍联系和相互制约的，而不是彼此孤立的。因此，人的知识、经验和技能也不是彼此割裂、互不相关的，人在解决新问题时总是要利用已有的知识、经验和技能[2]。迁移是学校教学的重要目标，课堂学习中获得的知识、经验和技能都需要迁移到其他情境中才有价值，不然就是"死"的知识和技能[3]。

学生的学习目的不仅仅是把知识、经验和技能存储在大脑中，而且要将所学的知识、经验和技能应用于实际的各种不同情境中，以解决现实生活中的各种问题。因此，学会迁移应用的核心是学会"解决问题"。有心理学家认为，问题解决并不简单地就是指对先前习得的规则的运用，同时也是一个产生新的学习的过程；加涅也认为，一项伟大的科学发现或一件伟大的艺术作品是问题解决活动的结果[4]。

此外，人的迁移应用能力与智力、思维能力密切相关。虽然迁移应用能力并不意味着智力、思维能力的高低，但智力、思维能力的发展是在掌握和运用知识、技能的过程中完成的[5]。应用知识、经验和技能解决实际问题，是学习知识的目的，也是检验知识掌握情况的主要标志，还是加深理解的重要环节。培养学生的思维能力，需要在学生学习的过程中重视知识和方法之间的渗透与迁移，培养学生独立思考、发散性思考的能力，促进学生掌握创造性思维的基本方法，如类比思维、等效思维、迁移思维、重组思维、发散思维、头脑风暴等。

3. 促进课堂互动

互动是社会学中的一个重要概念。对于人类生活来说，互动具有非常重要的意义。社会学家库利（Cooley）认为，人性是逐渐形成的，并不是与生俱来的；没有共同参与，个体不能获得人性，而人性会在独处中衰退[6]。米德（Mead）进

---

[1] 理查德·E. 梅耶. 应用学习科学：心理学大师给教师的建议[M]. 盛群力，丁旭，钟丽佳译. 北京：中国轻工业出版社，2016: 20.

[2] 黄大庆等. 教育心理学[M]. 北京：首都经济贸易大学出版社，2020: 125-126.

[3] 严先元. 学习设计与学习方式[M]. 长春：东北师范大学出版社，2013: 108.

[4] 加涅. 学习的条件和教学论[M]. 皮连生，王映学，郑葳等译. 上海：华东师范大学出版社，1999: 202-222.

[5] 林崇德，胡卫平. 思维型课堂教学的理论与实践[J]. 北京师范大学学报（社会科学版），2010(1): 29-36.

[6] 转引自亚当·肯顿. 行为互动：小范围相遇中的行为模式[M]. 张凯译. 北京：社会科学文献出版社，2001: 22.

一步提出，个人在与他人的互动过程中形成"自我"的意识，想象他人对自己行动的反应，这成了自我感的来源[①]。个体的社会化离不开与他人的互动，个体在互动中才能发展出个性与自我[②]。

课堂互动是在课堂教学情境中，教师和学生之间、学生和学生之间发生的具有促进性或抑制性的相互作用、相互影响，进而达到师生心理或行为的改变[③]。在混合学习中，依据互动对象的不同，课堂互动主要表现为师生互动、生生互动、人机互动等类型[④]。基于此，促进课堂互动可以从促进师生互动、生生互动、人机互动三个方面入手。

（1）师生互动

师生互动是指在教育教学过程中教师和学生之间的一切交互作用和影响[⑤]。这种交互作用既可以发生在有组织的教育教学活动中，也可以发生在非正式的游戏和课外活动中。师生互动的目的就是使师生在信息、兴趣和精神上共同获益，达到"教学相长"的理想状态。吴康宁认为，基于教师行为对象可以将师生互动划分为三种类型：①师个互动，即教师行为指向学生个体的师生互动。这种互动几乎存在于课堂教学活动的全过程中，一般表现为提问与应答、要求与反应、评价与反馈、个别辅导、直接接触等。②师班互动，即教师行为指向全班学生群体的师生互动。这种互动通常发生于组织教学、课堂讲授、课堂提问、课堂评价等过程中。③师组互动，即教师行为指向学生小组的互动，是教师针对学生小组群体而进行的讲解、辅导、评价等[⑥]。

教师在设计师生互动时需要认识到以下两点：①师生互动过程并非教师"为所欲为"的过程，而是师生双方相互界定、相互碰撞的过程；②师生互动过程并非一个自始至终稳定不变的过程，而是师生之间不断解释对方做出的反应，并随时采取相应对策的过程[⑦]。

[①] 转引自亚当·肯顿. 行为互动: 小范围相遇中的行为模式[M]. 张凯译. 北京: 社会科学文献出版社, 2001: 22.
[②] 郑杭生. 社会学概论新修[M]. 第 3 版. 北京: 中国人民大学出版社, 2003: 123.
[③] 韩琴, 周宗奎, 胡卫平. 课堂互动的影响因素及教学启示[J]. 教育理论与实践, 2008, 28(16): 42-45.
[④] 秦红斌. 互动课堂: 基于交互环境的教与学变革[M]. 上海: 上海科技教育出版社, 2017: 216-219.
[⑤] 傅维利, 张恬恬. 关于师生互动类型划分的研究[J]. 教育理论与实践, 2007, 27(5): 29-32.
[⑥] 吴康宁. 教育社会学[M]. 北京: 人民教育出版社, 1998: 355-356.
[⑦] 吴康宁. 教育社会学[M]. 北京: 人民教育出版社, 1998: 292.

（2）生生互动

生生互动是指学生在教师的引导下，通过互相提问、对答、讨论等方式，在认知、情感、思维等多方面进行交流与创造，实现相互促进、共同发展。吴康宁认为，可以将生生互动划分为三种类型：①个个互动，即学生个体与学生个体之间的互动，包括两种，一种是直接的个个互动，具体表现为相邻座位的学生之间的课堂交流以及学习小组内展开的讨论；另一种是间接的个个互动，如举手发言的学生之间以教师许可为中介而进行的意见争论。②个群互动，即学生个体与学生群体的互动。这种互动散见于课堂讲授、课堂练习和课堂讨论过程中。③群群互动，即学生群体与学生群体的互动，主要包括组际交流、组际互查和组际竞争等[1]。

划分学习小组是促进生生互动的有效方式。划分学习小组时，教师一般是按照能力水平对学生进行分组，这有利于对学生进行差异化教学。但研究表明，除能力强的学生外，对班级学生进行能力分组在很大程度上与成绩无关。将学生按照能力水平进行分组并使用差异化课程，可能会拉大学生的成绩差距[2]。

合作学习已被证明是一种替代按照能力水平对学生进行分组的可行方式[3]。合作学习是指教师将学生分成小组，小组成员在互相帮助的情况下一起学习学业内容的教学方法。因此，合作学习的分组特点如下：①小组的成功取决于小组成员之间的共同成功；②小组在组成上是异质的；③学生必须展示个人的学习特点。研究表明，在有效利用合作学习的课堂中，生生互动的效果更好，学生会得到通常得不到的相互帮助[4]。

（3）人机互动

师生互动和生生互动是面对面的人际互动。在混合学习中，人际互动并不是混合学习中课堂互动的主要形式，还存在另一种形式的互动：人机互动。人机互

---

[1] 吴康宁. 教育社会学[M]. 北京：人民教育出版社，1998：355-356.
[2] 理查德·梅耶，帕特里西娅·亚历山大. 学习与教学：理论研究与实践意蕴[M]. 第2版. 庞维国，梁平，皮连生等译. 上海：华东师范大学出版社，2022：273-274.
[3] 理查德·梅耶，帕特里西娅·亚历山大. 学习与教学：理论研究与实践意蕴[M]. 第2版. 庞维国，梁平，皮连生等译. 上海：华东师范大学出版社，2022：273-274.
[4] Webb, N. M. Student interaction and learning in small groups[J]. Review of Educational Research, 1982, 52(3): 421-445；Webb, N. M., Nemer, K. M., Ing, M. Small-group reflections: Parallels between teacher discourse and student behavior in peer-directed groups[J]. The Journal of the Learning Sciences, 2006, 15(1): 63-119.

动是指在技术支持的媒体环境中，学习者根据媒体环境提供的任务和反馈采取某种反应并调节行为。媒体环境是指将电子文本、图像、声音、视频等集成到数字环境（如互联网、数字电视等）中，并允许人们以适当的方式与之交互。人机互动主要包含两个功能：①课堂教学中的人（教师和学生）与媒体环境之间的交互；②媒体环境作为中介支持人与人之间的交互。

人与媒体环境的交互具体体现在如下方面：①对于教师而言，一方面，教师在课前借助媒体环境对学习资源进行设计、整理与优化，以更好地为学习者提供合理的、优化的学习内容；另一方面，教师可以在教学过程中借助媒体环境来阐释学习内容、开展学习活动、收集评价反馈信息等，以更好地进行教学。②对于学生而言，学生可以通过媒体环境进行自主学习、合作探究学习、沉浸式学习等，这有助于培养学生的自主学习能力、解决问题能力、批判性思维等。

媒体环境作为中介的交互，旨在扩展学习者处理信息和交流信息的渠道。媒体环境可以实现教师与学生、学生与学生之间的沟通交流、分享和协作，从而培养学生的团队协作能力。在此过程中，媒体环境成为实现人与人交互的工具和有效手段。

（四）活动支持设计

高阶思维导向对大学生混合学习的影响不仅仅体现在学习活动上，还体现在活动支持要素上，活动支持要素的设计是学习活动成功开展的有力支撑。在设计学习活动的支持要素时，不仅要考虑各要素对学习活动的支持作用，还要考虑怎样设计各要素才能够促进大学生高阶思维的发展。学习活动离不开学习资源的支持，此外，根据本书第三章的调查研究结果，在混合学习中，技术因素对大学生高阶思维发展的影响最大，因此，活动支持要素不仅体现在学习资源上，还体现在技术支持上。

1. 学习资源

在传统课堂学习中，学习内容的呈现主要依靠纸质材料；而在混合学习中，学习内容既要依靠纸质材料，也要依靠多媒体形式呈现。在教育技术发展到视听阶段之前，研究者主要研究如何通过多媒体来提高学习内容的呈现效果。随着媒体自身的不断丰富与发展，学者也逐渐将媒体与教学过程中的其他因素相结合，从而产生了依靠媒体资源的有效教学理念，由此提出了"学习资源"的概念[①]。根据表现形态的不同，学习资源可以分为硬件资源和软件资源两类。硬件资源是指学习过程中所需的机器、设施、场所等看得见、摸得着的物化设备；软件资源是指各种媒体化的学习材料和支持学习活动的工具等软件。本书所说的学习资源主要是指软件资源，本部分重点讨论各种媒体化的学习材料设计，支持学习活动的工具性软件的设计主要在下文"技术支持"部分加以讨论。学习资源设计应遵循以下三个原则。

1）以教材为基础，立足网络优质资源，将网络上的微课、课件、试卷、试题库、文献资料、案例等优质数字化资源进行整合，形成完整的知识体系。何克抗教授认为，数字化学习资源的建设并不是让教师自己开发，而是让教师努力收集、下载、整理和充分使用网上的各种优质资源，并进行融合创新。如果确实无法找到优质资源，或是发现网上的资源不够好，才需要教师自己去开发[②]。

2）线上和线下学习资源并非简单重复，而是要相互衔接和互补，学习难度呈螺旋上升态势。线上学习资源聚焦于事实性知识和概念性知识的学习，帮助学生构建基本的知识结构；线下学习资源聚焦于具体问题或任务，强调解决实际问题，以促进学生对知识的深入理解和迁移应用。线上和线下学习资源之间虽有一定的区别，但二者在一定条件下也可以相互转化，如对于线下生成性的学习资源（优秀作品、案例讨论等），教师可以通过整理加工放到线上，以丰富线上学习资源，而线上学生的学习过程数据、习题试卷完成情况等，也可作为线下学习的切入点和学习资源。

3）以学习资源的多种表现形式，创设有意义的学习情境。教师可以利用文本、图形、图像、音频、视频、动画等各种学习资源为学生的学习创设生动、形象、直观的学习情境。教师可以通过多样的学习资源，创设生动的社会、文化、自然情境，帮助学生认识自然、认识社会[③]；可以创设虚拟实验情境，让学生通过操作、实验观察、科学分析，培养学生的科学探索精神；可以创设引发思考的问题情境，激发学生的灵感，促进学生进行深度交流和学习，培养学生的问题解决能力；可

---

① 何克抗，林君芬，张文兰. 教学系统设计[M]. 第 2 版. 北京：高等教育出版社，2016: 193.
② 何克抗. 我国数字化学习资源建设的现状及其对策[J]. 电化教育研究，2009(10): 5-9.
③ 谢幼如. 教学设计原理与方法[M]. 北京：高等教育出版社，2016: 87.

以创设交互的情境，引导学生进行讨论、质疑、争辩、分享经验、交流情感等，培养学生的批判性思维和创造性思维。

2. 技术支持

信息技术可以作为知识建构工具、学习资源承载工具、学习路径记录工具、学习测评和反馈工具，以及交流互动工具等，能够更好地支持学习者高阶思维的培养[①]。技术如何支持学习者的学习活动，需要根据学习科学的理论和实践成果，在深刻理解"人是如何学习的"以及学习本质的基础上，对用于学习的硬件、软件和智能技术进行系统设计，创设以学生为中心的学习情境；通过技术的中介作用，更好地支持学习者的知识建构、社会协商和实践参与[②]。本书主要从课程知识图谱构建、学习者模型构建、学习平台设计与开发三方面探索技术支持学习活动。

（1）课程知识图谱构建

课程知识图谱是一个将课程中的各种知识元素以图谱的形式进行表示和组织的工具。它能够帮助学习者更好地理解课程内容的关联性，支持个性化学习路径的设计，以及为教育者提供更深入的洞察。课程知识图谱构建是一项重要的任务，旨在将课程中的知识有机地组织起来，以便学习者更好地理解和应用知识。构建完整、准确和有结构的课程知识图谱对于学习者的学习效果和教育者的教学策略具有重要意义。课程知识图谱应具备基于联通主义的互联互通、基于数据驱动的启发式迭代更新的基本特征[③]。

课程知识图谱构建已成为知识图谱、网络学习和知识服务等领域的重要研究内容[④]。构建课程知识图谱主要包括以下几个方面。首先，知识的表示与组织是构建课程知识图谱的基础。通过选择适当的知识表示方法，如本体论或语义网络，我们可以将课程中的知识形式化地表示出来，同时，知识的组织也是至关重要的，通过将知识按照主题、概念和关系进行组织，形成一个有层次结构和丰富关联的知识图谱。其次，构建课程知识图谱需要考虑多源数据的整合。课程中的知识来

---

① 何克抗，林君芬，张文兰. 教学系统设计[M]. 第 2 版. 北京：高等教育出版社，2016: 204.
② 杰瑞·P. 戈勒博，梅丽尔·W. 伯坦索尔，杰伊·B. 拉波夫等. 学习与理解：改进美国高中的数学与科学先修学习[M]. 陈家刚，邓妍妍，王美译. 北京：教育科学出版社，2008: 3.
③ 郭宏伟. 基于智能教育的高校在线课程知识图谱构建研究——以中国医学史为例[J]. 中国电化教育，2021(2): 123-130.
④ 张春霞，彭成，罗妹秋等. 数学课程知识图谱构建及其推理[J]. 计算机科学，2020, 47(S2): 573-578.

源广泛，包括教材、课堂讲义等学习资源。整合这些多源数据，提取其中的关键信息，并进行知识的映射和链接，是构建完整和准确的课程知识图谱的关键步骤。这需要借助信息抽取、自然语言处理和数据融合等技术，实现从非结构化和半结构化数据到结构化知识图谱的转换。此外，构建课程知识图谱还需要考虑知识的粒度和关联性。知识的粒度是指知识的大小和复杂度，可以根据学习目标和学习者的需求进行划分。知识的关联性是指不同知识之间的关系和依赖，可以通过建立概念的包含关系、依赖关系和关联关系等来表达。通过合理划分知识的粒度和建立知识的关联性，学习者能更好地理解和应用知识。最后，构建课程知识图谱需要考虑知识的动态更新和维护。课程知识是一个不断发展和更新的过程，新的知识不断涌现，旧的知识也可能发生变化。因此，需要建立一套有效的更新和维护机制，及时反映最新的知识变化，以保证课程知识图谱的准确性和实用性。

课程知识图谱构建是一项复杂而关键的任务，需要考虑知识的表示与组织、多源数据整合、知识的粒度与关联性以及知识的动态更新和维护等方面。构建完整、准确和有结构的课程知识图谱可以帮助学习者更好地理解和应用知识，为教育者提供指导，帮助教育者设计有效的教学策略和评估方法。课程知识图谱的构建将推动个性化学习和智能教育的发展，为教育领域带来新的机遇和挑战。

（2）学习者模型构建

学习者模型是对学习者认知、情感和行为等方面特征的抽象描述。学习者模型有助于教师深入了解学习者的个体差异和学习需求，从而为个性化学习提供支持。利用信息技术，教师可以收集学习者在学习过程中的数据，如学习行为、答题情况等，从而构建个性化的学习者模型，这有助于教师根据学生的需求和水平提供个性化的学习资源和指导，促进更有效地学习。学习者模型的构建涉及多个方面，包括学习者特征、学习风格、知识水平和学习目标等。

学习者特征目前有两个趋势：一是构建维度从单一化转向多维化；二是学习者特征的数据收集从离散化转向聚集化[1]。学习者特征是学习者模型构建的基础，包括学习者的年龄、性别、文化背景和学习经验等，这些特征对学习者的学习行为和学习需求有着重要的影响。通过对学习者特征进行分析，我们能够更好地理解学习者的背景和学习需求，从而为他们提供个性化的学习支持。

---

[1] 王小根,吕佳琳.从学习者模型到学习者孪生体——学习者建模研究综述[J].远程教育杂志,2021,39(2):53-62.

学习者的学习风格也是学习者模型构建的重要组成部分。学习风格是指学习者在学习过程中的偏好和方式。不同的学习者有不同的学习风格，有些学习者更喜欢通过听觉方式学习，而有些学习者更喜欢通过视觉方式学习。了解学习者的学习风格可以帮助筛选适合他们的教学策略和学习资源，以提供更加个性化的学习体验。学习者模型构建是开展个性化教学服务研究的关键内容，随着学习场景的变革、学习理论的发展、相关技术的进步，学习者模型构建的研究也在不断演化和推进[1]。

学习者的知识水平也是学习者模型构建的重要方面，对学习的效果和学习策略的选择有着重要影响。通过了解学习者的知识水平，我们可以为他们提供适当的学习材料和学习任务，帮助他们建立新知识和概念之间的联系，促进知识的迁移和应用。

学习目标也是学习者模型构建过程中需要考虑的一个维度。学习者的学习目标既可以是短期的，也可以是中长期的。了解学习者的学习目标可以帮助我们为他们提供相应的学习支持和反馈，帮助他们实现自己的学习目标。

总的来说，学习者模型构建是指通过对学习者的个体特征、学习风格、先前知识等方面进行建模，以了解学习者的个体差异和学习需求。这种模型的构建可以为个性化学习提供支持，帮助教育者和学习设计师更好地设计学习环境和提供学习支持，以满足学习者的个性化需求。

（3）学习平台设计与开发

学习平台可以支持学习者的知识建构，同时也可以为学习者提供智能测评和学习反馈，帮助学习者了解自己的学习进展，使他们根据反馈进行调整和改进。学习平台的设计与开发在现代教育领域扮演着重要的角色。随着技术的不断进步和教育方式的转变，学习平台成为学生和教师进行在线学习与教学的关键工具。

学习平台设计与开发需要考虑多个关键要素，如用户界面设计、学习内容管理、学习活动支持以及学习数据分析和个性化学习支持等关键要素[2]。首先是用户界面设计，它对学生和教师的体验至关重要。一个直观、易于操作的界面能够帮助用户轻松浏览课程内容、参与讨论和提交作业。良好的用户界面设计应该注重布局合理、功能清晰和界面美观，可操作性强，以提供舒适的学习环境。其次是学习内容管理，它主要涉及学习资源的组织和管理。学习平台应该为学习者提供

---

[1] 黄学坚，王根生. 融合社交特征的学习者模型构建研究[J]. 成人教育，2022, 42(6): 52-57.
[2] 刘述，单举芝. 在线学习平台视频教学交互环境现状与未来发展[J]. 中国电化教育，2019(3): 104-109.

方便的方式，以使他们上传、存储和共享各种学习资源，如课件、教材、多媒体资料等，并能使他们轻松地访问和利用这些资源，以促进学习效果的提升。再次是学习活动支持，这是另一个重要的要素。学习平台应该提供各种学习活动的支持，如在线讨论、作业提交、测验和考试等，这些功能的设计有助于鼓励学生的积极参与和互动，同时还应提供自动化的评估和反馈机制，以辅助教师及时了解学生的学习进展和需求。最后是学习数据分析和个性化学习支持，这也是学习平台设计与开发的重要方面。学习平台通过对学生的学习行为和表现进行跟踪分析，可以提供有关学生学习进展和需求的宝贵信息。基于过程化数据的学习平台可以提供个性化的学习支持，可以根据学生的学习风格、兴趣和需求，向其推荐合适的学习资源和学习路径，提高学习的效果和效率。

在学习平台设计与开发的实践中，首先应该充分考虑学生和教师的需求及意见，通过用户参与和反馈不断改进与优化学习平台的功能，以提供更好的用户体验。其次应该充分考虑技术的可扩展性和灵活性，学习平台应该具备良好的可扩展性，以适应不断变化的教育需求和技术发展。同时，学习平台应该具备灵活性，能够与其他教育技术工具和系统进行集成，实现更丰富的学习体验和功能。最后应该充分考虑安全和隐私保护。学习平台涉及大量的学生和教师数据，包括个人信息、学习记录等。因此，保护用户的隐私和数据安全是至关重要的。学习平台应该采取适当的安全措施，如数据加密、访问控制和身份验证等，确保用户数据的保密性和完整性。

通过合理的设计与开发，学习平台可以为学生和教师提供一种高效、便捷和个性化的在线学习环境，推动教育的创新和发展。同时，学习平台设计还遵循了用户参与和反馈、技术可扩展性和灵活性以及安全和隐私保护等原则，确保学习平台的质量和可持续发展。

（五）学习评价设计

有意义的学习结果是大学生混合学习设计的起点和终点，设计有效的学习评价是针对学习目标的达成来进行的[1]。学习评价是指以学习目标为依据，运用可操

---

[1] 加涅, 韦杰, 戈勒斯等. 教学设计原理[M]. 第 5 版. 王小明, 庞维国, 陈保华等译. 上海: 华东师范大学出版社, 2007: 4-5.

作的科学手段，系统收集有关课程学习的信息资料，并通过对教学的过程和结果进行量化和价值性判断，以促进学生的自我发展和教学的完善[①]。随着以计算机多媒体技术和网络通信技术为核心的信息技术日新月异的发展，其对学生学习的支持作用日益凸显，不仅限于对结果的评价方面，还涉及动态的学习过程；不仅表现为评价工具更多样，还表现为评价方法更多元[②]。

学习评价设计要坚持多元化的评价原则，这有助于综合判断学生的学习结果，促进学生的全面发展。在评价方式上，应将诊断性评价、形成性评价和总结性评价相结合。诊断性评价也称教学前评价或前置评价，通常是指在某项教学活动开展之前，对学生的知识技能、智力、体力和情感等情况进行"摸底"[③]。在课程教学前，教师需要了解学生的起点水平、学习风格等，做到"长善救失"，使学生在原有的水平上获得最大程度的提高。形成性评价是指对某项教学活动进行持续的评价，它能对各阶段教学的成效以及学生的学习进展、存在的问题等进行实时评价与反馈，从而使教师及时调整与改进教学，其目的是更好地发挥教学活动的效果[④]。有研究者认为，形成性评价是最能提升学习效果的评价方式[⑤]。形成性评价主要采用非正式的评价方法，通常是在学习过程中进行的，如课堂观察、课堂提问、交流讨论、作品汇报、学习过程数据分析等，在评价主体上，可以采用教师评价、自我评价、同伴评价和机器评价等形式。总结性评价也称事后评价，通常是指教学活动结束后为掌握活动的最终成效所做的一种评价，目的在于综合评定学生所完成的阶段性成效，同时划分等级，并对整个课程教学实施效果进行评价[⑥]。总结性评价往往采用较为正式的评价方式，如考试、单元测试、期末论文等，并给学生打分[⑦]，在评价主体上，一般为教师评价。

综上所述，本书采用过程与结果并重，诊断性评价、形成性评价和总结性评价相结合，教师评价、自我评价、同伴评价和机器评价相结合的方式对学生的学

---

① 施良方，崔允漷. 教学理论：课堂教学的原理、策略与研究[M]. 上海：华东师范大学出版社，1999：330.
② 谢幼如. 教学设计原理与方法[M]. 北京：高等教育出版社，2016：171.
③ 乌美娜. 教学设计[M]. 北京：高等教育出版社，1994：220.
④ 何克抗，林君芬，张文兰. 教学系统设计[M]. 第2版. 北京：高等教育出版社，2016：224.
⑤ 约翰·比格斯，凯瑟琳·唐. 卓越的大学教学：建构教与学的一致性[M]. 第4版. 王颖，丁妍，高洁译. 上海：复旦大学出版社，2015：45-46.
⑥ 何克抗，林君芬，张文兰. 教学系统设计[M]. 第2版. 北京：高等教育出版社，2016：224.
⑦ 张萍. 基于翻转课堂的同伴教学法：原理·方法·实践[M]. 北京：人民邮电出版社，2017：118-121.

习进行综合评价。在学生学习的过程中，具体的知识和技能的学习固然重要，但更重要的是培养学生面向未来的核心素养。因此，在学习评价中，还需要对学习者高阶思维的发展情况进行评估，探究学生通过混合学习是否提升了自己的问题解决能力、批判性思维、创造性思维和团队协作能力。基于此，本书提出了线上和线下学习过程表现、知识掌握、高阶思维发展、情感体验并进的多元评价方案。

根据评价结果，教师需要对大学生混合学习设计的每个构成要素不断进行反馈和修正。大量研究表明，反馈对学习目标的达成具有强有力的影响[1]。反馈能够提示教师在大学生混合学习设计中的错误和不足，便于改进教学，提高教学和学习质量。

三、大学生混合学习设计模式的一致性构建

从语义学角度来看，一致性是指两个或两个以上事物之间的匹配程度，它使得各事物相互配合、呼应和紧密协作[2]。韦伯（Webb）将一致性定义为两个或多个事物之间的吻合程度，即将事物各个部分或要素融合成为一个协调统一的整体。美国教育心理学家科恩（Cohen）提出了"教学一致性"概念，他用一致性来替代教学中的某些设计条件与预期的教学过程、教学结果之间的匹配程度，并且通过研究发现，如果教学目标与评价一致性越高，无论是普通学生还是天才学生都能取得好的成绩[3]。我国崔允漷教授构建了教-学-评一致性三因素理论模型，用以刻画教师课堂教学行为的专业化结构，评判课堂教学的一致性水平，预测教-学-评行为的努力方向[4]。

大学生混合学习设计模式的一致性构建主要体现在学习目标、学习资源、学习活动和学习评价的一致性上。

---

[1] 理查德·梅耶，帕特里西娅·亚历山大. 学习与教学：理论研究与实践意蕴[M]. 第2版. 庞维国，梁平，皮连生等译. 上海：华东师范大学出版社，2022：290-291.

[2] 崔允漷，王少非，夏雪梅. 基于标准的学生学业成就评价[M]. 上海：华东师范大学出版社，2008：109.

[3] Cohen, S. A. Instructional alignment: Searching for a magic bullet[J]. Educational Researcher, 1987, 16(8): 16-19.

[4] 崔允漷，雷浩. 教-学-评一致性三因素理论模型的建构[J]. 华东师范大学学报（教育科学版），2015(4): 15-22.

学习目标是大学生混合学习设计的灵魂，既是出发点，又是最终归宿。如果没有一个明确的目标，那么在选择教材和教学方法上就没有一个明确的基准，也就没有办法衡量学生真正学会了什么[①]。混合学习的学习目标不仅关注学生的认知、动作技能和情感领域的目标，同时还关注反映核心素养要求的高阶思维能力的培养。在混合学习中，线上学习目标主要指向记忆、浅层理解、机械动作、接受、反应等低阶目标，线下学习目标则是指向深度理解、应用、分析、评价、创造、高阶思维等高阶目标。

学习资源是以学习目标为起点，以学生的初始能力为终点，即学生要达到学习目标，需要预先获得的知识或技能。教师需要依据学习目标来决定教学内容和设计学习资源，让学生能够通过学习资源更好地达到学习目标。在混合学习中，线上学习资源主要指向"是什么"的事实性知识和概念性知识，线下学习资源更多指向"为什么和怎么做"的程序性知识和元认知知识。

学习活动是大学生混合学习设计的核心内容，是学习目标能否达成的关键。在混合学习中，线上主要采取自主学习活动，线下主要采取小组合作探究学习活动。线上自主学习活动和线下合作探究学习活动相互衔接，学习难度逐渐深入。此外，为了促进学习目标的达成，本书提出了激发学习动机、掌握学习内容、促进课堂互动的"三维一体"的活动设计，并将其融入到线上自主学习和线下合作探究学习过程中。

学习评价是以学习目标为依据，根据学习目标来评价学习效果，促进学习目标的达成。学习目标的达成以"学生是否学会了"为标志，"学生学了，不等于学会了"，要回答"学生是否学会了"这一问题，必须采用评价的手段来检验。如果学而不评，那只能是个体的自由学习，而不是具有目标导向的学校教育[②]。本书将学生的线上和线下学习过程表现、知识掌握、高阶思维发展、情感体验均纳入到大学生混合学习评价体系中。线上学习评价时，在评价方式上主要采用诊断性评价和形成性评价，在评价主体上主要采用自我评价和机器评价；线下学习评价时，在评价方式上主要采用形成性评价和总结性评价，在评价主体上主要采用教师评价、自我评价和同伴评价。

---

① 崔允漷，夏雪梅. "教-学-评一致性"：意义与含义[J]. 中小学管理，2013(1): 4-6.
② 崔允漷，雷浩. 教-学-评一致性三因素理论模型的建构[J]. 华东师范大学学报（教育科学版），2015(4): 15-22.

本书通过学习目标、学习资源、学习活动和学习评价的一致性构建，以期能够提升大学生混合学习设计模式的质量，如表 4-1 所示。

表 4-1　大学生混合学习设计模式的一致性构建

项目	线上	线下
学习目标	低阶目标 认知：记忆、浅层理解 动作技能：感知、准备、有指导的反应、机械动作 情感：接受、反应	高阶目标 认知：深度理解、应用、分析、评价、创造 动作技能：复杂的外显反应、适应、创新 情感：评价、组织、价值与价值体系的性格化 思维能力：问题解决能力、批判性思维、创造性思维、团队协作能力
学习资源	事实性知识、概念性知识	程序性知识、元认知知识
学习活动	自主学习	合作探究学习
学习评价	评价方式：诊断性评价、形成性评价 评价主体：自我评价、机器评价	评价方式：形成性评价、总结性评价 评价主体：教师评价、自我评价、同伴评价

本 章 小 结

本章基于全视角学习理论和教学设计理论，以学习发生的机制、大学生认知发展特点和混合学习设计的原则为依据，参考借鉴国内外典型大学生混合学习设计模式，从宏观层面构建了由前端分析、学习目标制定、学习活动设计、活动支持设计和学习评价设计五个要素构成的高阶思维导向的大学生混合学习设计模式，五个构成要素具体如下：①对学习者特征、学习内容和学习环境进行前端分析，该要素是混合学习设计模式构建的依据；②以高阶思维为导向，反映核心素养要求的学习目标制定，该要素是混合学习设计的起点和终点；③激发学习动机、掌握学习内容、促进课堂互动"三维一体"的学习活动设计，并将其融入到线上自主学习和线下合作探究学习的过程中，该要素是混合学习设计目标达成的关键；

④从学习资源和技术支持两方面设计活动支持要素,该要素是学习活动成功开展的有力支撑;⑤诊断性评价、形成性评价和总结性评价相结合,教师评价、自我评价、同伴评价和机器评价相结合,过程与结果并重的多元学习评价设计,该要素是对混合学习设计应用效果的科学评价。这五个构成要素并不是孤立的,而是紧密联系在一起的,它们相互制约、相互影响,共同作用于学生的学习过程。

第五章

大学生混合学习设计的微观课程建设

　　从宏观层面构建的大学生混合学习设计模式，具有高度的抽象性和理论化。在具体的教学实践中，这一宏观模式难以指导一线教师进行教学。因此，本章以"Python 程序语言设计"课程为例，将这一宏观模式映射到大学课程教学中，从微观层面设计学习过程，在前端分析的基础上，从学习目标制定、学习活动设计、活动支持设计和学习评价设计等方面进行具体的学习策略和学习方法的设计，此外还利用新兴信息技术设计开发学习支持平台，有效助推混合学习优势的充分发挥。

第一节 前端分析

一、课程分析

Python 语言是一门开源的、功能强大的、最接近自然语言的通用编程语言，已成为美国各高校中最流行的编程语言，并取得了良好的教学成效[①]。与其他程序设计语言相比，Python 语言具有三个明显的优势：简洁、高效和生态[②]。其轻量级的语法和高层次的语言表示表达了应用计算机解决问题的计算思维理念，有助于培养大学生解决问题的思维和能力。

"Python 程序语言设计"是 Y 大学面向计算机专业大三学生开设的一门专业选修课。该课程采用"理论+实操"的课程体系，强调理论和实践相结合、知识与能力并重，既注重 Python 语言理论知识的学习，又注重学生计算思维与编程能力的培养。但是，该课程在实际教学中存在以下几方面的问题。

1）学生初始能力参差不齐。同一个班级的学生，一般具有不同的地域来源、学习经历和知识储备。因此，学生的初始能力和信息素养水平存在较大的差异。此外，学生自身的学习风格也存在差异，仅仅依靠面对面的课堂教学很难做到因材施教，难以满足所有学生的需求。

2）课程内容繁多，教学质量不佳。Python 语言是一门功能强大的高级编程语言，其课程内容涉及程序设计方法、算法设计、函数编程、面向对象程序设计、文件操作、可视化编程、网络编程和数据库编程等多个方面。该课程内容繁多，但仅有 16 周共 64 个课时。并且，该课程以教师讲授为主，学生动手实践时间少，师生互动交流不足，导致教学质量不佳。

[①] 嵩天，黄天羽，礼欣. Python 语言：程序设计课程教学改革的理想选择[J]. 中国大学教学，2016(2)：42-47.
[②] 嵩天，黄天羽. Python 语言程序设计教学案例新思维[J]. 计算机教育，2017(12)：11-14.

3）课程评价形式单一。在评价主体上，该课程主要采用教师评价。在评价方式上，总结性评价一般为期末考试或实验报告，形成性评价主要是对课堂考勤和学生上机实验的完成情况进行评价。这种评价方式很难反映学生的真实学习情况，教师更难以通过这种评价来改进教学。

综上所述，该课程存在教学内容繁多、课时少、学生参与度不足、课堂教学以讲授为主等特点，传统面对面课堂教学方式的弊端逐渐凸显。因此，本书采用线上和线下相结合的混合学习方式，以期能提高该课程的教学质量，发展学生的高阶思维，满足高等教育创新型人才培养的时代诉求。

二、学习者特征分析

"Python 程序语言设计"课程的学习者是大三学生，分析和掌握大三学生的特征是进行大学生混合学习设计的重要依据。本书从大三学生的心理特征、智力发展特征、非智力因素特征三个方面进行分析。

（一）大三学生的心理特征

大三是大学生全面发展和成才定型的重要阶段。在此时期，大学生普遍产生了顺应感、竞争感和自信感。其主要心理特征表现为：确立了理想信念，并逐渐形成了人生观；掌握了学习态度、学习方法和学习目标，逐渐形成了相应的学习心理结构；思维活跃，参与社会性活动和实践的能力不断提升，独立思考能力逐渐发展；广泛交友，集体认同感增强[1]。大三年级是大学生人生观形成的重要阶段，关系到能否达成教育目标。

（二）大三学生的智力发展特征

大三学生在智力发展方面表现出进一步成熟的特征。他们的思维有了更高的

---

[1] 邵帅. 新生代大学生的心理行为特点及教育管理对策研究[M]. 北京：北京工业大学出版社, 2018: 32.

抽象性和理论性，并由抽象逻辑思维逐渐向辩证逻辑思维发展[①]。

1. 思维力方面

思维力是大学生智力的核心。大三学生独立思考问题、分析问题和解决问题的能力不断提高，有自己的主见，思维的组织性、深刻性和批判性有了进一步的发展，在学习上表现为不再满足于教师或书本上的现成答案，敢于向权威观点挑战。在实践活动中，他们善于进行有计划的、有逻辑的论证性思维活动，在思考问题或与人探讨问题时不再只停留在现象的罗列和现成的结论上，而是有一定的理论追求，旨在揭示事物的实质和发展规律。但由于他们的经历还相对较少，社会历练相对不足，他们在看待问题时容易夹杂过多的情感，考虑得不够全面和周到，容易将问题简单化，进而出现走极端、过分自信、固执己见等问题。

2. 观察力方面

良好的观察力是大学生获取经验、探索真知的重要心理因素，是大学生智力的源泉。大学生的观察力具有多源性、主动性和坚持性的特点，他们观察事物更富有目的性、系统性、全面性和深刻性，能够在反复观察的基础上及逻辑思维的调节下，抓住事物的本质特征和它们之间的相互联系[②]。大三学生已具备一定的通过观察从事独立科学研究的能力。

3. 记忆力方面

记忆力是大学生学习活动的重要心理条件。大三学生的记忆力具有机械记忆与意义记忆协调发展、交互运用的特点。由于记忆速度快、含量大、持久性好，他们的记忆效果达到较为理想的状态，学习效率较高。

4. 想象力方面

丰富的想象力激发着大三学生的学习自觉性，使他们自觉地把实现自己的远大理想与当前勤奋学习、积极向上的行动结合起来，不断强化自己的学习动机。另外，丰富的想象力可以促进大三学生超越现实生活的范围和打破现有的知识水平，发挥自身的创造性。

---

① 乌美娜. 教学设计[M]. 北京: 高等教育出版社, 1994: 113.
② 邵帅. 新生代大学生的心理行为特点及教育管理对策研究[M]. 北京: 北京工业大学出版社, 2018: 49-50.

5. 注意力方面

大学生的注意力具有指向性明确、集中性持久的特点。大三学生能够分配自己的注意资源，并能够在较长的时间内对自己的注意过程进行监控。因此，大三学生不仅能够把握观察对象的整体，还能够把握观察对象的各组成部分[①]。

（三）大三学生的非智力因素特征

在智力水平大体相同的情况下，非智力因素就起着决定性作用。因此，大学生的非智力因素比智力因素在更深层次上反映着人才质量[②]。

1. 学习动机方面

大三学生的学习动机大致可以分为四种：一是报答型和附属型学习动机，例如，回报父母养育之恩，不负师长教诲，得到其他同学的认同，得到朋友的帮助等；二是为了满足自己的荣誉感、自尊心、自信心、求知欲等需要而产生的学习动机；三是寻求职业、保障生计的学习动机，例如，追求理想的职业和高收入等；四是职业生涯方面的学习动机，例如，想要在职业生涯中取得成功，想要为社会做贡献等。对于同一名大学生，其学习动机呈现多元化的特征。

2. 学习兴趣方面

学习兴趣是大学生主动地参与到自己的学习中去的特定认知取向。这种认知取向的特殊性在于学生始终带着满足的情感色彩与渴望的情绪，自觉地、主动地进行求知活动。当对某个科目产生了学习兴趣后，学生就会有一种想要学好这一科目的理性意识，并能集中精力积极去做这一件事，由此学习效率得以提高。同时，在浓厚的学习兴趣推动下进行的学习活动一旦达到成功、取得一定成绩时，他们就会产生学习的喜悦感，这进一步促进其学习兴趣的深化和丰富，使他们今后采取更为积极的学习态度和学习行为。

3. 情感方面

大三学生正处于青年期，拥有丰富而强烈的情感世界。随着自我意识的进一

---

① 曾祥利，吴东明. 大学生的认知特点及其对教学的启示[J]. 新课程(下), 2015(8): 157.
② 邵帅. 新生代大学生的心理行为特点及教育管理对策研究[M]. 北京：北京工业大学出版社, 2018: 52.

步发展和新需要的不断增加，他们的情感越来越丰富多彩，具有多样性的自我情感，即对自我认识的态度和体验更加多样[①]。总体而言，大三学生的情感具有强烈性和不稳定性等特征，他们虽然具有一定的调节和克制自己情绪的能力，但其情感较为多变，且不稳定。

4. 人际关系

良好的人际关系可以促进大学生之间的信息传递、思想与感情的交流。人际关系良好可以使大学生保持心情舒畅和心境良好，拥有安全感、舒适感与友好感，在这种情绪状态下，他们的思维往往较为敏捷和活跃，想象力丰富，因此，人际关系能起到调节学习心境的作用。

三、学习内容的分析

"Python 程序语言设计"课程的学习内容包括 Python 语言基础、选择与循环结构、Python 序列结构、函数、面向对象程序设计、文件操作、GUI 编程、网络编程和多线程、数据库编程等。该课程共 64 个学时，持续 16 周，主要包括 9 个学习单元，共 43 个知识点，其学习内容与知识类型的对照关系如表 5-1 所示。

表 5-1　学习内容与知识类型对照表

学习单元名称	知识点名称	事实性知识	概念性知识	程序性知识	元认知知识
第 1 章 Python 语言基础	1.1 程序设计概述	√			
	1.2 Python 开发环境和运行方式			√	
	1.3 Python 常用内置对象		√		
	1.4 Python 运算符与表达式		√		
	1.5 Python 中的函数和模块			√	
	1.6 turtle 库		√	√	

---

① 邵帅. 新生代大学生的心理行为特点及教育管理对策研究[M]. 北京: 北京工业大学出版社, 2018: 7-8.

续表

学习单元名称	知识点名称	事实性知识	概念性知识	程序性知识	元认知知识
第 2 章 选择与循环结构	2.1 算法设计概述	√			
	2.2 选择结构			√	
	2.3 循环结构			√	
	2.4 异常处理			√	
	2.5 程序控制结构的综合应用				√
第 3 章 Python 序列结构	3.1 字符串		√	√	
	3.2 元组		√	√	
	3.3 列表		√	√	
	3.4 字典		√	√	
	3.5 集合		√	√	
第 4 章 函数	4.1 函数的定义与使用			√	
	4.2 函数的参数		√		
	4.3 递归函数			√	
	4.4 函数的综合应用				√
第 5 章 面向对象程序设计	5.1 类和对象		√		
	5.2 成员属性与成员方法			√	
	5.3 类的继承和多态			√	
	5.4 运算符重载			√	
第 6 章 文件操作	6.1 文本文件读写		√		
	6.2 文本文件的编码		√		
	6.3 文件的路径		√		
	6.4 文本文件的操作			√	
	6.5 文件夹的操作			√	
第 7 章 GUI 编程	7.1 创建 Windows 窗口		√		
	7.2 几何布局管理器		√		
	7.3 常用 tkinter 控件的使用			√	
	7.4 Python 事件处理			√	
	7.5 GUI 编程的应用和展示				√

续表

学习单元名称	知识点名称	知识类型			
		事实性知识	概念性知识	程序性知识	元认知知识
第 8 章 网络编程和多线程	8.1 网络编程基础	√			
	8.2 TCP 编程		√	√	
	8.3 UDP 编程		√	√	
	8.4 多线程编程		√	√	
第 9 章 数据库编程	9.1 数据库基础	√			
	9.2 结构化查询语言 SQL		√		
	9.3 SQLite 数据库简介		√		
	9.4 Python 的数据库编程			√	√
	9.5 数据库编程的展示和评价				

四、学习环境的分析

"Python 程序语言设计"课程是依托 Y 大学开设的混合学习课程。Y 大学是一所省部共建的高等师范院校，信息化环境建设水平较高。在网络基础设施方面，全校教学楼已实现有线网络、无线网络全覆盖，教室配备了多媒体教学触控一体机、智慧教学课程管理系统和教室服务系统等信息化教学设施，允许学生自带设备进入教室进行学习和互动，这些为混合学习的开展提供了必要的基础条件。

该课程的混合学习环境是将线上学习平台与线下课堂教室学习环境相结合，融合二者的学习资源、学习工具、学习内容、学习互动、学习评价等内容。具体来说，在学习资源方面，线上学习平台的学习资源（电子文本、PPT 课件、图像、音频、视频等）与线下课堂教室的学习资源（纸质教材、资料书籍、PPT 课件等）相融合；在学习工具方面，线上学习平台的工具（学习网站、通信工具、搜索引擎、论坛等）与线下课堂教室的学习工具（教学触控一体机、搜索引擎等）相融合；在学习内容方面，线上学习的事实性知识、概念性知识与线下课堂教室学习的程序性知识、元认知知识相融合；在学习互动方面，线上学习平台的师生互动、生生互动、人机互动（线上交流、答疑解惑、自主学习、练习题或测验等）与线下课堂教室的师生互动、生生互动（课堂讲授、课堂提问、交流讨论、小组协作等）相融合；在学习评价方面，线上学习平台的自我评价、机器评价与线下课堂教室的自我评价、同伴评价、教师评价相融合。

第二节　学习目标制定

从系统论的观点来看，学习目标是一个由教学总目标决定的系统，包括课程目标、单元目标和课时目标三个层次。教学总目标是一种贯穿整个学习活动的指导思想，是为了达到教育目的而提出的一般性的总体要求，掌握着各个学科的教学发展趋向和总方向。学习目标只是对学习活动的一种原则性规定，对于复杂的学习活动来说，只有一个原则性的规定是不够的，需要形成具体化的学习目标，以便对具体的学习活动做出具体的规定。通过逐层具体化，教学总目标细分为课程目标、单元目标和课时目标，整个学习目标系统构成一个上下贯通、有机联系的完整体系[①]。由于课时目标是具体到每一节课所要达到的学习目标，是单元目标的细化，以下仅介绍"Python 程序语言设计"课程的课程目标和单元目标，课时目标不再赘述。

一、课程目标

高阶思维导向的大学生混合学习课程的学习目标除了包括认知领域、动作技能领域和情感领域的目标外，还包括思维能力方面的目标，即问题解决能力、批判性思维、创造性思维和团队协作能力。此外，根据 Y 大学本科生的培养目标和学科专业教育课程的基本定位，"Python 程序语言设计"课程的课程目标如下：

---

① 谢幼如. 教学设计原理与方法[M]. 北京：高等教育出版社，2016: 23-24.

通过本课程的学习，学生能够理解 Python 的编程模式和基础语法，能够熟练运用 Python 的字符串、列表、元组、字典、集合等序列结构。熟练使用 Python 的程序控制结构和函数式编程。理解面向对象程序设计的思想和基本概念，并能熟练使用 Python 进行面向对象程序设计。熟练掌握 Python 的文件操作和文件夹的操作。能够熟练运用 Python 进行可视化编程、网络编程和数据库编程。构建扎实的算法设计思想，培养良好的编程习惯和程序设计能力，能够将 Python 程序设计知识综合运用到实际应用中，提升解决问题的能力。能够撰写程序设计报告，能够以展示发言等方式清晰表述作品，能够以答辩交流等方式回答质询，能够对自己和他人的作品做出正确的评价，并不断提升学生的问题解决能力、批判性思维、创造性思维和团队协作能力等高阶思维能力。

二、单元目标

课程的总体目标需要分解落实到各个学习单元中才能实现。"Python 程序语言设计"课程主要包括 9 个学习单元，共 43 个知识点，从认知领域、动作技能领域、情感领域和思维能力四个领域来制定单元目标。单元目标的目标层次分为低阶目标和高阶目标，低阶目标是实现高阶目标的基础，高阶目标包含且源自低阶目标，二者之间不存在互斥关系。各个学习单元、知识点与学习目标和目标层次的对照关系如表 5-2 所示。

表 5-2 学习内容与学习目标对照表

学习单元名称	知识点名称	学习目标描述	低阶目标	高阶目标
第 1 章 Python 语言基础	1.1 程序设计概述	了解 Python 的发展历史、特点及优点	√	
	1.2 Python 开发环境和运行方式	学会搭建 Python 语言的开发环境		√
	1.3 Python 常用内置对象	理解 Python 语言的变量和基本数据类型	√	

续表

学习单元名称	知识点名称	学习目标描述	目标层次 低阶目标	目标层次 高阶目标
第1章 Python语言基础	1.4 Python 运算符与表达式	理解 Python 语言的运算符和表达式	√	
	1.5 Python 中的函数和模块	熟练使用 Python 语言的输入输出语句、常用函数和模块		√
	1.6 turtle 库	熟练使用 Python 的 turtle 库绘制图形		√
第2章 选择与循环结构	2.1 算法设计概述	了解算法设计的特性和基本步骤	√	
	2.2 选择结构	熟练使用 Python 的 if 语句、if-else 语句、if-elif-else 语句		√
	2.3 循环结构	熟练使用 Python 的 while 循环和 for 循环语句		√
	2.4 异常处理	了解 Python 程序发生异常的原因,掌握处理异常的方法		√
	2.5 程序控制结构的综合应用	培养学生良好的编程习惯和规范,提高学生综合应用选择结构和循环结构进行编程的能力		√
第3章 Python序列结构	3.1 字符串	理解 Python 语言的序列结构,掌握字符串的基本操作,熟练运用字符串的成员函数进行编程		√
	3.2 元组	掌握元组的基本操作,熟练运用元组进行编程		√
	3.3 列表	掌握列表的基本操作,熟练运用列表的成员函数进行编程		√
	3.4 字典	掌握字典的基本操作,熟练运用字典进行编程		√
	3.5 集合	掌握集合的基本操作,熟练运用集合进行编程		√
第4章 函数	4.1 函数的定义与使用	掌握 Python 中的函数的定义和使用方法		√
	4.2 函数的参数	理解函数的参数类型和变量的作用域	√	
	4.3 递归函数	熟练运用递归思想编写函数		√
	4.4 函数的综合应用	培养学生的函数式编程能力,提高学生的程序设计素养		√
第5章 面向对象程序设计	5.1 类和对象	理解 Python 中的面向对象程序设计的思想,理解类和对象的概念	√	
	5.2 成员属性与成员方法	熟练运用面向对象程序设计的成员属性与成员方法		√
	5.3 类的继承和多态	熟练使用类的继承和多态,实现代码的组织和复用		√
	5.4 运算符重载	熟练掌握运算符重载的方法		√

续表

学习单元名称	知识点名称	学习目标描述	目标层次 低阶目标	目标层次 高阶目标
第6章 文件操作	6.1 文本文件读写	理解文本文件读写的方法和常用参数	√	
	6.2 文本文件的编码	理解文本文件的编码类型	√	
	6.3 文件的路径	理解文件的相对路径和绝对路径	√	
	6.4 文本文件的操作	熟练掌握文本文件的基本操作,能够使用文件操作实现数据的读取、存储和处理		√
	6.5 文件夹的操作	熟练掌握文件夹的基本操作,能够运用递归思想删除文件夹和统计文件数量		√
第7章 GUI 编程	7.1 创建 Windows 窗口	理解 GUI 编程中创建 Windows 窗口的方法	√	
	7.2 几何布局管理器	理解 GUI 编程中几何布局管理器的种类	√	
	7.3 常用 tkinter 控件的使用	熟练使用常用的 tkinter 控件		√
	7.4 Python 事件处理	熟练掌握 Python 事件绑定和处理的方法		√
	7.5 GUI 编程的应用和展示	小组合作编写 GUI 程序,能够对自己和他人的程序做出正确的评价		√
第8章 网络编程和多线程	8.1 网络编程基础	了解网络编程的基本概念	√	
	8.2 TCP 编程	理解 TCP 协议,熟练掌握 TCP 客户端和服务器端的编程方法		√
	8.3 UDP 编程	理解 UDP 协议,熟练掌握 UDP 客户端和服务器端的编程方法		√
	8.4 多线程编程	理解程序、进程和线程的概念,熟练掌握创建线程的方法		√
第9章 数据库编程	9.1 数据库基础	了解数据库编程的基本概念	√	
	9.2 结构化查询语言 SQL	了解结构化查询语言 SQL 的基本语句	√	
	9.3 SQLite 数据库简介	了解 SQLite 数据库的特点和数据类型	√	
	9.4 Python 的数据库编程	熟练掌握 Python 中访问 SQLite3 数据库的步骤和操作方法		√
	9.5 数据库编程的展示和评价	能够根据教师提供的评价量规,对各小组的数据库编程作品进行评价,指出作品的优缺点和改进建议,提升学生的团队协作能力和批判性思维能力		√

根据本书第四章"学习目标制定"部分提出的低阶目标和高阶目标划分标准,

本书将该课程各知识点的学习目标逐一进行判断定位，得到认知领域的学习目标 15 个，主要涉及了解、理解等低阶目标，如"知识点 1.1 了解 Python 的发展历史、特点及优点""知识点 1.3 理解 Python 语言的变量和基本数据类型"；动作技能领域和情感领域的学习目标主要涉及学会、掌握、熟练使用、熟练运用、培养、评价等高阶目标，其中动作技能领域的高阶目标有 24 个，如"知识点 1.6 熟练使用 Python 的 turtle 库绘制图形"，情感领域的高阶目标有 4 个，如"知识点 9.5 能够根据教师提供的评价量规，对各小组的数据库编程作品进行评价，指出作品的优缺点和改进建议，提升学生的团队协作能力和批判性思维能力"；思维能力的学习目标贯穿在整个学习单元中，如任务驱动的小组合作探究学习活动能有效培养学生的问题解决能力和团队协作能力。

第三节　学习活动设计

根据本书第四章提出的"三维一体"的学习活动设计，"Python 程序语言设计"课程从激发学习动机、掌握学习内容、促进课堂互动三个方面进行学习活动设计。

一、激发学习动机

（一）创设情境，引起学习兴趣

学习情境是与学生所学知识相符的、包含问题的生活事件[1]。学习情境的实质是鲜活的生活事例，蕴含着与学习内容相对应的、内在关联的问题。可以说，学

---

[1] 赵蒙成. 学习情境的本质与创设策略[J]. 课程·教材·教法, 2005(11): 21-25.

习情境既是事件，又是问题，但不是知识内容本身[①]。

创设情境有利于引起学生的学习兴趣。在学习情境缺失的学习活动中，学生往往缺乏对知识的兴趣，因为知识在传统课堂教学中一般是以结论的形式出现的，由于学生不知道知识是为了解决什么问题，以及是如何得来的，这就对学生深刻掌握学习内容产生了阻碍，不利于学生高阶思维的发展。此外，没有问题的教学难以引起学生强烈的探索和求知欲望，甚至会减弱学生的学习兴趣。学习兴趣是认知的先决条件，是个体在精神层面上对所学知识的追求和渴望，也是个体学习的原动力，对个体的学习态度具有决定性的影响。学习兴趣作为一种个体倾向，通常会被外部因素所影响，主体的主动参与意识较弱，表现为由好奇、疑惑、有趣等带来的短暂的情绪状态[②]。因此，创设情境、引起学生的内在学习兴趣是有效开展学习活动的重要前提。

教师通常可采用如下策略来创设情境。

1）采用启发法，创设问题情境。教师通过启发法，不断地设置疑问，创设问题情境，引起学生的认知冲突，从而引发学生积极思考、研究问题，激发学生提出独特的见解和方法。例如，在讲授"turtle 库"时，教师先运行一段使用 turtle 库编写的程序，让学生观看运行效果，然后提问学生能否用 turtle 库编写完成；如果能，需要用到哪些 Python 的语法知识；改变其中的参数，会发生什么样的变化。教师通过不断提问，启发学生思考，进而引导学生逐步解决问题。

2）采用媒体法，创设内容情境。对于学生理解起来有一定困难的理论知识，教师可以使用实例、图表、视频等多媒体素材，创设内容情境，让学生更容易理解概念的含义。例如，在讲解"递归"这一概念时，教师可以通过动画来演示递归的概念、使用场景、经典实例等，以此引发学生的学习兴趣。

3）采用故事法，创设知识情境。传统的课堂教学模式往往采用"填鸭式"的教学方式，缺乏对知识因果关系的介绍，难以激发学生的学习兴趣。教师通过故事法，介绍知识产生的原因及其应用场景，可以极大地激发学生的学习兴趣。例如，在讲授"面向对象程序设计"时，教师可以先回顾什么是面向过程程序设计，面向过程程序设计的缺陷有哪些，从而引出面向对象程序设计，通过介绍面向对

---

① 邬智. 多维学习情境的价值与创设策略[J]. 华南师范大学学报（社会科学版），2010(4): 152-154.
② 田业茹，段作章. 发生学原理及其对学习兴趣研究的启示[J]. 教育探索，2012(9): 5-7.

象程序设计产生的原因及其应用领域，让学生对该知识点产生学习兴趣。

（二）任务驱动，激发学习动机

任务驱动法源于美国教育家杜威提出的"学生中心，从做中学"的教育模式。任务驱动法强调教师要把学生的学习活动与学习任务紧密地联系在一起，通过完成任务来激发和维持学生学习的兴趣与动机[1]。

任务驱动法要求教师将学生所要学习的知识分解为一个或多个特定的学习任务，使学生能够通过完成学习任务，熟练掌握所学知识，从而达到学习目标。它改变了以教师授课为主的传统教学模式，而是以学生主动学习为主，以教师适当指导为辅，其实质在于以"任务"激发学生的成就动机。这使得学生的学习目标更加明确和具体，使学生能够更好地掌握所学知识，帮助激发学生学习的积极性和主动性，提高学生提出问题、分析问题和解决问题的能力[2]。

采用任务驱动法来设计学习任务时需要遵循以下几点。

1）任务要具有真实性。真实的任务与学生的生活和学习兴趣密切相关，能使学生感觉到有趣和有意义，从而激发学生的学习动机。同时，真实的任务可以使学生了解如何将 Python 语言运用到日常生活和学习中，有助于培养学生的程序设计素养。

2）任务要蕴含知识与技能。任务要能够涵盖教学内容中的绝大多数知识点，使各个知识点形成一个整体，让学生能通过完成任务获得完整的知识与技能。此外，任务本身并不是孤立的，各个任务之间要有衔接性，完成一个任务是完成另一个或多个任务的基础或前提，使其具有迁移效应，能引起学生的联想和类比，能让学生学会举一反三、触类旁通。

3）任务要具有层次性。教师要充分考虑到学生的个体差异，要将任务进行细分，做到分层次、设梯度、突出重点、简化难点。同时，教师要精准把握任务的难度，任务要具有一定的挑战性，要能够引起学生的好奇心，让他们有充足的兴趣进行学习和探究，同时，任务的完成要能够激励学生迅速地投入到后续的学习

---

[1] 牟琴, 谭良, 周雄峻. 基于计算思维的任务驱动式教学模式的研究[J]. 现代教育技术, 2011(6): 44-49.
[2] 刘红梅. 任务驱动式案例教学法的构建与应用[J]. 江苏高教, 2016(4): 71-73.

中去，从而形成一个良性循环。

（三）自我效能感，提升自信心

自我效能感是班杜拉在1977年提出来的，是指一个人对自己完成某项任务的能力的信念。它与一个人掌握的技能无关，而是与人们对自己可以做什么的能力判断有关[①]。班杜拉认为，个体从四个潜在来源中获得自我效能感：一是成败经验，成功的经验能够提高个体的自我效能感，多次的失败则会使个体的自我效能感降低，成败经验是影响自我效能感获得的最基本、最重要的途径；二是替代性经验，即对与自己有类似能力的人的行为和成就进行观察，当个体越是认为自己与对方有类似之处时，对方成功或失败的经验就会影响其自我效能感；三是社会劝导，即通过他人的口头鼓励，从而使其对自己具有完成某一任务的能力充满信心；四是情绪唤醒，即个体在面对特定的行为或任务时身体和心理上的反应，平静的反应会让人冷静和自信，焦虑会让人质疑自己的能力[②]。

自我效能感体现了学生对自身学习的一种自信和期望，是学生取得良好学业成就的重要前提和基础。自我效能感低的学生往往缺乏自信心，当在学习中遭遇挫折时，他们会产生消极的情感反应，如自卑和逃避。因此，培养学生的自我效能感，有利于增强学生的学习自信心，促进学生心理健康成长，提高他们的学业成就。

教师可采用如下策略培养学生的自我效能感。

1）创设成功体验。由于成败经验是影响个体获得自我效能感的最基本、最重要的途径，在学习过程中，教师要尽量给学生创造更多的成功体验，使他们能够在完成学习任务与克服困难的过程中认识和了解自己的能力，并在此基础上指导学生坦然面对失败。对于学生在学业上遇到的问题和困难，教师应该帮助他们从中发现关键点和可以改善的地方，使他们在改善中不断地提升自我。

2）自我归因训练。在教学过程中，教师要指导学生正确理解自己的学习结果，

---

① 班杜拉. 思想和行动的社会基础：社会认知理论（下册）[M]. 林颖等译. 上海：华东师范大学出版社，2001：552-553.

② 班杜拉. 思想和行动的社会基础：社会认知理论（下册）[M]. 林颖等译. 上海：华东师范大学出版社，2001：563-569.

并对其进行科学的、积极的归因。在成功的情境下，教师应培养学生进行内在的、稳定的归因，如归因于自己的能力和持续努力等，提高他们对成功的预期以及增加与之相关的积极情绪，从而促使他们不断朝着实现目标发展；而在失败的情境下，教师应培养学生进行外在的、不稳定的归因，如归因于自己平时的努力不够、学习方法不当等，以保护学生的自尊心和自信心，鼓励他们为取得好成绩而更加努力，并找到合适的学习方法[①]。

3）营造融洽的学习氛围。轻松、和谐、融洽的学习氛围直接关系到课堂学习的效果。教师应努力营造轻松、和谐、融洽的学习氛围，让学生感受到自己对他们的关怀、肯定与赞赏，增强师生之间的亲切感，降低教师权威给他们带来的压力。与此同时，教师在课堂上应通过面向学生、微笑、眼神接触、放松的身体姿势、靠近学生等非语言亲密行为，向学生传递积极的信息，缩短师生间的心理距离，激发学生的学习动机，进而增加学生的学习投入和提高其学习效果[②]。

4）表扬和鼓励。表扬和鼓励在增强学生的自我效能感、自信心等方面起到了一定的促进作用。教育心理学的实验研究证明：表扬、鼓励比批评、指责更能激发学生的学习动机，有助于发展他们独立进取的个性素质，培养他们独立钻研、积极进取的精神，是增强他们自我效能感的一大法宝[③]。同时，教师通过表扬和鼓励能够使学生认识到自己的优点与优势，从而激发他们的自信心与进取心，使他们能够更好地发挥自己的潜能，提高学习成绩。

二、掌握学习内容

（一）自主学习任务单，促进知识整合

在混合学习中，线上自主学习阶段并不是指传统教学中缺少组织性的、学生随意进行的预习，教师需要根据课程标准、教材内容和学生学情设计并向学生提

---

① 范春林. 学习效能感的功能及培养策略[J]. 教育科学论坛, 2007(10): 5-9.
② 赵映川, 杨兵, 陈德鑫等. 在线教学中教师非语言亲密行为对学生学习效果的影响——有调节的中介效应分析[J]. 电化教育研究, 2021, 42(6): 88-95.
③ 储璧茜. 学生学习效能感的功效及其心理培养策略[J]. 教学与管理, 2011(36): 96-97.

供自主学习任务单。自主学习任务单是学习支架的主要形态，具有支架的功能，是支持学生开展自主学习的有效载体。自主学习任务单旨在帮助学生明确自主学习的目标、内容和方法，提高学生自主学习的效率，培养学生自主学习的良好习惯和方法，同时还可以为教师组织线下课堂教学提供可靠的材料依据，提高课堂的教学效率。

自主学习任务单的学习主体是学生，是以学生的认知基础和已有经验为逻辑起点，重在如何把新的知识转化为学生的经验，即要求学生根据当前的学习活动来调动、激活原有的知识，将新知识与原有知识联系起来，促进学生对新知识的理解。

自主学习任务单的内容主要包括以下几个方面。

1）学习指南。学习指南包括学习主题、达成目标、学习方法建议和课堂学习形式预告等四个方面。通过学习指南，学生能够明确自主学习的主题和达成目标的要求，知道通过什么样的方式能达成学习目标。同时，学生通过了解教师关于课堂学习形式的设计，发现线上自主学习与线下课堂学习的关系，从而主动完成自主学习。

2）学习任务。学习任务是自主学习任务单的主体，是教师对教学目标的理解、对教学内容的把握、对教学方法的探究等方面的综合体现。学习任务设计要把达成学习目标落到实处，促使学生通过自主学习达成教师设定的学习目标。教师在设计学习任务时，应尽可能考虑不同层次学生的学习需求，使学习任务接近学生的最近发展区，从而激发学生的探究欲望，最终实现任务驱动的要求。

3）问题设计。问题设计是学习任务单的核心，学生的自主学习就是在问题的引领下一步步实现学习目标的。因此，教师必须把教学重难点和其他知识点转化为不同类型的问题，使学生在解决问题的过程中把握学习重难点，从而改变传统课堂教学以知识灌输为主的方式，培养学生解决问题的能力和迁移能力。

4）自学测试。自学测试是教师有效开展课堂教学活动的重要前提，目的在于掌握学生通过自主学习所获得的知识和能力等，从而更好地设置课堂教学节奏，达到更好的教学效果。对于教师而言，自学测试有助于教师根据学生的测试结果及时调整授课思路，改进教学内容的深度与进度。对于学生而言，自学测试有助于帮助学生发现学习中的困惑与不足，为线下学习做好铺垫，从而快速进入良好的学习状态。

5）问题与反思。一份完整的自主学习任务单必须留有记录疑问的空间，使学生在自学过程中可以随时记录下自己所遇到的问题和困惑，并通过自己的反思来解决相应的问题，同时还可以针对教师的课堂教学提出合理的建议，这有利于促进教学相长。

（二）合作探究学习，深入理解和迁移应用学习内容

在当今时代，合作学习显得尤为重要。合作学习凸显了学习的社会性、交往性、交互性，有助于发展学生的合作精神、团队意识和集体观念。在合作学习中，学生通过相互帮助、相互关怀、相互促进，使自身的学业成就得到提升，体现了"人人为我，我为人人"的价值理念。探究学习源于美国20世纪50年代的"教育现代化运动"，其核心思想是以问题为中心。探究学习的过程就是发现问题、提出问题、分析问题和解决问题的过程。探究精神是高校教育的灵魂，只有探究才能造就思想者与批判者，没有探索的教育只能是培训[①]。

合作探究学习提倡学生积极主动地参与教学过程，勇于提出问题，学会分析问题和解决问题，改变了传统课堂教学中学生死记硬背和被动接受知识的方式，有利于学生深入理解和迁移应用学习内容，从而培养学生的问题解决能力、批判性思维、创造性思维和团队协作能力等高阶思维能力。

合作探究学习的主要组织形式如下。

1）小组讨论。小组成员围绕问题展开讨论、交流和辩论。每个成员针对某一问题表达各自的观点和看法，最终达成共识。成员可以对别人的观点进行补充，也可以就某一成员的观点进行辩论，真理越辩越清楚。在小组讨论后，小组代表汇报小组讨论的结果，教师对讨论过程进行监督与指导，并对讨论结果进行总结。

2）小组协作。小组成员依据任务的性质、特点和内容进行适当的分工，小组成员基于各自的任务分工合作、共同努力、集思广益。小组内每个成员按照任务进行分工，明确自己的职责和任务要求，独立自主地按规定时间完成任务。在每个成员完成各自任务的基础上，小组代表进行汇总，提交小组任务报告。

3）专题研讨。教师需要事先确定研讨主题，小组成员在查阅相关文献资料的

---

① 余文森，连榕，洪明. 基于自主、合作、探究学习的师范大学教师教育课程课堂教学改革[J]. 课程·教材·教法, 2013, 33(4): 103-111.

基础上设计并完成解决方案的撰写，教师提供适当的指导，再由学生展示汇报，最后教师进行点评。专题研讨大部分是以问题为中心的，侧重于针对专业性问题提出解决方案。

4）案例分析。教师要根据教学内容，设计与实际生活紧密联系的教学案例，指导学生开展合作探究，并对探究学习中的问题进行归纳和提炼。案例分析能充分调动学生的学习积极性，提高他们学习探究的兴趣。案例分析过程有利于提高学生阅读材料、提取信息、口头表达、辩论说理、整理知识、解决问题的综合能力，更有助于培养学生发现问题、分析问题和解决问题的能力，同时还有助于培养学生的沟通协调能力、团队协作能力和创造能力。

5）问题探究。教师通过创设问题情境，让学生围绕问题展开探究。在探究问题的过程中，学生不仅知道了知识是什么，而且了解了知识产生的过程与运用知识解决问题的方法。创设问题情境时要注意以下几点：一是问题要新颖有趣，富有启发性；二是问题的难度要适当，要使学生在经过思考和探究后能够回答相应问题；三是所创设的情境既要和课程内容相结合，又要与日常实际生活情境相结合，以提升学生运用知识解决生活中的实际问题的能力；四是当学生在探究问题的过程中遇到困惑、挫折和失败时，教师要适当地对学生加以引导。

三、促进课堂互动

（一）情感互动，促进师生互动

师生互动不是教师对学生或学生对教师的单向线性影响，而是师生间的双向交互影响。同时，师生间的这种交互作用和影响又不是一次性的或间断的，而是一个链状、循环的连续过程，师生正是在这个连续的动态过程中不断交互作用和相互影响的[①]。

师生互动是主体情感交互作用的动态过程。师生互动远非停留在言语与非言语等层面上的交互活动，其更深层次的目的在于情感的互动和人格的彼此感染。

---

① 叶子, 庞丽娟. 师生互动的本质与特征[J]. 教育研究, 2001(4): 30-34.

师生互动的基础在于情感的交流和相融,只有情感相融,才能激发学生的情绪,激发他们的灵感和创意,让课堂成为一个生机勃勃、趣味盎然的场所,让师生的生命活力在课堂中得到充分激发[①]。

教师可以采用如下策略促进师生互动。

1)重构课堂角色。在师生互动中,教师要树立正确的学生观,认识到学生是学习的主体,建立积极、和谐、民主的师生关系。教师是学生学习的引导者、促进者,教师的教学要以学生的发展为最终目的。在师生互动过程中,不论是何种层次的学生,如男生或女生、性格活泼或内向的学生,教师都应该平等对待。教师要积极地构建一种信任和良好的师生合作关系,要全面认识每一位学生,发掘他们的潜能,为他们创造更多参与互动的机会。

2)相互尊重。教师和学生要相互尊重彼此的人格与自由。教师要尊重学生的兴趣和爱好、情绪和情感、抱负和志向、人格差异和个人意愿。教师不能按照自己的理念来塑造学生,而是要帮助学生找到并完成自己的人生目标。只有教师充分尊重每一个学生,学生才会同样尊重教师,师生之间才能构建起一种和谐融洽的师生关系。

3)情感交融。教师在教学中要做到以情感人,以自身的正面感情影响和激发学生的情感。教师要爱护每个学生,让他们有一种教师对他们抱有期待的感觉。教师要充分发掘课堂教学中蕴含的各种情感因子,以此激发和感染学生。教师要用幽默的语言、亲切的教态、自信的表情和大方的态度感染学生,从而拥有和谐融洽的师生情感。

4)关注线上线下。由于时间、空间的限制,线下课堂中的师生互动会受到一定的制约。在混合学习中,师生互动并不局限于线下的课堂互动,而更多地体现为线上交流互动,以及线下课堂学习之外的互动。师生、生生之间可以利用线上交互工具,随时随地进行沟通和交流,不受时间、空间的限制。在线下课堂学习之外,师生之间还可以就生活中的事件进行沟通。这样的沟通很有可能比仅仅课堂上的沟通更加有效,更加深入人心[②]。

---

① 谢红仔. 情感互动是师生互动的实质[J]. 教育导刊, 2003(Z1): 61-64.
② 蒋华林, 张玮玮. 生师互动: 提高本科教育质量的有效途径[J]. 清华大学教育研究, 2012, 33(5): 21-26.

（二）合作学习，促进生生互动

合作学习作为一种新的教育理念和教学策略，兴起于 20 世纪 70 年代的美国，到 80 年代中期得到了长足发展。其在改善课堂学习氛围、大范围提升学习效果、培养学生非智力素质等方面的成效显著，因而迅速引起了全球各国的重视[1]。合作学习在全球的发展离不开其对于生生互动的创造性应用。合作学习的代表人物约翰逊兄弟（David Johnson 和 Roger Johnson）认为，在课堂上，学生之间的关系比任何其他因素对学生学习成绩、社会化和发展的影响都更强有力[2]。

合作学习中的生生互动主要是指学生在合作学习小组内部或小组之间的相互作用和影响[3]。在合作学习中，生生之间以语言或非语言的方式进行互动，以合作学习小组为基本活动形式；互动的内容包括知识、技能、情感、价值观等方面，也包括学生的生活经验、行为规范等；互动的方式包括交流、分享、讨论、争辩、反馈等，以及学生自身的"自我交流"活动，最终实现学生学业成绩、合作能力、思维能力等的提高，促进学生个体的社会化发展。

教师可以采用如下策略促进生生互动。

1）创设和谐民主的课堂环境。和谐民主的课堂环境既是生生互动的基础，也是生生互动的结果。在和谐民主的课堂环境中，学生才有可能不惧怕于教师的权威，才能够积极主动地参与课堂教学过程，相互激励、默契配合，真正成为学习的主体。同时，教师要对学生之间的互动给予更多的指导和肯定，使学生感觉到学习活动是有意义的、有价值的，能够从中体验到成功的喜悦，体验到生生互动所带来的快乐。

2）学生作为学习主体的自我认同与实现。学生在交流与讨论过程中的积极性和主动性直接影响着生生互动的效果，而这依赖于学生作为学习主体的自我认同与实现[4]。只有学生认识到学习的主体是自己，他们才会更主动、更有责任地发挥自己的主体作用，只有把这种潜在的主体能动性和主体责任感转化为现实，生生互动才能有效开展。

---

[1] 王坦. 合作学习简论[J]. 中国教育学刊, 2002(1): 32-35.
[2] 转引自詹姆斯·H. 麦克米伦. 学生学习的社会心理学[M]. 何立婴译. 北京：人民教育出版社, 1989, 142-145.
[3] 冯小清. 合作学习中生生互动的内涵与价值分析[J]. 基础教育研究, 2014(10): 22-24.
[4] 刘向前. 课堂教学中的生生互动[J]. 科教文汇（上旬刊）, 2008(19): 62.

3）适切的学习内容。生生互动的展开是以学习内容为中介的，不同的学习内容必然影响到生生互动的开展，进而影响到生生互动的效果。一般来说，学习内容越能贴近学生的实际生活、符合学生的兴趣爱好、满足学生的心理需要，就越能激发学生的参与热情，促进生生互动的有效开展。另外，在问题设计上，问题的深度、难度要符合大多数学生的水平，要适当照顾到少数优秀学生和学习困难学生，要使各类学生都能在讨论中发言，这样才能促进生生互动。

（三）学习平台，促进人机互动

学习平台打破了传统"一视同仁"的学习模式，强调个性化和差异化的学习，为学生提供了个性化的学习路径，既实现了"因材施教"的教育理念，又缓解了优质教育资源配置不均衡的问题。学生与学习平台的交互为学生的自主学习、合作探究学习、沉浸式学习等提供了便利，有助于培养学生的自主学习能力、解决问题能力、批判性思维等。通过学习平台，学生与老师、学生之间的互动实现了去中心化，在交互过程中形成了和谐、民主、平等的学习氛围。

本书设计并开发了以知识图谱为服务基础，以基于深度学习的动态学习者模型和推荐算法为服务核心的线上学习平台，旨在为学生提供实时、动态和智能化的服务，以满足学生个性化和差异化的学习需求。

人机互动主要包括以下几个方面的内容。

1）前测。前测是指在学生在线上自主学习之前，先用一些测试题来检测学生对知识点的掌握程度。同时，基于前测结果，学习平台能快速准确地判断学生对知识点的理解水平，了解其发展潜能，并根据其最近发展区，为学生推荐个性化的学习路径和学习内容

2）大体量的学习内容。基于学生个体之间的差异性，线上学习内容要多样化、丰富化和高品质化，以适应不同类型学生的需求。学习内容应涵盖所有需要学生掌握的学科内容，应表现出整体性的特点，不然容易造成知识碎片化的情况。学习内容也应尽量细化，并使各个知识点之间相互联系、相互贯通。

3）习题练习。在初步学习了知识点后，需要通过适当的练习题以加强对所学知识点的掌握。学习平台会针对不同的学习内容设置不同难度和不同类型的习题，

对学生的习题完成情况进行实时监测，并基于这些信息适时调整学生的学习内容和学习路径，以更智能化地引导学生进行个性化学习。

4）自学测试。自学测试是一种对学生自主学习知识点掌握情况的全面评估，是一种以综合方式对学生线上自主学习的成效进行评定的方法。根据自学测试的结果，学生可以对自身自主学习的方式和进度进行反思与调整，教师也可以适当调整教学设计，改进教学内容的深度与进度。

5）互动支持。学习平台能够支持师生之间、生生之间的交流、互动、共享与协作，促使学生在多维度互动中实现对知识的构建和思维能力的发展。

第四节　活动支持设计

一、学习资源

根据第四章中对学习资源的设计，本书将学习资源分为线上学习资源和线下学习资源。线上学习资源聚焦于事实、概念、原理、理论等事实性知识和概念性知识，帮助学生构建基本的知识结构；线下学习资源聚焦于具体问题或任务，强调解决实际问题，以促进学生对知识的深入理解和迁移应用。线上和线下学习资源相互衔接，从简单到复杂，从良构到劣构，体现学习的进阶，促进有效的认知构建。

（一）线上学习资源

"Python 程序语言设计"课程的线上学习资源是以教材为基础，立足于网络优质资源，按照从简单到复杂的学习进阶顺序组织编排的。线上学习资源包括多媒体课件、微课、测验题和扩展资料四个部分。该课程共收集、整合并开发了 38 个线上多媒体课件、76 节微课、53 套测验题和 35 套扩展资料，其在各学习单元的分布情况如表 5-3 所示。

表 5-3 线上学习资源分布情况统计

学习单元名称	线上多媒体课件（个）	微课（节）	测验题（套）	扩展资料（套）
第 1 章 Python 语言基础	6	9	6	1
第 2 章 选择与循环结构	4	6	3	2
第 3 章 Python 序列结构	5	12	8	3
第 4 章 函数	3	6	6	5
第 5 章 面向对象程序设计	4	8	7	6
第 6 章 文件操作	5	7	6	3
第 7 章 GUI 编程	4	10	7	5
第 8 章 网络编程和多线程	3	9	4	4
第 9 章 数据库编程	4	9	6	6
合计	38	76	53	35

1. 线上多媒体课件

该课程的线上多媒体课件是由教学团队自主设计开发的，与课程学习内容高度匹配。线上多媒体课件的设计与开发，主要依据的是梅耶提出的多媒体教学设计 10 条原则[1]，以此实现学生的意义学习。具体来说，在设计开发线上多媒体课件时要遵循如下原则：①聚焦要义原则，将课件中有趣但不相关的文字、声音、图像等内容删除；②提示结构原则，给学生提供学习提示，突出主要学习内容；③控制冗余原则，采用画面和画面的解说相结合的方式呈现学习内容，其学习成效优于采用画面、解说和文字三种方式相结合的呈现方式的效果；④空间临近原则，将画面和画面的描述文本相邻显示比将两者分开显示更有利于学生的学习；⑤时间临近原则，将画面和画面的解说同步展示比按顺序展示更有利于学生的学

---

[1] 毛伟，盛群力. 梅耶多媒体教学设计 10 条原则：依托媒体技术实现意义学习[J]. 现代远程教育研究，2017(1): 26-35.

习；⑥切块呈现原则，将学习内容分段展示而不是无间隔地展示更有利于学生的学习；⑦预先准备原则，学生如果对某些重要概念的名称、特点等有一定的了解，就能更好地掌握知识；⑧双重通道原则，学生通过画面和画面的解说相结合的方式学习的成效优于通过画面和画面的描述文本相结合的方式学习的成效；⑨多种媒体原则，学生通过文字和画面相结合的方式学习的成效优于单纯文字学习的成效；⑩个性显现、原音呈现、形象在屏原则，以对话的方式来呈现学习内容，可以使学生产生很强的社会存在感，提高他们的学习兴趣和学习投入度，从而达到更好的学习成效。

2. 微课

微课的"微"是指"短小精悍"，如视频时间短、学习时间短、课程容量小、教学内容精等。微课讲授的知识内容呈"点"状，具有碎片化特征，知识点可以是知识解读、问题探讨、重难点突破、要点归纳，也可以是学习方法、生活技巧等方面的知识讲解和展示[①]。微课能够满足学习者个性化、深度学习的需求，即可根据不同学习者的个性化需求灵活组织和推荐学习资源。目前网络上关于 Python 的微课学习资源非常丰富，学习者可以根据学习内容直接下载相关的优质资源。但是单节微课通常只能承载单个的、细小的知识点，而多节微课又会显得杂乱无章，由于知识点之间存在一定的关联性，微课间也必然存在关联性。因此，对于下载的微课，需要准确地刻画出微课的信息，并根据课程知识图谱建立微课之间的关联，从而帮助学生衔接各节微课，并为将其聚合成整个课程提供依据。

3. 测验题

测验题包括前测、习题练习和自学测试。在学生进行线上自主学习前，用 2—3 套测验题对学生的知识点掌握情况进行摸底测试，以此作为学习平台为学生推荐学习内容和学习路径的依据；在学生习得某个知识点后，用 2—3 套测验题来巩固知识点，以及检测学生对知识点的掌握情况；在学生自主学习完成后，用 8—10 套测验题对学生的自主学习效果进行综合评估，以便教师根据自学测试结果及时调整授课思路，改进教学内容的深度与进度。每套测验题的题量不大，以免学生产生厌烦情绪。测验题可以采用试题、问卷、作业、提问、讨论等多种形式，题

---

① 余胜泉，陈敏. 基于学习元平台的微课设计[J]. 开放教育研究，2014, 20(1): 100-110.

型可采用选择题、填空题、是非题、简答题、讨论题等。

4. 扩展资料

扩展资料是一种辅助资料，用以深化学生对所学内容的理解，提高其迁移应用的能力，其通常是与知识点相关的书籍、文献、视频、实例、软件和工具等。例如，在"第 7 章 GUI 编程"中，学生不仅要熟练使用 GUI 编程设计开发复杂的管理软件，还要掌握软件开发的知识，如软件开发的生命周期、软件体系结构等，这些知识作为拓展资源，供学生随时学习使用。

（二）线下学习资源

该课程的线下学习资源是以教材为基础，围绕核心知识点，任务驱动，促进学生进行合作探究学习。线下学习资源包括线下多媒体课件和学习任务。与线上学习资源相比，线下学习资源的设计更加注重对学生高阶思维能力的培养。

1. 线下多媒体课件

线下多媒体课件的风格与线上多媒体课件的风格统一，但是内容不同。线上多媒体课件主要指向事实性知识和概念性知识，线下多媒体课件主要指向程序性知识和元认知知识，聚焦于具体问题或任务，发展学生的高阶思维能力。因此，线下多媒体课件的主要内容包括提示学习任务、明确任务规则、精讲重难点知识、展示学习成果、成果迁移应用和总结提升等。

2. 学习任务

建构主义学习理论认为，学生的学习活动必须与任务和问题相结合，让学生带着真实的任务去学习，以探索问题来引导和维持学生的学习兴趣与动机[1]。因此，该课程的线下学习活动是以任务驱动的。任务驱动更偏重于实际操作的学[2]，以解决问题为目标，旨在提升学生的问题解决能力、批判性思维、创造性思维和团队协作能力。根据本章第三节的内容，学习任务设计时应遵循的要点如下：任务要具有真实性；任务要蕴含知识与技能；任务要具有层次性。该课程设计的学习任

---

[1] 牟琴, 谭良, 周雄峻. 基于计算思维的任务驱动式教学模式的研究[J]. 现代教育技术, 2011(6): 44-49.
[2] 敖谦, 刘华, 贾善德. 混合学习下"案例-任务"驱动教学模式研究[J]. 现代教育技术, 2013, 23(3): 122-126.

务是基于真实的情境，与学生的生活密切相关，并且蕴含着课程的大多数知识点，拓展学习任务以应用迁移为目的，帮助学生举一反三、触类旁通。部分学习任务设计如表 5-4 所示。

表 5-4　部分学习任务设计

学习单元名称	学习任务	拓展学习任务
第 1 章 Python 语言基础	任务 1：Python 蟒蛇绘制	拓展任务 1：圆形绘制、五角星绘制、机器猫绘制
第 2 章 选择与循环结构	任务 1：身体质量指数 BMI 任务 2：天天向上的力量	拓展任务 1：简单计算器编写 拓展任务 2：天天向上的力量举一反三
第 3 章 Python 序列结构	任务 1：摄氏华氏温度转换 任务 2：猜单词游戏	拓展任务 1：货币转换、长度转换、重量转换、面积转换 拓展任务 2：简单游戏开发
第 4 章 函数	任务 1：七段数码管绘制 任务 2：科赫曲线绘制	拓展任务 1：带倒计时效果的高级数码管绘制 拓展任务 2：龙形曲线、空间填充曲线绘制
第 5 章 面向对象程序设计	任务 1：学校成员统计 任务 2：扑克牌发牌游戏	拓展任务 1：学生信息统计、教师信息统计 拓展任务 2：棋牌类游戏模拟
第 6 章 文件操作	任务 1：英文词频统计 任务 2：《三国演义》人物出场统计	拓展任务 1：英文文献内容分析 拓展任务 2：科研论文、新闻报道词频统计
第 7 章 GUI 编程	任务 1：文本编辑器设计 任务 2：用户登录界面设计	拓展任务 1：画图程序、计算器、电子时钟设计 拓展任务 2：管理信息系统界面设计
第 8 章 网络编程和多线程	任务 1：服务器与客户端通信 任务 2：网络五子棋游戏	拓展任务 1：网络聊天程序 拓展任务 2：网络游戏模拟
第 9 章 数据库编程	任务 1：智力问答游戏 任务 2：学生信息管理系统	拓展任务 1：交互式游戏开发 拓展任务 2：管理信息系统开发

二、技术支持

结合本书第四章中对技术支持要素的设计，本书主要从课程知识图谱构建、学习者模型构建和学习平台设计与开发三个方面进行探讨。

（一）课程知识图谱构建

"Python 程序语言设计"课程知识图谱的构建主要包括课程知识图谱设计和课程知识图谱的半自动构建两个方面。

1. 课程知识图谱设计

该课程的知识图谱设计主要包括模式层和数据层两个方面。模式层设计涉及定义知识图谱的结构，包括实体类型、关系类型以及它们的属性，这为知识的组织提供了一种形式化的框架，确保了数据的一致性和可扩展性；数据层的设计直接影响到知识图谱的实用性、准确性和查询效率。模式层和数据层的综合设计是构建高效、准确和有用的课程知识图谱的基础，共同支持了知识图谱的语义完整性、查询优化和未来的可维护性。

（1）模式层设计

在构建课程知识图谱的模式层方面，首先，定义一系列的概念节点，这些节点涵盖 Python 编程的基本元素（如变量定义、数据类型、控制流语句）和更高级的概念（如面向对象编程、异常处理、文件操作），再扩展到特定领域的应用（如在数据科学或 Web 开发中的特定库和框架使用），这种分层的概念结构不仅提供了一个递进的学习路径，而且反映了从基础到高级、从通用到特定领域的知识深化过程。

其次，关系类型的定义对于构建概念之间的有意义联系至关重要。依赖关系指出了哪些基础概念是学习高级概念的前提，例如，理解类和对象是学习面向对象编程的基础，包含关系揭示了更大概念集中的子概念，如控制流语句包括循环和条件语句，应用关系则展示了特定概念如何在实际问题解决或特定领域中被利用，从而连接理论与实践。

在属性层面，每个概念都应附带详细的描述、示例代码、相关最佳实践、难度级别以及必要的先决条件，以提供全面的学习指导。同时，资源属性应连接到外部教学材料，如电子文档、多媒体课件和微课视频，为学习者提供丰富的参考资源。此外，元数据的设计涉及更新和维护信息的记录，如创建和最后更新日期、数据来源和作者信息，以及版本控制，以确保知识图谱的内容准确且反映了 Python 语言和生态系统的最新发展。

（2）数据层设计

在设计课程知识图谱的数据层时，需要考虑结构化、半结构化和非结构化数据的不同层次，以及如何有效地获取、处理这些数据。

结构化和半结构化数据主要涉及系统化、格式化的教学内容，如教科书、官方文档、在线课程的具体章节和知识点。这类数据通常具有明确的格式和组织结构，如数据库表格、逗号分隔值（comma-separated values，CSV）文件或应用程序编程接口（application programming interface，API）提供的数据。这类数据的主要获取来源包括官方 Python 文档、教育机构的课程材料和公开的教学数据库，处理这些数据通常涉及提取关键信息，如概念定义、代码示例、练习题及其解答，并将它们映射到知识图谱中相应的概念节点和关系上。

半结构化数据则处于结构化数据和非结构化数据之间，包括论坛帖子、博客文章、问答社区（如 Stack Overflow）的讨论等，这类数据虽然不像结构化数据那样有明确的格式，但仍具有一定的组织性，如标签、分类或一定的格式化部分。处理半结构化数据需要更复杂的方法，如使用自然语言处理（natural language processing，NLP）技术来提取关键信息和概念，以及采用文本分析方法来理解和分类讨论相应的内容。此外，非结构化数据还包括视频教程、演讲、开放式讨论和大量 Python 课程的非结构化文本数据等，这类数据通常没有固定的格式或组织结构。获取这些数据的途径包括在线教育平台、技术会议的演讲录像等。处理非结构化数据需要更先进的技术，如语音识别和视频内容分析技术，以提取出有用的文本信息，之后采用 NLP 技术进行进一步的分析和处理。

整个数据层的设计和实现需要考虑数据的完整性、准确性、时效性与相关性。不断地更新和维护数据是确保知识图谱反映最新知识和趋势的关键。此外，数据处理过程中还需考虑数据的清洗和标准化，以确保不同来源和格式的数据能够有效地融入知识图谱的统一结构中。通过这样的方法，课程知识图谱将成为一种动态、全面、深入的学习资源，适用于不同层次的学习者。

2. 课程知识图谱的半自动构建

通过对课程知识图谱模式层和数据层的构建，知识图谱构建的标准和规范得以明确。接下来，采用半自动化的构建方式，按照本体构建、课程知识抽取、隐藏知识挖掘的步骤实现知识图谱的构建。最后，使用 Neo4j 图数据库对生成的知识图谱进行存储。

（1）本体构建

本体构建是知识管理和信息科学领域的一个重要概念，主要用于创建一个结构化的框架，以描述某个特定领域的知识和信息。本体构建的主要目标是定义相关的实体（entities）、概念（concepts）、属性（attributes）和关系（relations），并以此来描绘这个领域内的知识体系。为了构建一个针对"Python 程序语言设计"课程的知识图谱，首先需要确定其实体、关系和属性，下面分别对这三个部分进行描述，并用表格的形式展示它们所包含的元素及其解释说明和示例。

在知识图谱中，实体是指那些可以被明确识别和区分的概念、对象或类别。在构建"Python 程序语言设计"课程的知识图谱时，实体通常指的是课程中的核心概念，如编程原理、数据结构、算法、编程语言特性等，这些实体构成了学习内容的基础，是知识体系中可单独讨论和理解的单位。例如，一个实体可以是Python 的基本语法规则，如变量、条件语句、循环结构等，或者是更高级的概念，如面向对象编程、函数式编程等。每个实体不仅代表了一个具体的概念或技术，也承载了该概念的详细信息，如定义、特点、功能、应用场景等。知识图谱中的实体及其说明如表 5-5 所示。

表 5-5　知识图谱中的实体及其说明

实体名称	解释说明	示例
基础概念	Python 的基本语法和编程原则	变量定义、数据类型
数据类型	Python 支持的不同数据类型	整数（int）、字符串（str）
控制结构	用于控制程序流程的结构	if 语句、for 循环
函数	代码重用的基本单元	定义函数、函数调用
面向对象编程	一种程序设计范式，侧重于对象和类	类（class）、对象（object）
库和框架	提供预编写代码和工具的集合	数值计算库（NumPy）、Web 框架（Django）
高级主题	更复杂的编程概念和技术	并发编程、机器学习

关系是连接两个或多个实体的桥梁，用于表示实体之间的逻辑联系或相互作

用。在"Python 程序语言设计"课程的知识图谱中，关系揭示了不同编程概念之间的依赖、相互作用或层次结构。例如，一个基础的"数据类型"实体可能与"变量声明"实体有着"依赖"关系，表示在学习变量声明之前，需要先理解数据类型。关系还可以是"包含"关系，例如，"面向对象编程"实体可能包含"类定义"和"继承"等子实体。这些关系不仅有助于理解不同概念之间的联系，也有助于构建一个结构化和层次化的学习路径。知识图谱中的关系及其说明如表 5-6 所示。

表 5-6　知识图谱中的关系及其说明

关系类型	解释说明	示例
依赖	一个实体依赖于另一个实体的知识	"控制结构"依赖于"基础概念"
包含	一个实体包含另一个实体	"函数"包含"控制结构"
扩展	一个实体在另一个实体的基础上进行扩展	"面向对象编程"扩展了"基础概念"

属性是附加在实体或关系上的信息，描述了实体或关系的特定特征或细节。在"Python 程序语言设计"课程的知识图谱中，属性可以提供关于实体或关系的额外信息，如定义、应用场景或重要性。例如，一个"循环结构"实体的属性可能包括其定义（重复执行一组语句的编程结构）、应用场景（如遍历列表中的每个元素）和重要性（它在控制程序流程中的角色）。属性使知识图谱更加丰富和详细，有助于个体深入理解每个概念的细节以及它们在编程和软件开发中的应用。知识图谱中的属性及其说明如表 5-7 所示。

表 5-7　知识图谱中的属性及其说明

属性名称	解释说明	示例
定义	说明实体或关系的基本概念	"函数"的定义：一段可重复使用的代码块
应用场景	实体或关系在实际编程中的使用情况	"库和框架"在 Web 开发、科学计算中的应用
重要性	表明实体或关系在整个课程中的重要程度	"基础概念"的重要性：构成编程基础

（2）课程知识抽取

对于课程知识图谱，结构化、半结构化数据的来源通常是教育数据库、在线教育平台、教科书、课程大纲和百科资源等。这些数据源包含关于"Python 程序语言设计"课程的详细信息，如章节标题、关键概念、学习目标和参考资料等，都是以表格、列表或明确的数据格式呈现的。本部分选取了京东、当当等图书及网络上的"Python 程序语言设计"课程资源，如菜鸟教程和相关的百科知识，使用基于 scrapy 的爬虫技术爬取其目录作为结构化数据。对于类似于目录结构及百科知识的结构化和半结构化数据，其结构天然即为知识图谱三元组的格式，因此依据本体构建，直接将此类数据转换成知识图谱的三元组数据。

非结构化数据的来源可能包括网页、论坛帖子、在线问答平台和社交媒体等，这些数据源通常包含丰富的用户生成内容，如讨论帖、问题解答和编程示例，这些内容反映了学习者实际的学习和应用情况，对于构建知识图谱尤为宝贵。获取非结构化数据仍通过网络爬虫技术实现。编写爬虫程序以自动访问特定网站或论坛，并提取相关的文本信息，预处理这些数据时，解析超文本标记语言（hyper text markup language，HTML）来提取有价值的信息，识别和提取关键词、分类和组织文本内容，以及清洗无关信息（如广告和无用链接）。在非结构化数据中，抽取知识图谱的三元组涉及更复杂的文本处理技术：首先，应用 NLP 技术来分析文本，提取出关键词和短语作为潜在的实体和属性；其次，通过语义分析和关系抽取技术来确定这些实体和属性之间的关系。

对于非结构化的文本数据，本部分使用 KeyBERT 作为关键词提取算法。KeyBERT 利用 BERT 模型中的深度学习模型来生成文本的语义表示，并从中提取关键词。不同于传统的基于统计的方法，KeyBERT 侧重于理解文本的深层次语义，其核心在于使用 BERT 模型来获取文本段落或句子的高维语义向量表示，然后，它通过计算这些表示与文档中单词或短语的向量表示之间的相似性来提取关键词。

首先，计算给定的文档 $T=[w_1, w_2, \cdots, w_n]$ 的向量表示，对于其中的词 $w_i(i=1,2,\cdots,n)$，使用 BERT 模型将每个词转换为向量 v_i，BERT 模型内部使用的是 Transformer 架构，它可以捕捉词的上下文相关信息；通过对所有词向量 v_i 进行平均或加权平均来获得文本 T 的文档向量表示 V_D。

其次，通过余弦相似性衡量文档向量与潜在关键词向量之间的相似度，对于文档向量和关键词向量，余弦相似度定义为：

$$\text{similarity}(V_D, V_K) = \frac{V_D \cdot V_K}{\|V_D\| \|V_K\|} \tag{5-1}$$

其中，$V_D \cdot V_K$ 是两个向量的点积，而 $\|V_D\|$ 和 $\|V_K\|$ 分别是它们的欧几里得范数。

最后，对于每个潜在关键词向量 V_K，计算它与文档向量 V_D 的相似性分数，选择相似性分数最高的几个词或短语作为关键词，并将其作为知识中的实体。

在从"Python 程序语言设计"课程的相关非结构化文本资料中提取关键词之后，下一步是使用语义分析和关系抽取技术来确定这些实体（关键词）和属性之间的关系，从而构建知识图谱的三元组。这个过程中会使用到复杂的 NLP 技术，特别是依存句法分析和关系抽取技术。

依存句法分析是用于理解句子结构和单词之间依存关系的一种方法，在这个过程中，句子被表示为一个依存树，其中每个节点是一个词，每条边代表词之间的依存关系。对于给定的句子 $S = [w_1, w_2, \cdots, w_n]$，其中 w_i 表示句子中的第 i 个词，i 的取值范围是 1—n，使用 BERT 模型将每个词的 s_i 转换为向量 v_i。然后使用基于深度学习的模型进行依存句法分析，以识别句子中词之间的依存关系。假设 $V = [v_1, v_2, \cdots, v_n]$ 是句子的向量表示，使用依存句法分析工具——斯坦福句法分析器（Stanford Parser）来预测依存关系，对于句子中的每对词 (s_i, s_j)，计算其依存关系概率并构建句子的依存树，基于此，提取关键信息作为知识图谱的三元组，三元组一般形式为（实体1，关系，实体2），如（"变量","是","Python 中的基本概念"），这一步可以通过分析词汇之间的语法依赖关系和词性来实现。

通过以上这些步骤，我们可以从文本中提取出实体之间的语义关系，形成知识图谱中的三元组。例如，对于句子"变量用于存储数据"，可以提取出实体"变量"和"数据"，以及它们之间的关系"用于"。这种方法可以帮助学习者揭示不同编程概念之间的复杂关系，为学习者提供更深入、更系统的学习路径。

（3）隐藏知识挖掘

隐藏知识挖掘是指从现有的知识图谱中推断出新的、未明确表达的知识，在"Python 程序语言设计"课程知识图谱的背景下，这通常意味着从已有的三元组（实体1，关系，实体2）中推导出新的三元组。

对于"Python 程序语言设计"课程知识图谱，首先，对知识图谱中的三元组数据进行整理和预处理，包括确保实体和关系的名称统一化，去除重复数据，对数据进行格式化以便于处理；对数据进行必要的清洗，如修正错误、标准化实体名称等；将数据转换为适合机器学习模型处理的格式，如将文本转换为数值表示。

其次，对于三元组数据，使用嵌入技术将实体和关系映射到连续向量空间中，本部分使用的是最经典的 TransE 模型，它将每个关系视为实体间的平移，使得对于一个有效的三元组 (h,r,t)，其嵌入应满足 $h+r \approx t$，其中，h、r、t 分别为头实体、关系和尾实体的嵌入向量；在 TransE 模型中，每个实体和关系被表示为低维空间中的一个向量，该模型的目标是学习这样的向量表示，使得对于每个有效的三元组 (h,r,t)，$h+r$ 与 t 尽可能接近。通过这种方式，该模型学习将相关实体和关系表示为向量形式。

使用连接预测策略来挖掘"Python 程序语言设计"课程知识图谱中的新三元组，连接预测的主要目标是预测两个实体之间可能存在的关系，即预测缺失的边或根据任意一实体和关系，推断出缺失的另一实体。对于每个已知实体对，生成可能的关系作为候选三元组。例如，给定实体"A"和"B"，TransE 模型会评估所有可能的关系"R"，形成候选三元组"A，R，B"。使用训练好的 TransE 嵌入模型为每个候选三元组打分，分数反映了该三元组存在的可能性；分数可以基于实体和关系的向量表示来计算，例如，通过计算头实体和尾实体向量之和与关系向量的相似度，根据得分对所有候选三元组进行排序，选择得分最高的三元组作为预测结果。最后，对预测出的三元组进行后处理，消除重复的三元组、与现有知识进行比对，以确保逻辑一致性和真实性。

最后，对预测出的三元组进行验证，确保它们在逻辑上是可行的，并且不与现有知识矛盾。使用启发式规则、已知事实或领域专家的知识进行人工验证，以排除不合理或不准确的推断，并将验证后的新三元组融入现有的知识图谱中，从而丰富和扩展知识库。

（4）基于 Neo4j 的知识存储

Neo4j 是一个基于 Java 的图数据库管理系统。对于课程知识图谱的存储，设计图数据库模式是一个关键步骤，涉及确定图中的节点（node）和关系（relationship）的结构；在课程知识图谱的上下文中，节点可以代表概念、类别、函数等，而关系则描述了这些实体之间的联系，如"属于""使用"等。此外，每个节点和关系可以有多个属性（property），如名称、描述等，此阶段的目标是创建一个既能准确反映"Python 程序语言设计"课程内容，又能优化查询效率的图结构。

数据导入阶段涉及将现有的知识图谱数据转换为 Neo4j 支持的格式，将三元组数据存入 CSV 文件并通过 Cypher 查询语言实现。Cypher 是 Neo4j 的声明式图查询语言，用于描述图数据的创建、查询和更新操作。此步骤中，编写 Cypher 脚本来逐一创建节点和关系。Python 知识图谱可视化示例如图 5-1 所示。

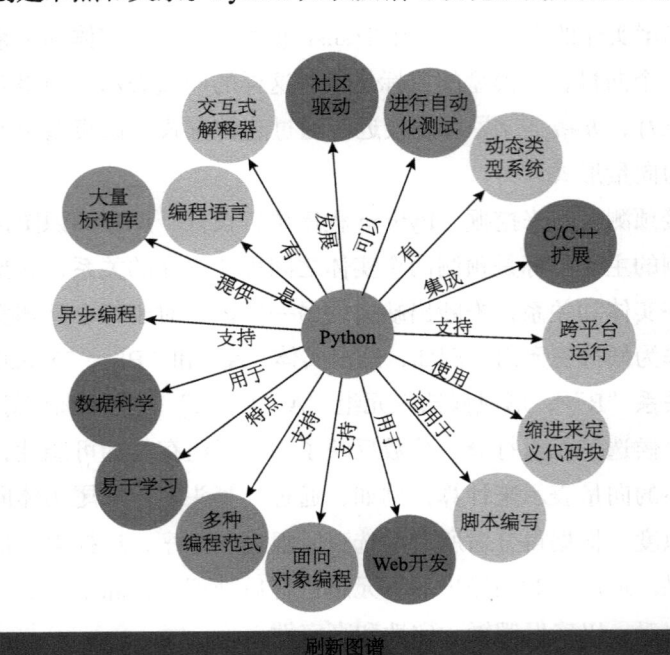

图 5-1　Python 知识图谱可视化示例

（二）学习者模型构建

为了充分利用所构建的知识图谱，本书利用深度学习技术建立动态感知的学习者模型，基于深度学习的动态学习者模型，将一个学生的各种信息和学习记录转化为一组可用于认知诊断、学习资源推荐等下游任务的向量，实现对学习者的统一表征。动态学习者模型将学习者的信息分为人口学特征（demographic feature）、学习者在知识图谱上的知识路径特征（knowledge path feature）、内容记录特征（content record feature）、学习风格特征（learning style feature）。动态学习者模型对四类特征分别采用图 5-2 中不同的处理方法，最终组织成一组稠密的向量表示，以实现对学习者的表征。其实现路径包括基于知识图谱游走路径的深度知识追踪、基于深度学习的学习者认知诊断、基于深度学习的学习风格预测。

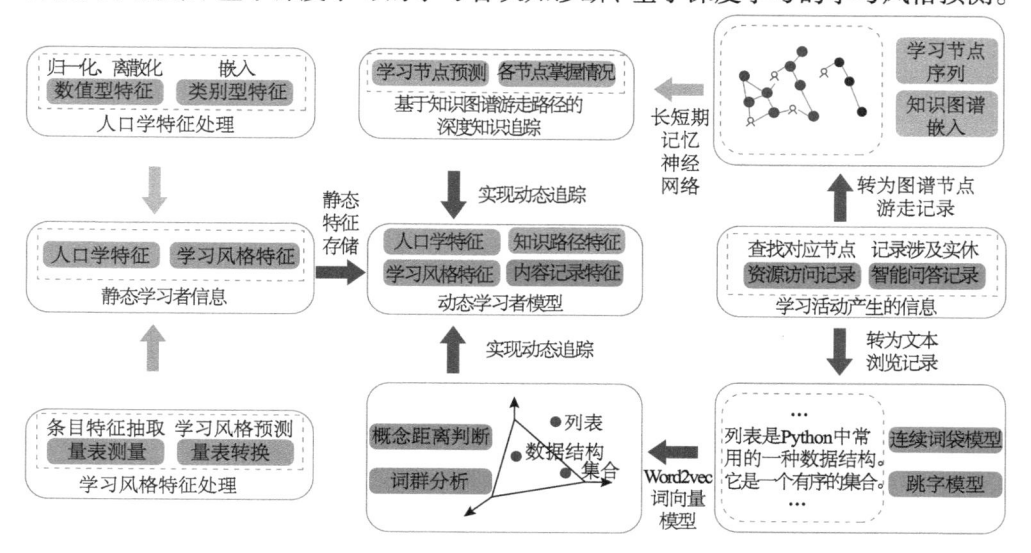

图 5-2 动态学习者模型原型设计

1. 基于知识图谱游走路径的深度知识追踪

得益于知识图谱的建立，知识点和各学习资源被有序组织起来。在建立好的知识图谱当中，各个材料本身成为图谱中的各个节点，同时每个材料又隶属于具体的知识点节点。学习者学习的过程是与各学习材料进行交互的过程，因此可将学习者的学习过程视作在知识图谱上各个节点的游走过程，根据学习者对节点的学习表现，为每个节点标注积极或消极。基于这种思想，每个学习者可得到一个学习者的学习节点序列（student's graph path），该序列也是涉及知识点的路径。研究者可将课程知识图谱中的节点嵌入信息送入一个长短期记忆（long short-term memory，LSTM）神经网络中，用以预测其他学习节点的掌握情况，其实现方式如图 5-3 所示。与常规知识追踪模型相同，首先对学习者的做题序列进行提取，并且记录该题目的作答情况，其次对习题进行独热（one-hot）编码。此时由于作答情况可能出现"答对""答错"两种情况，每个习题将会有两个独热编码。获取编码后再通过一个嵌入层将其转换为稠密的向量表示。为了利用课程知识图谱信息，提取每个习题对应的知识点，利用 TransE 学习知识节点的图嵌入，再将习题的稠密向量表示与图嵌入进行拼接，每个 LSTM 时间步的输入即为该拼接的结果，由此实现了每次输入习题时都能附加知识点的节点嵌入信息。LSTM 每个时间步的输出通过多层神经网络后进入 Softmax 输出层，从而预测其他习题的正确率，最终实现知识追踪。

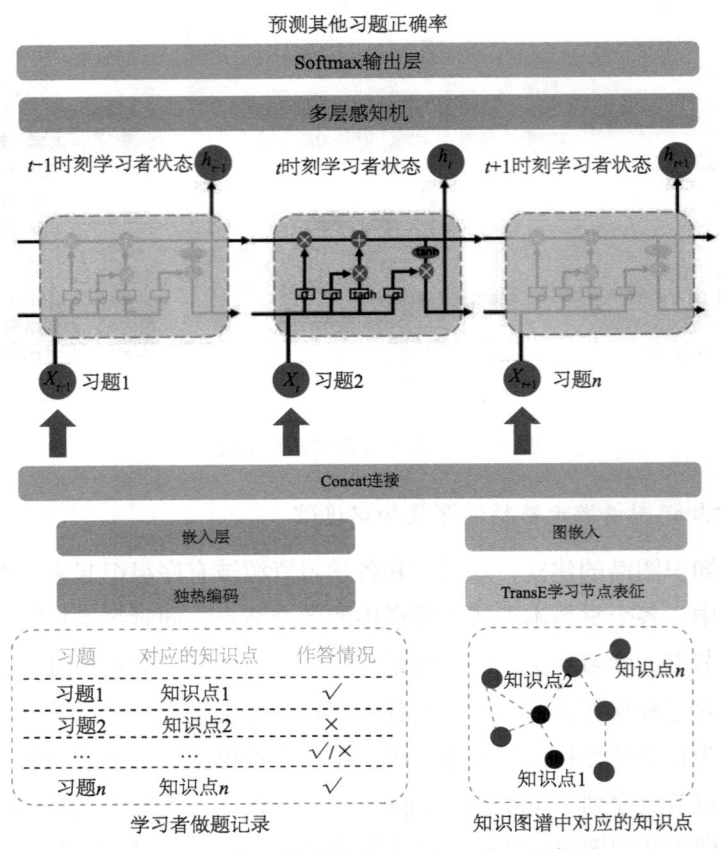

图 5-3 基于游走路径的 LSTM 输入示意图

2. 基于深度学习的学习者认知诊断

基于知识图谱的游走路径的深度知识追踪实现了资源节点级的知识追踪，由于将资源抽象为了图谱中的节点，资源本身的内容信息丢失，研究者提出了一种基于深度学习的学习者认知诊断方法。该方法的目的是预测学习者过去阅读材料中各概念的关联程度，其核心思想是将学习者所学习和浏览的文本内容记录下来，对文字中的共现信息进行记录，以反映当前学习者所学习到各种概念之间的联系程度。认知诊断采用的方法是将学习者浏览的文本内容进行去除介词与无用词等预处理，再将语料分别按照跳字（skip-gram）模型和连续词袋模型（continuous bag of word model，CBOW）生成样本及标签，使用神经网络训练该批语料，则学习者将产生一组词向量，该组词向量代表学习者当前阅读材料中的概念关系。由于不同学习者阅读的内容不同，学习者所学习到的词嵌入亦具备不同特性，各概念会随着学习者阅读材料的不断增加而逐渐建立彼此的联系，从而实现动态追踪的效果。词向量嵌入之间的关联代表了学习者学习后各种概念之间的联系，如图5-4所示。

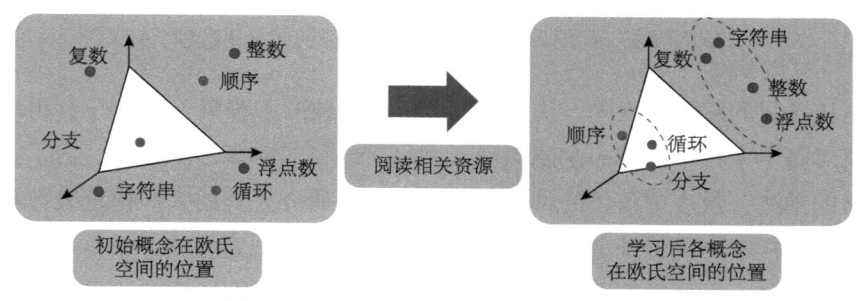

图5-4　词向量随学习过程变化的示意图

3. 基于深度学习的学习风格预测

学习风格是指学习者在学习过程中的偏好和倾向。学习者学习风格类型的确定是通过学习风格量表测量得到的，这些量表使用的评价指标包括被试者感受、反应及认同程度等。为了将学习者的人口学特征与学习风格量表的关系关联起来，学习风格预测需要对学习风格和人口学特征进行向量表示，如图5-5所示。

学习风格预测的具体方法为：首先，学习者人口学特征归纳为数值型特征（numeric feature）和类别型特征（categorical feature）。数值型特征可较好地被神经网络处理，离散值则通过嵌入层（Embedding）进行嵌入，使之成为更好利用的稠密的向量表示形式。其次，对量表中的各条目进行向量表示，基于格拉沙-赖克曼（Grasha-Reichmann）的学习风格量表[1]，提取各项条目，将每个条目及学

---

[1] Grasha, T. Teaching with Style: A Practical Guide to Enhancing Learning by Understanding Teaching and Learning Styles[M]. San Bernadino: Allicance Publishers, 1996: 3-20.

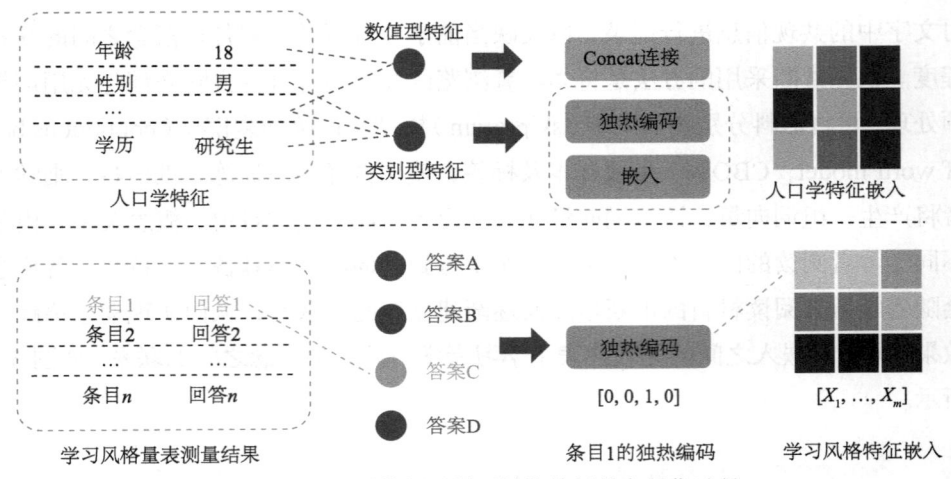

图 5-5　人口学特征及学习风格特征的向量化过程

习者对该条目的感受、反应、认同程度分解成单独的字符串（token），再用因子分解机对每个字符串生成一个隐向量，则每个条目对应多个隐向量。为了实现学习风格的预测，量表中条目的特征学习是以其他研究公开的大规模量表数据库提供的量表为样本，以传统方式计算出的量表的风格类型为标签，学习得到每个字符串的隐向量，在这种情况下通过少量条目就可进行学习风格的测量。最后，采用迁移学习技术，将学习风格特征与人口学特征作为输入，将传统方式计算的学习风格类型作为标签，共同输入 Wide & Deep 特征交叉模型网络中进行人口学特征向量的生成，从而实现人口学特征与学习风格的关联和预测。

（三）学习平台设计与开发

学习平台的设计与开发以知识图谱为服务基础，以基于深度学习的动态学习者模型和推荐算法为服务核心。在线学习平台自下向上由数据层、控制层和应用层三个部分组成，如图 5-6 所示。数据层主要由资源模型库与动态学习者模型构成，其中资源模型库包含线上多媒体课件、微课、测验题和扩展资料；动态学习者模型主要是将学习者的信息分为人口学特征、图谱路径特征、学习风格特征、内容记录特征共四类；控制层主要包括学习者画像、学习路径、学习评价三个方面；应用层主要包括在线学习、学习资源推荐、知识图谱可视化和学习者模型可视化四个功能。

图 5-6　学习平台结构

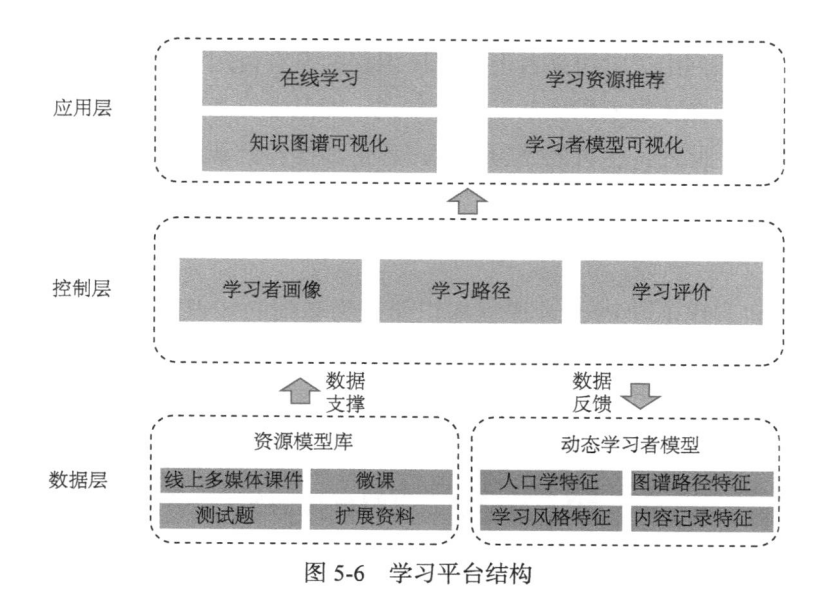

1. 在线学习功能

学习平台的在线学习功能主要是支持学生对线上多媒体课件、微课、测验题、扩展资料等线上学习资源的学习，其主页面如图 5-7 所示。

图 5-7　在线学习功能的主页面

在线学习主页面作为学习内容组织的架构，提供了一个综合的、可搜索的课程数据库，详细列出了学习平台上关于该课程的所有可用资源，包括课程章节等信息。主页面的课程列表采用动态更新方式，确保学习者能随时访问最新、最相关的学习资源。此外，主页面还包含用户评价和推荐，帮助学习者做出知情的课程选择。

2. 知识图谱可视化

学习平台实现了以 Python 课程知识图谱为基础的知识图谱可视化功能，如图 5-8 所示。

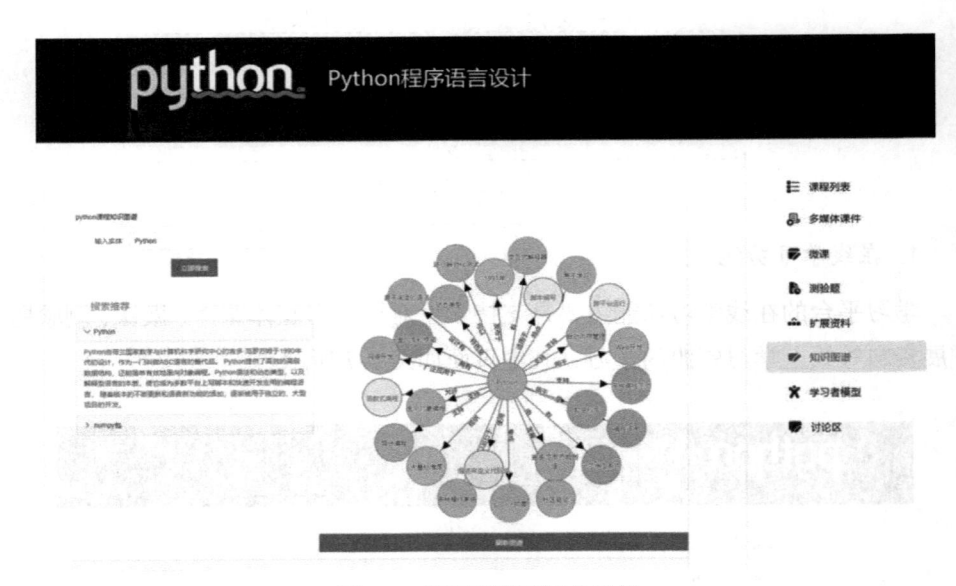

图 5-8　知识图谱可视化示例

在构建 Python 课程知识图谱时，选择 Neo4j 作为数据库管理系统，这是由于 Neo4j 的优势在于其具有高效的图数据处理能力，特别是在表示复杂的关系和模式匹配查询方面，其图数据库的结构天然适合于存储和处理复杂的知识图谱。在这个环境中，Python 的各个概念、库、框架和 API 等都被视为图中的节点，而这些节点之间的关系则被视为图的边。例如，一个 Python 库（如 NumPy）可以作为一个节点，而它与 Python 科学计算领域的关系则构成边，Neo4j 的 Cypher 查询语言为这种类型的数据提供了强大的查询和分析能力，使得从庞大的数据集中提取有价值的信息成为可能，通过 Cypher 查询语言建立数据模型，涉及定义节点（如

Python 的库、框架）和边（如库之间的依赖关系）。此外，Neo4j 的原子性（atomicity）、一致性（consistency）、隔离性（isolation）和持久性（durability）确保了数据的可靠性，而其图算法库则为高级图分析提供了强有力的工具。为了实现数据的导入机制，将 Python 知识域的数据有效地转换并存储到 Neo4j 中，实现了一个定制的数据同步机制，允许从外部数据源（如公开的 Python 库信息）定期更新图谱数据。为了提高查询性能，学习平台对关键属性和关系建立索引，使用 Neo4j 的原生索引功能，利用 Neo4j 的内置图算法，如最短路径和社区检测等，以提供高级分析功能。

知识图谱可视化是用户与 Python 课程知识图谱交互的直接界面。在这一部分中，使用 JavaScript 和 D3.js 来实现复杂的图形界面和交互功能。D3.js 是一个强大的 JavaScript 库，专门用于数据的可视化。在知识图谱可视化中，D3.js 用于绘制知识图谱，展示节点和边的细节，并实现图谱的动态特性，如缩放、拖动、高亮显示等。通过 D3.js，抽象的数据可被转换为直观、交互式的图形，用户能够直观地理解 Python 知识领域的结构和内容。D3.js 的数据绑定机制使得图谱动态更新成为可能，例如，当后端数据更新时，图谱可以实时反映这些变化。此外，D3.js 还实现了工具提示（tooltip）和缩放功能，以增强用户的交互体验。

实体查询功能允许用户基于特定的实体（如 Python 库或 API）来查询相关的知识图谱。在知识图谱可视化功能中，本书设计了一个交互式的查询界面，用户可以通过输入框输入查询关键词或通过下拉菜单选择预定义的实体。查询功能的实现依赖于 JavaScript 的事件监听器来捕捉用户的查询请求，当请求发生时，使用异步 JavaScript（asynchronous JavaScript）和可扩展标记语言（extensible markup language，XML）技术向后端发送超文本传输协议（hypertext transfer protocol，HTTP）请求，后端接收到请求后，通过 Neo4j 的 Cypher 查询语言处理这些参数，执行相应的图数据库查询，查询结果通过一种轻量级的数据交换格式 JSON（JavaScript object notation）返回给前端，JavaScript 随后解析这些数据并使用 D3.js 动态更新图谱展示，以反映查询结果，这一过程中，前端还实现了加载动画的展示功能，以提升用户等待时的体验。此外，查询结果的展示不仅限于图谱更新，还包括相关信息的列表展示，如实体的详细描述、相关链接等，这些都是通过动态生成 HTML 元素来实现的。通过这种方式，实体查询功能为用户提供了一种直观、动态的方式来探索 Python 学科领域的丰富内容。

3. 学习者模型可视化

在构建了学习者模型后，为向学生展示模型，学习平台中设计了学习者模型可视化功能。该功能主要将学生的知识点掌握情况、知识点路径、学习风格和高阶思维能力四个方面的情况以可视化的方式呈现出来。

（1）知识点掌握情况可视化

知识点掌握情况可视化是指以表格和图像的形式呈现学习者对各个知识点的掌握情况，将学习者在各个知识点上的表现以及整体掌握情况在界面进行展示。该功能可以让学习者清楚地认识到自己对哪些知识点的掌握不牢固，帮助学习者有针对性地调整学习计划，集中精力加强对这些知识点的理解和掌握，减少时间浪费，提高学习效率。同时，学习者借助学习平台可以了解自己对各个知识点的掌握情况，这有助于学习者培养自主学习能力，并逐步发展独立思考和解决问题的能力。

（2）知识点路径可视化

知识点路径可视化呈现了学习者学习知识点的先后顺序。分析该路径能够很好地捕捉学习者的学习轨迹和顺序，有助于学习者了解自身的学习历程，发现可能存在的学习障碍和学习瓶颈。当某位学习者在某些知识点上长时间停滞不前时，这可能意味着他正面临着难以克服的难题或者在概念理解上遇到困难。知识点路径提供了一个更加透明的学习进程，有助于学习者了解自己的学习历程，促进学习者更高效、更深入地掌握知识，提高学习效率。

（3）学习风格可视化

学习风格可视化主要用环形图来展示学习者的学习风格类型。符合学习者的学习风格类型被突出展示。该环形图内容会根据学习者的变化和学习过程实时更新，便于学习者对自己的学习风格有一定的自我认知，使学习者更容易找到适合自己的学习方法和资源，更好地认识自己的优势和弱点，从而更好地规划个人发展路径。

（4）高阶思维能力可视化

高阶思维能力可视化是采用雷达图展示学习者的高阶思维能力水平。通过课前对学习者的高阶思维能力进行前测，前测结果以雷达图的形式进行展示。雷达图提供了一种清晰直观的方式来展示学生在不同能力维度上的水平，使学生一目了然地了解自身的高阶思维能力情况，学习者可以根据雷达图中的弱项来制定个人目标和提升计划。

4. 学习资源推荐

学习资源推荐功能主要包括学习资源推荐算法的实现和学习资源推荐的应用两个部分。

（1）学习资源推荐算法的实现

为了实现系统内用户对资源的个性化选择，有效解决当前学习资源推荐方法准确率低、特征挖掘能力差的问题，更好地满足学习者个性化的教育资源需求，本书提出了基于场因子分解的学习资源推荐方法，以为用户推荐资源[①]。该方法是一种基于用户场-项目场进行二阶特征交叉的方法，使用该方法能够增强隐向量的表达能力，提升二阶特征的预测性能，在此基础上再使用两个交叉压缩网络组合的方式学习不同场下的高阶特征，同时配合深度神经网络（deep neural network，DNN）学习的高阶特征进行有效的高阶特征交互，从而提升推荐方法的准确率。

（2）学习资源推荐的应用

学习资源推荐在具体的应用方面主要有微课资源推荐、测试题资源推荐、扩展资料推荐三个方面。

1）微课资源推荐。微课涵盖了课程的相关知识点和技能讲解。通过个性化学习资源推荐模型，系统可以根据学习者的兴趣、学习目标、学习路径等信息，分析学习者的学习倾向，并推荐适合学习者的微课资源。例如，如果学习者在Python编程的标准化输出方面有不懂的地方，系统可以推荐Python相关的微课视频，帮助学习者理解和掌握对应知识。

2）测试题资源推荐。测试题是学习过程中的重要组成部分，可以帮助学习者巩固知识、检测学习效果。个性化学习资源推荐模型可以根据学习者的学习进度、知识点掌握情况等信息，推荐适合学习者的测试题。系统可以根据学习者的学习情况，发现和弥补学习中的薄弱环节，在课后推荐适当难度的测试题，帮助学习者巩固知识。

3）扩展资料推荐。扩展资料包括课外阅读、技术论文、案例分析等，可以帮

[①] 李子杰，张姝，欧阳昭相等. 基于场因子分解的xDeepFM推荐模型[J]. 应用科学学报，2024, 42(3): 513-524.

助学习者深入理解和应用所学知识。个性化学习资源推荐模型可以根据学习者的学习偏好、学习目标等信息，推荐适合学习者的扩展资料。系统可以根据学习者的兴趣和需求，向其推荐相关领域的经典书籍、学术期刊文章等，帮助学习者进一步拓宽知识面，提升综合能力。

第五节　学习评价设计

在传统课堂教学中，学习评价主要以学生的期末考试成绩作为评价依据，这种评价方式是片面的，忽略了对学生学习过程的评价，是一种静态的评价方式。而混合学习评价不仅关注学生的学习结果，更关注学生线上、线下学习的全过程，是一种动态的评价方式。这种评价方式既要考查学生的线上自主学习情况，也要考查学生的线下合作探究情况，还要考查学生的知识掌握、思维能力发展和情感体验情况。基于混合学习技术支持的特点，线上学习平台可跟踪和记录学生学习的全过程，包括学生观看线上多媒体课件和微课视频时长、查阅拓展材料情况、完成测验题情况和讨论区互动情况等，为过程性评价提供了依据。本书的学习评价采用诊断性评价、形成性评价和总结性评价相结合，教师评价、自我评价、同伴评价和机器评价相结合的方式，形成了线上和线下学习过程表现、知识掌握、高阶思维发展、情感体验并进的多元评价方案，以全面了解学生的学习情况。

一、过程表现与知识掌握评价

根据混合学习评价的特点，"Python 程序语言设计"课程中的过程表现与知识掌握评价方案包含 9 个评价指标，过程表现与知识掌握的成绩各占 50%，以尽可能体现过程与结果并重的多元学习评价设计，如表 5-8 所示。

表 5-8 过程表现与知识掌握评价方案

维度		评价指标	成绩占比(%)	计分方法与评价方式
过程表现	线上	观看视频时长	10	完成课程要求的视频学习，学习平台评价
		参与讨论	10	在讨论区发帖达到10条，学习平台评价
		查阅拓展材料次数	5	浏览拓展材料次数达到5次，学习平台评价
过程表现	线下	考勤	5	课堂出勤率，缺席1次扣1分，共5分
		课堂表现	10	学生主动发言，1次计1分，共10分
		参与小组活动	10	参与小组活动的表现，自我评价和同伴评价
知识掌握		测试题	10	线上测试成绩，学习平台评价
		编程作品	20	编程作品完成和展示情况，同伴评价和教师评价
		期末成绩	20	学生期末考试成绩

（一）过程表现评价

该课程的过程表现评价分为线上和线下两个部分，线上评价主要以学习平台评价为主，线下评价通过教师评价、自我评价和同伴评价相结合的方式进行。

线上过程表现评价包括三个评价指标：①观看视频时长，用于考查学生的线上自主学习情况，学习平台根据学生观看线上多媒体课件和微课视频的记录自动计分；②参与讨论，用于考查学生参与交流互动的情况，学生需要在讨论区针对教师或同学发布的讨论主题进行有效回复，灌水帖不计成绩；③查阅拓展材料次数，用于考查学生的学习拓展情况，学生需要有效浏览拓展材料，刷材料的不计成绩。

线下过程表现评价也包括三个评价指标：①考勤，用于保障学生的出勤率，缺席1次扣1分，根据Y大学的教学管理文件规定，无故缺席3次以上者，课程成绩计为0分；②课堂表现，用于调动学生课程参与的积极性，学生主动发言，主动提出问题或表达自己的意见，1次发言计1分；③参与小组活动，用于考查学生在小组中的参与度和贡献度等，以学生自我评价和同伴评价的方式进行评价，评价量表如表5-9所示。

表 5-9　学生参与小组活动评价量表

参与小组活动的表现	评价等级			
	差	中	良	优
1. 与其他同学交流与合作	1	2	3	4
2. 认真听取其他同学的意见	1	2	3	4
3. 表达个人观点和意见	1	2	3	4
4. 与其他同学一起制定计划	1	2	3	4
5. 与其他同学一道完成任务	1	2	3	4
6. 在活动中帮助其他同学	1	2	3	4
7. 接受和完成个人的责任	1	2	3	4
8. 辨别小组内部的相同与不相同的意见	1	2	3	4
9. 促进小组成员之间的合作	1	2	3	4
10. 与其他同学分享学习成果	1	2	3	4

（二）知识掌握评价

本课程的知识掌握评价包括三个评价指标：①测试题，用于考查学生线上自主学习的知识掌握情况，学习平台根据学生完成线上测试的成绩自动计分；②编程作品，用于考查学生对课程知识的综合应用能力和展示表述作品的能力，以同伴评价和教师评价的方式进行评价，同伴评价和教师评价各占 50%，评价量表如表 5-10 所示；③期末成绩，用于考查学生对整门课程的知识掌握情况，考题覆盖课程教学大纲要求的 90% 以上。

表 5-10　学生编程作品评价量表

项目	标准表述	分值（分）	得分
功能性（20 分）	选取的主题明确，功能完整	10	
	程序结构合理，能实现所需的功能	10	
技术性（20 分）	程序对各种语句、函数、模块的运用准确、合理	10	
	程序能正确运行，无异常	10	
代码质量（20 分）	代码规范，注释准确，可读性强	10	
	代码结构清晰，可维护性强	10	

续表

项目	标准表述	分值（分）	得分
创造性（20分）	主题新颖，构思独特，设计巧妙	10	
	编程技巧或算法具有一定的创新性	10	
展示和答辩（20分）	汇报者语言技巧处理得当，能清晰表述作品内容	10	
	汇报者能清楚、正确回答他人的提问	10	

二、高阶思维发展评价

为了检测高阶思维导向的大学生混合学习设计是否有助于发展学习者的高阶思维，本书设计了高阶思维量表，以此来评价学生高阶思维的发展情况。根据本书对高阶思维的界定，参考国内外关于问题解决能力、批判性思维、创造性思维和团队协作能力四种思维能力的成熟量表，包括问题解决量表（problem solving inventory，PSI）、加利福尼亚批判性思维倾向测验量表（California critical thinking disposition inventory，CCTDI）、批判性思维倾向量表-中文版（critical thinking disposition inventory-Chinese version，CTDI-CV）、尤金创造力测试（Eugene creativity test）、团队合作评估工具（teamwork assessment tool，TWAT），本书修订和编制了高阶思维量表（附录2）。量表包括四个维度，共16个题项。题项统一采用利克特五点计分形式，从"非常不同意"到"非常同意"分别计为1—5分。利用SPSS对量表进行信效度检验，其中，总量表的 α 系数为0.952，各个维度的 α 系数为0.873—0.923，说明该量表具有良好的信度；总量表的KMO值为0.921，各个维度的KMO值为0.817—0.857，且 $p=0.000$，说明该量表的建构效度良好。本书使用该量表来评价学生的高阶思维发展情况。

三、情感体验评价

学习满意度是直观反映学生对学习体验自我评价的指标集之一[1]。它不仅可以

---

[1] 文静. 大学生学习满意度：高等教育质量评判的原点[J]. 教育研究，2015(1): 75-80.

全面、直观地展现大学生对自己的学习评估情况，还可以体现出大学生对学习满意的程度。有研究表明，与传统课堂和完全在线教学相比，混合学习能够在一定程度上提高学习者的满意度[①]。本书从对课程的质量感知和课程满意度两个方面设计学习满意度量表（附录 3），其中，质量感知包括对学习内容、学习活动、课堂互动、学习评价和学习平台的评价；课程满意度包括对课程的上课形式、学生的学习收获和课程的总体满意度的评价。

本 章 小 结

本章以"Python 程序语言设计"课程为例，从微观层面进行具体的课程建设。基于课程的混合学习设计是连接理论研究和实践研究的桥梁，是大学生混合学习设计必不可少的环节。本书基于"Python 程序语言设计"课程的性质、特点，以及存在问题，从前端分析、学习目标制定、学习活动设计、活动支持设计和学习评价设计五个方面进行具体设计：①对该课程本身以及该课程的学习者特征、学习内容和混合学习环境进行前端分析，作为混合学习设计的重要依据；②从认知领域、动作技能领域、情感领域和思维能力四个领域制定了该课程的课程目标和单元目标；③从激发学习动机、掌握学习内容、促进课堂互动三个方面进行了学习活动设计，并提出了学习活动实施的具体策略和方法；④对学习资源和技术支持两个要素进行了设计，以支持学习活动的成功开展；⑤采用线上和线下学习过程表现、知识掌握、高阶思维发展、情感体验并进的多元评价方案，以此促进学习目标的达成。

---

① 梁为, 张惠敏, 陈浩等. 基于学习者满意度的混合式教学研究[J]. 现代教育技术, 2020, 30(10): 112-118.

第六章

大学生混合学习与传统课堂教学的比较研究

本章通过准实验研究法,对本书提出的高阶思维导向的大学生混合学习设计方案开展应用实践研究,验证相较于传统课堂教学,大学生混合学习设计在多大程度上提升了大学生的混合学习效果、发展了大学生的高阶思维。

第一节　比较研究的实验设计

一、比较研究的研究目的

比较研究的研究目的主要有两个：①检验相较于传统课堂教学，本书提出的高阶思维导向的大学生混合学习设计在提高大学生学习成绩、发展大学生高阶思维、提升大学生学习满意度、变革课堂教学结构等方面的实际应用效果；②依据实际应用效果反思高阶思维导向的大学生混合学习设计的优势和不足，为改进和完善大学生混合学习设计提供依据。

二、比较研究的研究假设

本书假设：①相较于传统课堂教学，高阶思维导向的大学生混合学习设计在提高大学生学习成绩方面更具优势；②相较于传统课堂教学，高阶思维导向的大学生混合学习设计在发展大学生高阶思维方面更具优势；③相较于传统课堂教学，高阶思维导向的大学生混合学习设计在提升大学生满意度方面更具优势；④相较于传统课堂教学，高阶思维导向的大学生混合学习设计在变革课堂教学结构方面更具优势。

三、比较研究的研究对象

本实验选取 Y 大学参加"Python 程序语言设计"课程学习的两个平行班作为

研究对象。两个平行班被随机分为实验班和对照班，实验班共 52 人，其中男生 26 人，女生 26 人；对照班共 48 人，其中男生 25 人，女生 23 人。实验班采用线上与线下相结合的混合学习方式，对照班采用讲授为主的课堂教学方式。为了尽量控制变量，两个班的教学内容、教学进度、教学学时、测试题目等均保持一致，且授课教师均为研究者本人。研究对象均为计算机科学与技术（非师范）专业的本科三年级学生，他们的专业、年级完全相同，不存在差异。

第二节　比较研究的实验实施过程

一、比较研究的实施准备

1. 组建教学团队

教师能否熟练掌握和应用混合学习的学习流程，有效衔接线上和线下学习活动，是本教学实验成功与否的关键。因此，在教学实施之前，课题组组建了由研究者本人、3 名博士生和 2 名硕士生组成的课程教学团队。教学团队通过两种途径开展了理论学习：一是通过钻研国内外与混合学习相关的高质量文献，开展专题研讨，提升教学团队的理论水平；二是在课程开始前，多次召开讨论会，明确"Python 程序语言设计"课程的学习目标、学习内容、学习活动和评价标准等，针对教学实施过程中可能遇到的问题和挑战，提前做好应对预案，充分发挥集体的智慧。

2. 开发学习工具和学习资源

高效的学习工具和高质量的学习资源是混合学习实施的前提与基础。教学团队根据本书第四章和第五章的大学生混合学习设计，设计并开发了基于知识图谱的智能推荐学习平台、线上和线下学习资源，为开展混合学习提供了有效支持。

二、比较研究的前测实施

为了进一步了解学生的学习经历、基础知识和高阶思维能力现状，本书设计了综合性的课程前测问卷（附录 4）。实验班和对照班共发放问卷 100 份，回收问卷 100 份，问卷回收率为 100%。

从学习经历看，实验班有 96.15% 的学生参加过混合课程学习，对混合学习方式具有良好的接受度。

从对 Python 语言的了解情况来看，在课程学习之前，实验班中 92.31% 的学生、对照班中 91.67% 的学生对 Python 语言的了解程度为一般和不了解；实验班中 7.69% 的学生、对照班中 8.33% 的学生对 Python 语言的了解程度为了解和非常了解，如图 6-1 所示。两个班的 Python 语言学习基础基本相同，不存在显著差异。

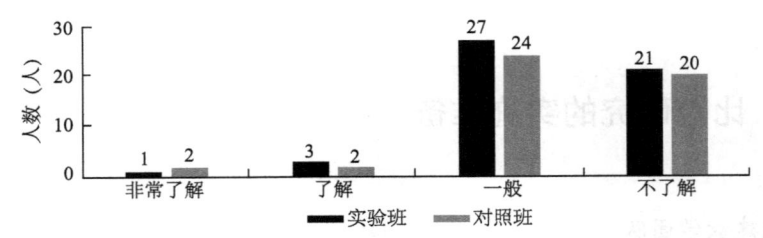

图 6-1　实验班和对照班对 Python 语言的了解情况

从对 Python 语言学习的态度看，实验班中 44.23% 的学生认为 Python 语言非常有趣，17.31% 的学生认为 Python 语言非常难或对 Python 语言不感兴趣。对照班中 43.75% 的学生认为 Python 语言非常有趣，25.00% 的学生认为 Python 语言非常难或对 Python 语言不感兴趣，如图 6-2 所示。

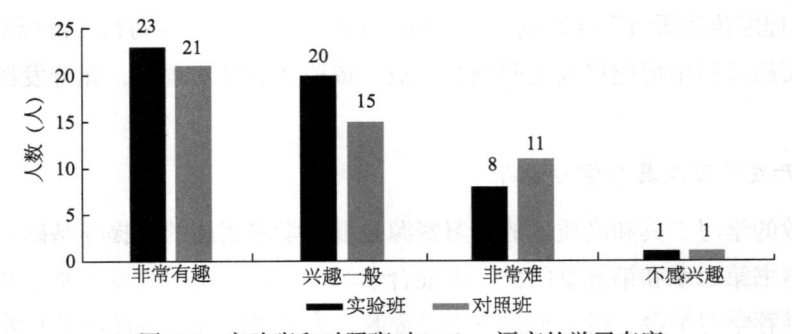

图 6-2　实验班和对照班对 Python 语言的学习态度

从高阶思维能力看，学生的整体水平不佳，所有子项能力均未达到平均值（$M=3$），如表6-1所示。相较而言，学生的团队协作能力和问题解决能力相对较好，批判性思维和创造性思维能力有待提高，因此，教师在教学实施过程中要着重培养学生的批判性思维和创造性思维。对实验班和对照班的高阶思维能力进行对比分析前，先对各测试数据进行正态分布检验。实验班采用柯尔莫可洛夫-斯米洛夫（Kolmogorov-Smirnov，K-S）检验，对照班的样本量小于50人，采用夏皮罗-威尔克（Shapiro-Wilk，S-W）检验。K-S检验和S-W检验显示，实验班和对照班的高阶思维能力数据均不服从正态分布，因此采用非参数检验的曼-惠特尼秩和（Mann-Whitney U）检验，如表6-1所示。统计数据显示，独立样本检验的渐近显著性p值均大于0.05，未达到显著水平，因此，实验班和对照班学生的高阶思维能力前测水平相同，无显著差异。根据统计学原理，可以直接对两个班的高阶思维能力后测数据进行显著性检验。

表6-1 实验班和对照班高阶思维能力前测对比分析

变量	班级	M	SD	SE	Z	p
问题解决能力	实验班	2.9663	0.40229	0.05579	-0.057	0.954
	对照班	2.9948	0.55661	0.08034		
批判性思维	实验班	2.7692	0.49962	0.06929	-1.401	0.161
	对照班	2.7813	0.69501	0.10032		
创造性思维	实验班	2.6250	0.49135	0.06814	-0.389	0.697
	对照班	2.6667	0.50089	0.07230		
团队协作能力	实验班	2.9904	0.43149	0.05984	-0.977	0.328
	对照班	2.9323	0.57829	0.08347		

从Python语言方面的基础知识看，在10道Python语言基础知识前测试题，实验班的平均成绩为40.38分，对照班的平均成绩为40.42分，如表6-2所示，说明学生对Python语言基础知识的掌握比较薄弱。K-S检验和S-W检验显示，实验班和对照班的前测成绩均不服从正态分布，因此同样采用Mann-Whitney U检验。统计数据显示，$p=0.949>0.05$，未达到显著水平，因此，实验班和对照班学生的Python语言起点能力水平相同，无显著差异。根据统计学原理，可以直接对两个班的后测成绩进行显著性检验。

表 6-2　实验班和对照班前测成绩对比分析

班级	M	SD	SE	Z	p
实验班	40.38	12.828	1.779	−0.064	0.949
对照班	40.42	13.04	1.882		

三、比较研究的实施过程

本书依托 Y 大学的"Python 程序语言设计"课程开展教学，集中安排在 2022—2023 学年第 2 学期进行，历时 4 个月左右（2023 年 2 月 20 日—6 月 11 日）。该课程的线上学习环境是课题组自主开发的学习平台，共收集、整合并开发了 38 个线上多媒体课件、76 节微课、53 套测验题和 35 套扩展资料（具体见本书第五章表 5-3）。线下学习环境是多媒体教室，实现了有线网络、无线网络全覆盖，配备了多媒体教学触控一体机、智慧教学课程管理系统和教室服务系统等信息化设施，为混合学习提供了良好的学习环境。交互环境为学习平台讨论区和超星班级群，主要用于发布教学进度、重要信息、学习任务，共享学习资源和讨论答疑等。

实验班按照本书第四章和第五章设计的线上自主学习和线下合作探究学习相互衔接的大学生混合学习设计开展教学，学习内容从简单到复杂、从良构到劣构，学习难度逐渐深入，学习目标从低阶到高阶逐步进阶。线上自主学习阶段，学生主要依托学习平台，根据自主学习任务单完成单元基础知识的学习和基本技能的获取，为高阶目标的实现奠定基础。线下合作探究学习阶段，主要通过小组讨论、小组协作、专题研讨、案例分析、问题探究等方式开展学习活动，帮助学生深入理解和迁移应用学习内容，培养学生的问题解决能力、批判性思维、创造性思维和团队协作能力等高阶思维能力。

本书以"Python 程序语言设计"课程的"选择结构"（1 个课时）为例呈现实验班的教学实施过程。选择结构是程序设计的三大基本控制结构之一。在解决实际问题时，并非所有的流程都是按顺序执行的，往往需要根据不同的条件选择不同的分支，这种结构被称为选择结构。"Python 程序语言设计"课程的"选择结构"的大学生混合学习设计首先通过学生感兴趣的生活案例进行导入，其次以任务驱动的形式激发学生的学习兴趣和动机，具体教学实施过程如表 6-3 所示。

表 6-3 "选择结构"实验班教学实施过程

教学过程	教学方法	学习活动	达成目标	时间分配
线上 发布学习任务单	指导学生根据自主学习任务单完成线上自主学习 自主学习任务单如下： 1. 学习指南 1）课题名称："Python 程序语言设计"第 2 章第 2 节"选择结构"。 2）达成目标：了解程序设计的三种基本控制结构，理解 Python 的 if 语句、if-else 语句、if-elif-else 语句，体验算法设计的思想。 3）学习方法建议：自主学习。 2. 学习任务 自主学习线上学习资源，完成以下学习任务： 1）了解程序设计的三种基本控制结构，完成下表。 | 项目 | 顺序结构 | 选择结构 | 循环结构 | |---|---|---|---| | 特点 | | | | | 语句 | | | | 2）理解 Python 的 if 语句、if-else 语句、if-elif-else 语句，完成下表。 | 项目 | 单分支选择结构 | 双分支选择结构 | 多分支选择结构 | 选择结构的嵌套 | |---|---|---|---|---| | 特点 | | | | | | 流程图 | | | | | | 语句 | | | | | 3. 困惑与建议 在自主学习的过程中，你觉得哪个学习内容或学习任务有困难，把你的困惑和建议发布在学习平台的讨论区，与老师、同学进行讨论。	自主学习师生互动、生生互动、人机互动	理解 Python 的 if 语句、if-else 语句、if-elif-else 语句和算法设计思想	课前完成
课前测试	检测选择结构的基础知识	自学测试 人机互动	检测学生线上自主学习情况，学生可以根据自测试的结果调整学习进程和学习方式，教师也可以根据该结果改进教学内容的深度与进度	课前完成

续表

教学过程	教学方法	学习活动	达成目标	时间分配
课程导入	小游戏情境导入：根据学生提供的身高和体重，测量学生的体重情况，程序实现如下：	创设情境，引起学习兴趣	通过创设情境，激发学生学习动机，引入选择结构的概念	3分钟
线下 提出学习任务	介绍身体质量指数 BMI 的定义和计算方法，提出学习任务： 1）对于给定的身高和体重值，怎样测量人体胖瘦情况？ 2）怎样使用算法描述该问题？ 3）怎样使用 Python 语言编写程序解决该问题？	任务驱动，激发学习动机	将选择结构与生活中的案例结合起来，以任务驱动，激发学生进一步学习的热情，帮助学生提高分析问题的能力，并找到解决问题的方法，培养学生的问题解决能力	3分钟
合作探究学习任务	学生合作探究学习，完成学习任务： 1. 算法描述 自然语言： 1）输入身高 height 和体重 weight； 2）计算 BMI 指数，BMI = weight / pow(height, 2) 3）输出 BMI 指数 4）判断人体胖瘦情况："偏瘦""正常""偏胖""肥胖"	合作探究学习，深入理解学习内容 生生互动	学习小组合作探究算法描述的方法，使用 if-elif-else 语句编写程序，促进生生互动。通过对实际案例的分析，帮助学生将抽象的问题具体化，深入理解选择结构，培养学生的问题解决能力、创造性思维和团队协作能力	10分钟

续表

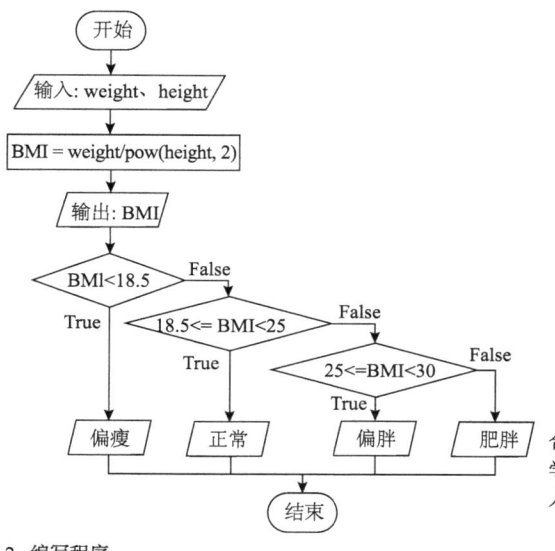

教学过程	教学方法	学习活动	达成目标	时间分配
| 线下 | 合作探究学习任务 | 流程图：<br><br>```
开始
  ↓
输入: weight、height
  ↓
BMI = weight/pow(height, 2)
  ↓
输出: BMI
  ↓
BMI<18.5 ──False──→ 18.5<=BMI<25 ──False──→ 25<=BMI<30 ──False──→ 肥胖
   │True                │True                    │True
  偏瘦                  正常                    偏胖
                                   ↓
                                  结束
```<br><br>2. 编写程序<br>height = eval(input("请输入身高(米): "))<br>weight = eval(input("请输入体重(公斤): "))<br>BMI = weight / pow(height, 2)<br>print("BMI 数值为：{:.2f}".format(BMI))<br>who = ""<br>if BMI < 18.5:<br>    who = "您太瘦啦，多吃点！"<br>elif 18.5 <= BMI < 25:<br>    who = "您是正常体重哦！"<br>elif 25 <= BMI < 30:<br>    who = "您的体重偏胖，要注意哦！"<br>else:<br>    who = "您的体重肥胖，要控制体重哦！"<br>print(who) | 合作探究学习，深入理解学习内容 生生互动 | 学习小组合作探究算法描述的方法，使用 if-elif-else 语句编写程序，促进生生互动。通过对实际案例的分析，帮助学生将抽象的问题具体化，深入理解选择结构，培养学生的问题解决能力、创造性思维和团队协作能力 | 10 分钟 |
```

续表

教学过程	教学方法	学习活动	达成目标	时间分配
线下	教学重难点讲解	分析学生编写程序时存在的问题，讲解选择结构的教学重难点： 1）教学重点：算法设计思想，单分支选择结构、双分支选择结构、多分支选择结构、选择结构的嵌套。 2）教学难点：理解选择结构中的条件表达式和语句组，理解缩进体现的代码逻辑关系，学会规范地编写程序。 实例1：输入三个正整数，分别表示三条线段的长度，判断这三条线段是否能构成一个三角形。 实例2：输入三个整数，将其从小到大输出。	讲授 问题探讨 实例讨论 师生互动	以学习小组编写程序时存在的问题为基础，与学生展开交流和探讨，促进师生互动。以实例为基础，对教学内容的重难点进行讨论和讲解，加深学生对学习内容的理解	15分钟
	拓展学习任务	学生合作探究学习，完成拓展学习任务： 编写简单的计算器，支持四则运算。 1）怎样使用算法描述该问题？ 2）怎样使用Python语言编写程序解决该问题？	合作探究学习，迁移应用学习内容 生生互动	学习小组合作探究拓展学习任务，帮助学生迁移应用选择结构的知识，培养学生的问题解决能力、创造性思维和团队协作能力	8分钟
	评价交流	1）引导各学习小组对拓展学习任务进行分享，并对学生的完成情况进行表扬和鼓励。 2）对其他小组的程序进行提问和评价，反思本小组的不足和可以优化改进的地方。	培养学生自我效能感，提升自信心	通过完成和分享拓展学习任务，帮助学生正确认识自己的能力，增强学生的自我效能感，提升自信心。在对其他小组的程序进行提问和质疑的过程中，培养学生的批判性思维	5分钟
	总结巩固	1）Python的选择结构包括单分支选择结构、双分支选择结构、多分支选择结构、选择结构的嵌套；强调算法设计在编写程序中的重要作用；强调缩进在Python程序设计中的含义。 2）课后作业：输入学生的成绩，输出成绩等级。	总结巩固学习内容	以总结的形式加强学生对本节课重难点内容的掌握，以课后作业的形式巩固学习内容	1分钟

四、比较研究的后测实施

1. 课程后测

在教学实验的最后一个教学项目结束后,对学生发放了课程后测问卷(附录5),调查经过教学干预后学生的高阶思维发展情况和对课程的满意度。实验班和对照班共发放问卷 100 份,回收问卷 100 份,问卷回收率为 100%。

2. 访谈

质性研究结果的有效性并不取决于抽样的数量,而是取决于样本的选定是否合适。在质性研究中,最常用的非概率抽样方法是目的性抽样,也就是根据研究目的,抽取最能反映研究问题信息的研究对象[1]。因此,本书采用分层目的性抽样方式,从实验班和对照班中分别抽取 5 名学生进行访谈。访谈提纲分为学生版和教师版,每个版本各设置了 6 个问题,主要是为了深入了解大学生和教师对混合学习的接受度、满意度,以及对混合学习活动、学习平台、评价方式和学习效果的体验与建议。

3. 课堂观察记录

在课堂教学中,采用改进型弗兰德斯互动分析系统(improved Flanders interaction analysis system,iFIAS),分析实验班和对照班的课堂教学结构差异。弗兰德斯互动分析系统(Flanders interaction analysis system,FIAS)是美国学者弗兰德斯(Flanders)在 20 世纪 60 年代提出的一种课堂教学行为分析技术[2]。FIAS以量化的方式对课堂教学中师生言语和交互行为进行统计、分析处理,从而实现对课堂教学结构的定量和定性分析[3]。针对不同的课程类型,不少研究者对 FIAS进行了改进。顾小清和王炜在 FIAS 的基础上增加了技术类别和反映学生行为的内容,提出了基于信息技术的互动分析系统(information technology-based

---

[1] 陈向明. 质的研究方法与社会科学研究[M]. 北京:教育科学出版社,2000:103-104.
[2] 宁虹,武金红. 建立数量结构与意义理解的联系——弗兰德互动分析技术的改进运用[J]. 教育研究,2003(5):23-27.
[3] 张海,王以宁,何克抗. 基于课堂视频分析对信息技术深层整合教学结构的研究[J]. 中国电化教育,2010(11):7-11.

interaction analysis system，ITIAS）[1]；张海等在对 FIAS 进行修订的基础上增加了教学媒体维度，提出了课堂行为和教学媒体分类编码[2]；方海光等针对数字化课堂教学环境，对 FIAS 和 ITIAS 进行了优化改进，提出了 iFIAS[3]；冯智慧等改良和优化了 FIAS，构建了以学生为中心的互动分析编码系统（student centered interaction analysis system，SIAS）[4]。针对混合学习的特点，本书在方海光等提出的 iFIAS 和冯智慧等提出的 SIAS 的基础上，形成了 iFIAS1.1，对课堂教学结构进行了定量和定性分析。iFIAS1.1 编码系统分为教师语言、学生语言、沉寂和技术四个类别，共 16 个明细指标，分别用编码 1—16 表示，如表 6-4 所示。

表 6-4　改进型弗兰德斯互动分析系统 iFIAS1.1

分类		编码	行为	内容
教师语言	间接影响	1	教师接受情感	以一种不具威胁性的方式，接纳及澄清学生的态度或情感
		2	教师表扬或鼓励	通过话语表扬或鼓励学生的动作或行为
		3	教师采纳学生观点	通过澄清、重复、扩大或发展学生所提出的意见、想法来表达对学生观点的采纳
	直接影响	4	教师提问开放性问题	教师基于内容或程序向学生提出问题并期待回答
		5	教师提问封闭性问题	
		6	教师讲授	教师基于内容或程序提供有关事实或观点，表达教师自己的观念，提出教师自己的解释，或者引述某位权威学者（而非学生）的看法
		7	教师指令	教师通过语言来要求或指示学生做出某些行为
		8	教师批评或维护权威	教师通过权威的方式批评学生或纠正学生的课堂行为，教师的语言主要是为了改变学生的行为
学生语言		9	学生被动发言	学生通过语言回答教师提出的问题；教师指定学生回答问题，或是引发学生说话，或是建构对话情境
		10	学生主动发言	学生的回答超出了问题的答案，表达自己的想法；引发新的话题；自由地表达自己的见解和思路
		11	学生主动提问	学生通过语言主动提问问题，自由地表达自己的见解
		12	学生与同伴讨论	学生通过语言与同伴进行交流、讨论

[1] 顾小清，王炜. 支持教师专业发展的课堂分析技术新探索[J]. 中国电化教育，2004(7): 18-21.
[2] 张海，王以宁，何克抗. 基于课堂视频分析对信息技术深层整合教学结构的研究[J]. 中国电化教育，2010(11): 7-11.
[3] 方海光，高辰柱，陈佳. 改进型弗兰德斯互动分析系统及其应用[J]. 中国电化教育，2012(10): 109-113.
[4] 冯智慧，伍文臣，胡小勇. 面向翻转课堂的课堂互动分析编码研究[J]. 远程教育杂志，2016(4): 59-64.

续表

分类	编码	行为	内容
沉寂	13	无助于教学的混乱	暂时停顿、短时间内的安静或混乱,观察者无法了解师生间的沟通情况
	14	学生思考	暂时停顿,学生思考问题
技术	15	学生操作技术	学生操作技术进行学习、编程
	16	教师操作技术	教师操作技术进行示范或演示

在课堂观察过程中,每隔3秒记录一个最能描述教师和学生行为的编码,按时间顺序录入到课堂观察记录表中。该表中的一行记录1分钟内的20个行为,列表示一个课时的时间,即45分钟。课堂观察时,先记录第1行,再记录第2行,依次向下。一节课通常会记录800—900个编码,这些编码反映了课堂上按照一定的时序进行的一套课堂行为,体现出一定的课堂教学结构、行为模式和教学风格。之后,使用分析矩阵对所记录的数据进行展示和解析,在矩阵的各个单元格中填入一对编码以呈现先后接续的课堂行为出现的频次。不同的课堂行为频次在一个矩阵中的比重及其在矩阵中的分布情况,能够帮助我们更好地了解课堂教学结构和教师的教学风格。

第三节 比较研究的实验数据分析

本书主要从教和学两个维度分析高阶思维导向的大学生混合学习对学生的学习与教师的教学带来的影响和变化。对学生学习的影响方面,主要通过学生课程学习成绩、高阶思维能力、学习满意度和学生行为结构(具体见"课堂教学结构"部分)等的变化来评价高阶思维导向的大学生混合学习设计的应用效果;对教师教学的影响方面,主要通过教师行为结构(具体见"课堂教学结构"部分)来分析高阶思维导向的大学生混合学习对教师教学带来的影响。

一、课程学习成绩

在教学实验结束之后，通过横向对比实验班和对照班的期末考试成绩和课程总成绩，来分析高阶思维导向的大学生混合学习与传统课堂教学对学生学习成绩影响的差异。

1. 实验班和对照班期末成绩对比分析

从期末成绩分布来看，实验班中成绩在 90—100 分的有 9 人，占 17.3%；成绩在 80—89 分的有 29 人，占 55.8%；成绩在 70—79 分的有 11 人，占 21.2%；成绩在 60—69 分的有 2 人，占 3.8%；不及格的有 1 人，占 1.9%。对照班中成绩在 90—100 分的有 2 人，占 4.2%；成绩在 80—89 分的有 22 人，占 45.8%；成绩在 70—79 分的有 18 人，占 37.5%；成绩在 60—69 分的有 5 人，占 10.4%；不及格的有 1 人，占 2.1%。根据统计结果，实验班的优秀率（成绩≥80 分）为 73.1%，对照班的优秀率为 50.0%，实验班的优秀率明显高于对照班。

从描述性统计数据来看，实验班的平均成绩为 82.71 分，对照班的平均成绩为 78.48 分，如表 6-5 所示。K-S 检验和 S-W 检验显示，实验班和对照班的期末成绩均服从正态分布，因此采用独立样本 t 检验，如表 6-6 所示。经 Levene 法的 F 值检验结果显示，$F=0.851$，$p=0.358>0.05$，未达到显著水平，表明两组样本方差同质；$t=2.667$，$p=0.009<0.05$，达到显著水平，表明在 95%的置信区间下，实验班和对照班学生的期末成绩具有显著差异，且实验班的期末成绩显著高于对照班，说明高阶思维导向的大学生混合学习相对于传统课堂教学对学生的期末考试成绩产生显著影响。

表 6-5 实验班和对照班期末成绩统计量

班级	M	SD	SE
实验班	82.71	7.41	1.028
对照班	78.48	8.455	1.220

表 6-6　实验班和对照班期末成绩独立样本 t 检验

项目	Levene 方差等同性检验		平均值等同性 t 检验					差值 95% 置信区间	
	F	p	t	df	p（双尾）	M 差值	SE 差值	下限	上限
假定等方差	0.851	0.358	2.667	98	0.009	4.232	1.587	1.083	7.382
不假定等方差			2.653	93.815	0.009	4.232	1.595	1.065	7.4

2. 实验班和对照班课程成绩对比分析

实验班的课程成绩由过程表现评价与知识掌握评价构成，两者各占 50%。其中，过程表现评价包括学生观看视频时长（占 10%）、参与讨论（占 10%）、查阅拓展材料次数（占 5%）、考勤（占 5%）、课堂表现（占 10%）和参与小组活动（占 10%）；知识掌握评价包括测试题（占 10%）、编程作品（占 20%）和期末成绩（占 20%），共 9 个评价指标。

对照班的课程成绩由平时成绩与期末成绩构成，两者各占 50%。其中，平时成绩包括考勤（占 10%）、课堂表现（占 10%）和编程作业（占 30%）；期末成绩为期末考试成绩（占 50%），共 4 个评价指标。

K-S 检验和 S-W 检验显示，实验班和对照班的课程成绩均不服从正态分布，因此采用 Mann-Whitney U 检验，如表 6-7 所示。统计数据显示，实验班的平均成绩为 86.73 分，对照班的平均成绩为 81.85 分，实验班的课程成绩平均值高于对照班，p=0.010<0.05，达到显著水平。统计结果表明，实验班和对照班学生的课程成绩具有显著差异，且实验班成绩显著高于对照班，说明高阶思维导向的大学生混合学习相对于传统课堂教学对学生的课程成绩产生显著影响。

表 6-7　实验班和对照班课程成绩对比分析

班级	M	SD	SE	Z	p
实验班	86.73	8.555	1.186	−2.563	0.010
对照班	81.85	9.656	1.394		

综上所述，本实验证明了研究假设①，即相较于传统课堂教学，高阶思维导向的大学生混合学习设计在提高大学生学习成绩方面更具优势。

二、高阶思维能力

学生的高阶思维能力是否得到了发展是衡量本书研究成功与否的关键指标。因此，本书从问题解决能力、批判性思维、创造性思维和团队协作能力四个方面，对比实验班前测与后测数据、对照班前测与后测数据、实验班和对照班后测数据，以此来分析高阶思维导向的大学生混合学习与传统课堂教学对发展学生高阶思维能力的差异。

1. 实验班高阶思维能力前后测对比分析

K-S 检验和 S-W 检验显示，实验班的高阶思维能力后测数据不服从正态分布，因此采用非参数检验的威尔科克森（Wilcoxon）符号秩检验，如表 6-8 所示。统计数据显示，所有子项能力的后测平均值均高于前测平均值，成对样本检验的渐近显著性 p 值均为 0.000，小于 0.05，达到显著水平。统计结果表明，经过教学干预，高阶思维导向的大学生混合学习对学生高阶思维的发展产生了积极影响，大学生在四项思维能力上均得到了显著提升。其中，Z 值较高的是团队协作能力（−4.672）和创造性思维（−4.649），说明学生在团队协作能力和创造性思维发展方面进步较大。究其原因，主要在于长期以来，在中小学应试教育体制下，学生的思维相对固化，高阶思维能力相对薄弱，这与本书第二章大学生混合学习现状调查的结果一致。但第二章现状调查发现，大学生高阶思维中的批判性思维和创造性思维尤为薄弱，而本书提出的大学生混合学习设计在培养学生团队协作能力和创造性思维方面较为突出，学生的批判性思维还有待进一步培养与提升。

表 6-8　实验班高阶思维能力前后测对比分析

变量	测试	M	SD	SE	Z	p
问题解决能力	前测	2.9663	0.40229	0.05579	−4.308	0.000
	后测	3.3702	0.60125	0.08338		

续表

变量	测试	M	SD	SE	Z	p
批判性思维	前测	2.7692	0.49962	0.06929	−4.522	0.000
	后测	3.2019	0.73271	0.10161		
创造性思维	前测	2.6250	0.49135	0.06814	−4.649	0.000
	后测	3.0529	0.7481	0.10374		
团队协作能力	前测	2.9904	0.43149	0.05984	−4.672	0.000
	后测	3.5673	0.80458	0.11157		

2. 对照班高阶思维能力前后测对比分析

K-S 检验和 S-W 检验显示，对照班的高阶思维能力后测数据不服从正态分布，因此同样采用 Wilcoxon 符号秩检验，如表 6-9 所示。统计数据显示，所有子项能力的后测平均值均高于前测平均值，问题解决能力的成对样本检验的 p 值为 0.008，小于 0.05，达到显著水平；批判性思维、创造性思维和团队协作能力的成对样本检验的 p 值分别为 0.068、0.523、0.070，均大于 0.05，未达到显著水平。统计结果表明，对照班学生的问题解决能力得到了显著提升，但其他思维能力的前后测数据不具有显著差异。究其原因，虽然传统课堂的灌输式教学方式不利于学生高阶思维的培养，但由于"Python 程序语言设计"课程是一门纯理工类课程，课程中包含大量的编程实践，学生在编程过程中的问题解决能力仍然得到了提升。

表 6-9 对照班高阶思维能力前后测对比分析

变量	测试	M	SD	SE	Z	p
问题解决能力	前测	2.9948	0.55661	0.08034	−2.65	0.008
	后测	3.1927	0.61289	0.08846		
批判性思维	前测	2.7813	0.69501	0.10032	−1.826	0.068
	后测	2.8281	0.70363	0.10156		
创造性思维	前测	2.6667	0.50089	0.07230	−0.639	0.523
	后测	2.7083	0.64687	0.09337		
团队协作能力	前测	2.9323	0.57829	0.08347	−1.814	0.070
	后测	3.0104	0.61661	0.08900		

3. 实验班和对照班高阶思维能力后测对比分析

实验班和对照班的高阶思维能力后测数据均不服从正态分布，因此采用 Mann-Whitney U 检验，如表 6-10 所示。统计数据显示，所有子项能力的实验班平均值均高于对照班平均值，问题解决能力的 p 值为 0.082，大于 0.05，未达到显著水平；批判性思维、创造性思维和团队协作能力的 p 值分别为 0.004、0.022、0.002，均小于 0.05，达到显著水平。统计结果表明，实验班和对照班学生的批判性思维、创造性思维和团队协作能力具有显著差异，但在问题解决能力上不具有显著差异。

表 6-10 实验班和对照班高阶思维能力后测对比分析

变量	班级	M	SD	SE	Z	p
问题解决能力	实验班	3.3702	0.60125	0.08338	−1.740	0.082
	对照班	3.1927	0.61289	0.08846		
批判性思维	实验班	3.2019	0.73271	0.10161	−2.888	0.004
	对照班	2.8281	0.70363	0.10156		
创造性思维	实验班	3.0529	0.7481	0.10374	−2.290	0.022
	对照班	2.7083	0.64687	0.09337		
团队协作能力	实验班	3.5673	0.80458	0.11157	−3.134	0.002
	对照班	3.0104	0.61661	0.08900		

整体而言，相对于传统课堂教学而言，高阶思维导向的大学生混合学习对学生高阶思维能力的发展产生了显著影响。基于此，本实验证明了研究假设②，即相较于传统课堂教学，高阶思维导向的大学生混合学习设计在发展大学生高阶思维方面更具优势。

三、学习满意度

本书从学生对课程的质量感知和满意度两个方面，对实验班和对照班的学习满意度数据进行分析，以此来衡量学生对高阶思维导向的大学生混合学习与传统课堂教学两种方式的满意度的差异。

从学生对课程的质量感知来看，由于仅对实验班实施了高阶思维导向的大学生混合学习，本书对实验班的数据进行了描述性统计，结果如表 6-11 所示。统计数据显示，实验班对学习内容、学习活动、课堂互动、学习评价、学习平台感到非常满意和比较满意的学生人数均超过 90%，感到比较不满意和非常不满意的学生人数均为 0，说明学生对于本书提出的混合学习方式的认同度较高。其中，学生对学习内容的认同度最高，均值达到 4.50；其次是学习活动和学习平台，均值均为 4.48；较低的是课堂互动（4.40）和学习评价（4.33），说明本书提出的混合学习方式在对课堂互动和学习评价的设计上还需进一步完善。

表 6-11 实验班对课程质量感知的描述性统计

变量	非常满意	比较满意	一般	比较不满意	非常不满意	M	SD
学习内容	29	20	3	0	0	4.50	0.61
学习活动	29	19	4	0	0	4.48	0.641
课堂互动	25	23	4	0	0	4.40	0.634
学习评价	22	25	5	0	0	4.33	0.648
学习平台	28	21	3	0	0	4.48	0.61

从学生对课程的满意度来看，实验班和对照班学生对课程满意度的统计结果如表 6-12 所示。统计数据显示，实验班对课程的上课形式、学习的收获、课程的满意度感到非常满意和比较满意的学生人数均超过 90%，感到比较不满意和非常不满意的学生人数均为 0，均值为 4.31—4.60；对照班对此感到非常满意和比较满意的学生人数占 50.00%—64.58%，均值为 3.54—3.73。统计结果表明，实验班和对照班学生对课程的满意度具有明显差异，实验班学生对课程的满意度明显高于对照班。

表 6-12 实验班和对照班对课程满意度的对比分析

变量	班级	非常满意	比较满意	一般	比较不满意	非常不满意	M	SD
我对本课程的上课形式	实验班	28	22	2	0	0	4.50	0.577
	对照班	8	21	15	3	1	3.67	0.907
通过本课程我的学习收获	实验班	20	28	4	0	0	4.31	0.612
	对照班	8	16	20	2	2	3.54	0.967
我对本课程的满意度	实验班	33	17	2	0	0	4.60	0.569
	对照班	9	22	13	3	1	3.73	0.917

基于此，本实验证明了研究假设③，即相较于传统课堂教学，高阶思维导向的大学生混合学习设计在提升大学生满意度方面更具优势。

四、课堂教学结构

本书随机选取实验班和对照班的一节课堂教学视频（课程内容为"Python 程序语言设计"课程的"选择结构"），采用 iFIAS1.1，对比分析实验班和对照班的课堂行为结构、学生行为结构和课堂师生互动行为，以此来衡量高阶思维导向的大学生混合学习与传统课堂教学两种方式的课堂教学结构差异。

使用方海光等[①]开发的 iFIAS 辅助分析工具，对实验班和对照班的课堂教学互动行为进行编码，编码结果输出到课堂观察记录表中，并在此基础上生成 iFIAS1.1 互动分析矩阵，如表 6-13 和表 6-14 所示。

表 6-13 实验班的 iFIAS1.1 互动分析矩阵

编码	1	2	3	4	5	6	7	8	9	10	11	12	13	14	15	16	合计
1		1	2		1												4
2	8				9	4				1				1	1		24

---

① 方海光, 高辰柱, 陈佳. 改进型弗兰德斯互动分析系统及其应用[J]. 中国电化教育, 2012(10): 109-113.

续表

编码	1	2	3	4	5	6	7	8	9	10	11	12	13	14	15	16	合计
3		5	13	2		1	2		1						1		25
4				16		1			4		4	1	4		1		31
5					7				14					1			22
6			3	5	128	2			1		1				1	10	151
7				1	2		27		3	3	2	3			9		50
8																	0
9	1	3	3	1	2	2	2		39						1	2	56
10			7	2			1			38							48
11	2	4			2				1	10							19
12			2	2							2	106			4		116
13			1		1								1				3
14			1	1			1		1			12					17
15	1	3		1	1	7			4	1				230			248
16			2	2	6	3								1	62		76
合计	4	24	25	31	22	151	50	0	56	49	19	116	2	17	248	76	890

注：编码1—16所对应的行为见表6-15

表6-14 对照班的iFIAS1.1互动分析矩阵

编码	1	2	3	4	5	6	7	8	9	10	11	12	13	14	15	16	合计
1																	0
2		7			1	6	1									1	16
3		3	7			1											11
4				5								3					8
5					15				13					2			30
6			1	7	294	1			1						1	24	329
7				1	1	17						3	1		5		28
8																	0
9		3	3		5	1			18			1			3		34
10																	0
11																	0
12				1		3						60					64
13				1	1	1	1						23		1		28

续表

编码	1	2	3	4	5	6	7	8	9	10	11	12	13	14	15	16	合计
14						2									5		7
15		3	1		1				2						172		179
16				2	3	22	1									127	155
合计	0	16	11	8	30	329	28	0	34	1	0	64	27	7	179	155	889

注：编码1—16所对应的行为见表6-15

根据实验班和对照班的互动分析矩阵，统计两个班的iFIAS1.1编码，如表6-15所示。

表6-15 实验班和对照班的iFIAS1.1编码统计表

编码	行为	实验班 频数	实验班 比例（%）	对照班 频数	对照班 比例（%）
1	教师接受情感	4	0.45	0	0
2	教师表扬或鼓励	24	2.70	16	1.80
3	教师采纳学生观点	25	2.81	11	1.24
4	教师提问开放性问题	31	3.48	8	0.90
5	教师提问封闭性问题	22	2.47	30	3.37
6	教师讲授	151	16.97	329	37.01
7	教师指令	50	5.62	28	3.15
8	教师批评或维护权威	0	0	0	0
9	学生被动发言	56	6.29	34	3.82
10	学生主动发言	49	5.51	1	0.11
11	学生主动提问	19	2.13	0	0
12	学生与同伴讨论	116	13.03	64	7.20
13	无助于教学的混乱	2	0.22	27	3.04
14	学生思考	17	1.91	7	0.79
15	学生操作技术	248	27.87	179	20.14
16	教师操作技术	76	8.54	155	17.44

1. 课堂行为结构分析

通过对比实验班和对照班的教师语言比例、学生语言比例、教师行为比例和学生行为比例，分析实验班和对照班的课堂行为结构，如表 6-16 所示。

表 6-16　实验班和对照班的课堂行为结构对比分析

变量	计算公式	实验班（%）	对照班（%）
教师语言比例	编码 1—8 频数之和/总频数	34.49	47.47
学生语言比例	编码 9—12 频数之和/总频数	26.97	11.14
教师行为比例	编码 1—8 和编码 16 频数之和/总频数	43.03	64.90
学生行为比例	编码 9—12 和编码 15 频数之和/总频数	54.83	31.27

从统计结果可以看出：

1）在对照班中，教师语言比例为 47.47%，学生语言比例为 11.14%，说明传统课堂教学一般以教师语言为主，学生发言较少；在实验班中，教师语言比例为 34.49%，学生语言比例为 26.97%，教师语言比例降低，学生发言比例升高，说明在高阶思维导向的大学生混合学习中，学生表达、讨论、交流的机会大大增加，课堂环境趋于和谐。

2）在对照班中，教师行为比例为 64.90%，学生行为比例为 31.27%，教师行为比例大大高于学生行为比例，说明传统课堂教学一般以教师为中心；在实验班中，教师行为比例为 43.03%，学生行为比例为 54.83%，学生行为比例高于教师行为比例，说明在高阶思维导向的大学生混合学习中，师生角色发生了转变，从"以教师为中心"转变为"以学生为中心"。

2. 教师行为结构分析

通过对比实验班和对照班的教师间接影响比例、直接影响比例、提问比例等，分析实验班和对照班的教师行为结构，如表 6-17 所示。

表 6-17　实验班和对照班的教师行为结构对比分析

变量	计算公式	实验班（%）	对照班（%）
教师间接影响比例	编码 1—5 频数之和/总频数	11.91	7.31
教师直接影响比例	编码 6—8 频数之和/总频数	22.58	40.16

续表

变量	计算公式	实验班（%）	对照班（%）
教师间接影响与直接影响比例	编码 1—5 频数之和/编码 6—8 频数之和	52.74	18.21
教师提问比例	编码 4—5 频数之和/总频数	5.96	4.27
教师提问开放性问题比例	编码 4 频数/编码 4—5 频数之和	58.49	21.05
教师提问封闭性问题比例	编码 5 频数/编码 4—5 频数之和	41.51	78.95

从统计结果可以看出：

1）在对照班中，教师间接影响比例为 7.31%，教师直接影响比例为 40.16%，教师间接影响与直接影响比例为 18.21%，说明在传统课堂教学中，教师讲授和指令较多，教师拥有对课堂的绝对控制权；在实验班中，教师间接影响比例为 11.91%，教师直接影响比例为 22.58%，教师间接影响与直接影响比例为 52.74%，教师间接影响比例升高，直接影响比例降低，说明在高阶思维导向的大学生混合学习中，教师讲授和指令逐渐减少，教师接纳及理解学生的态度或情感、表扬或鼓励学生、采纳学生观点的情况增加，师生情感融洽，课堂氛围轻松。

2）在对照班中，教师提问比例为 4.27%，其中，教师提问开放性问题比例为 21.05%，教师提问封闭性问题比例为 78.95%；在实验班中，教师提问比例为 5.96%，其中，教师提问开放性问题比例为 58.49%，教师提问封闭性问题比例为 41.51%，教师提问开放性问题比例升高，提问封闭性问题比例降低，说明在高阶思维导向的大学生混合学习中，教师更善于采用开放性问题引导学生进行讨论，让学生带着问题去合作探究、交流讨论，有助于培养学生的问题意识，提高学生发现问题、分析问题和解决问题的能力。

3. 学生行为结构分析

通过对比实验班和对照班的学生语言中的学生被动发言比例、学生主动发言比例、学生主动提问比例、学生与同伴讨论比例，以及沉寂中的无助于教学的混乱比例、学生思考比例，来分析实验班和对照班的学生行为结构，如表 6-18 所示。

表 6-18 实验班和对照班的学生行为结构对比分析

变量	计算公式	实验班（%）	对照班（%）
学生语言比例	编码 9—12 频数之和/总频数	26.97	11.14
学生被动发言比例	编码 9 频数/编码 9—12 频数之和	23.33	34.34
学生主动发言比例	编码 10 频数/编码 9—12 频数之和	20.42	1.01
学生主动提问比例	编码 11 频数/编码 9—12 频数之和	7.92	0
学生与同伴讨论比例	编码 12 频数/编码 9—12 频数之和	48.33	64.65
沉寂比例	编码 13—14 频数之和/总频数	2.13	3.82
无助于教学的混乱比例	编码 13 频数/编码 13—14 频数之和	10.53	79.41
学生思考比例	编码 14 频数/编码 13—14 频数之和	89.47	20.59

从统计结果可以看出：

1）从学生语言角度看，在对照班中，学生被动发言比例为 34.34%，学生与同伴讨论比例为 64.65%，学生主动发言比例为 1.01%，学生主动提问比例为 0，说明在传统课堂教学中，学生大多是被动接受知识，主动发言和主动提问的意识相对缺乏；在实验班中，学生被动发言比例为 23.33%，学生主动发言比例为 20.42%，学生主动提问比例为 7.92%，学生与同伴讨论比例为 48.33%，学生主动发言和主动提问比例大大升高，说明在高阶思维导向的大学生混合学习中，学生发言较为积极，学习主动性较强。这表明学生在高阶思维导向的大学生混合学习中比在传统课堂教学中更加积极主动地参与课堂教学，能够大胆发言，真正成为课堂的主体。

2）从沉寂角度看，实验班和对照班的沉寂比例分别为 2.13%和 3.82%，两个班的课堂沉寂时间均较少，说明两个班的课堂效率较高。在对照班中，无助于教学的混乱比例为 79.41%，学生思考比例为 20.59%；在实验班中，无助于教学的混乱比例为 10.53%，学生思考比例为 89.47%，无助于教学的混乱比例大幅度降低，学生思考比例大幅度升高，说明学生在高阶思维导向的大学生混合学习中比在传统课堂教学中的无效语言活动更少，学生更加积极主动地进行思考。

4. 师生操作技术分析

通过对比实验班和对照班的学生操作技术比例与教师操作技术比例，分析实验班和对照班的师生操作技术的行为结构，如表 6-19 所示。

表 6-19 实验班和对照班的师生操作技术对比分析

变量	计算公式	实验班（%）	对照班（%）
师生操作技术比例	编码 15—16 频数之和/总频数	36.40	37.57
学生操作技术比例	编码 15 频数/编码 15—16 频数之和	76.54	53.59
教师操作技术比例	编码 16 频数/编码 15—16 频数之和	23.46	46.41

从统计结果可以看出：

1）实验班和对照班的师生操作技术比例分别为 36.40%和 37.57%，说明技术已经成为支持学生学习的重要工具。此外，由于"Python 程序语言设计"是一门立足实践，以操作技术、编写程序为主的课程，技术的使用在课程中的占比较大。

2）在对照班中，学生操作技术比例为 53.59%，教师操作技术比例为 46.41%，结合课堂教学视频分析，教师操作技术主要集中在课堂教学内容示范和实例讲解演示上，学生操作技术主要用于实例编程；在实验班中，学生操作技术比例为 76.54%，教师操作技术比例为 23.46%，结合课堂教学视频分析，教师操作技术主要集中在教学重难点内容呈现和学生编写程序时存在的问题讲解演示上，学生操作技术主要用于完成学习任务和分享展示学习成果，这说明在高阶思维导向的大学生混合学习中，学生成为真正的意义建构者，而教师则成为学生意义建构的帮助者、引导者和促进者。

综上所述，高阶思维导向的大学生混合学习变革了传统课堂教学以教师为中心的课堂教学结构，建构了以学生为中心的，课堂氛围和谐、民主、轻松的课堂教学结构。基于此，本实验证明了研究假设④，即相较于传统课堂教学，高阶思维导向的大学生混合学习设计在变革课堂教学结构方面更具优势。

五、访谈数据分析

为了有效弥补量化数据的不足，探究问题和现象的产生原因，深度了解学生对混合学习的感受、体验和态度，课题组对部分学生进行了访谈。访谈主要采用非结构化访谈方式，以较大的自由度来调动受访者的主动性和灵活性，主要内容包括混合学习接受度、学习活动体验、学习平台体验、学习评价体验、高阶思维体验、学习满意度等方面。

根据分层目的型抽样方式，本书按照学生的期末成绩，将学生分为90—100分、80—89分、70—79分、60—69分、0—59分五个层次，再从每个层次中抽取1位受访学生，实验班和对照班各5位受访者。为了遵守科研道德规范，以代码方式隐去学生的真实姓名。代码规则为"班级类别+编号"，如SS1、SS2、SS3、SS4、SS5分别代表来自实验班的5位学生，DS1、DS2、DS3、DS4、DS5分别代表来自对照班的5位学生，受访者的基本信息如表6-20所示。

表6-20 实验班和对照班受访者基本信息

序号	学生编号	性别	成绩（分）
1	SS1	男	93
2	SS2	女	84
3	SS3	男	76
4	SS4	女	67
5	SS5	男	57
6	DS1	男	91
7	DS2	男	85
8	DS3	女	74
9	DS4	女	61
10	DS5	男	51

1. 混合学习接受度分析

混合式学习是一种以学生为中心的学习方式，大学生对混合式学习的接受度在很大程度上决定了学生的学习效果[1]。实验班学生对混合学习总体上持肯定态度，并认识到了混合学习的特点和优势，包括线上课程可以自主学习、在线视频可以反复观看、学习资源方便获取、师生交流互动机会多、线上线下互补等方面。

---

[1] 杨根福. 混合式学习模式下网络教学平台持续使用与绩效影响因素研究[J]. 电化教育研究, 2015(7): 42-48.

主要观点如下：

　　SS1：我喜欢混合学习方式。通过线上课程的学习比平时自己预习的效果要更好一些，除了看老师的多媒体课件视频外，我还会看微课视频，这样我能理解得更加深刻。到了课堂上完成小组任务时，我们组能快速完成任务。

　　SS2：我觉得通过这学期的学习，我能接受混合学习方式。因为我们这门课程的知识点很多，还有各种函数和模块，需要自己编程实践，采用混合学习方式学习的话，课程资源都在学习平台上，我有不懂的地方时就会反复学习课件和视频资料，这样能改进自己没学懂的地方。线下的时候，我还可以和同学、老师相互交流，查缺补漏。

　　SS3：我觉得混合学习方式还不错。在课前，我会按照老师的要求，完成线上学习的任务，对课堂上要学习的内容有大致的了解。到了上课的时候，老师讲的重难点我就比较容易掌握。

　　SS5：我觉得我们的课程分成线上和线下挺好的。线上主要完成知识点的学习，线下相当于对知识的巩固和练习，可以和小伙伴一块儿讨论，老师还会讲一些编程时容易出现的问题，我们使用知识进行编程就比较容易了。

　　SS4：我觉得混合学习方式还行，就是在课前要花时间来学习线上课程，比较耗费时间。

对照班学生对传统课堂教学方式也基本上持肯定态度，但通过访谈发现：DS2表示"课上学习了很多的编程语句，但有时会觉得不知道怎么利用这些语句来编写程序"；DS5认为"课堂时间太紧，要学的内容太多，好多编程的例子还没搞懂，老师就开始讲下一个知识点了，我只能把老师讲的程序用手机拍下来，再对照着写程序"；虽然DS1认为"我感觉自己学习的还可以"，这可能是因为该学生的学习成绩较好，从而产生一种较强的自我效能感。然而，研究者发现，DS1的编程作品与教学示范作品相似度高，反映学生自我思想的内容较少。总体而言，在传统课堂教学方式中，学生大多是按部就班地按照教师的教学示范完成学习任务，这种教学方式缺乏对学生思维能力的培养。

2. 学习活动体验分析

针对混合学习中大学生学习"浅层化"的现状,本书设计了激发学习动机、掌握学习内容、促进课堂互动的"三维一体"的学习活动,并将其融入到线上自主学习和线下合作探究学习过程中,以期能提高混合学习质量和学习效果。然而,学生对学习活动的认可度、具体体验和态度如何,还需要通过访谈进行探讨。

实验班的学生对学习活动整体上持肯定态度,具体看法主要分为三个方面:一是能够明确学习目标、激发学习动机,如 SS3 认为"通过自主学习任务单,我在线上学习的时候就有了明确的学习目标,按照任务单的要求,我能够一步步地完成任务",SS5 认为"我的编程能力不强,但是在课堂上,我能够跟小伙伴一块讨论,共同完成学习任务,我就对编程产生了兴趣";二是深入理解学习内容和迁移应用,如 SS2 认为"通过线上和线下的学习,我可以在课前把需要学习的内容预习和整理一遍,上课的时候带着问题有针对性地听老师讲,还可以跟同学讨论,这样就可以更加深入地理解知识",SS1 认为"课堂上的小组任务很多是现实生活中的案例,通过完成小组任务,我就知道以后要怎么应用我们学到的知识,不会出现知识学完了就还给老师的情况";三是促进了师生间的交流互动,如 SS2 认为"通过小组合作学习,我们可以一起讨论彼此不懂的知识点,还可以在学习平台上发布自己的观点,可以促进同学之间的深入交流",SS4 认为"学生可以在学习平台上的讨论区进行讨论交流,老师也会在那里回答我们的问题,帮助我们答疑解惑"。总的来说,混合学习活动在激发学习动机、掌握学习内容、促进课堂互动三个方面得到了学生较高的认可,学生对混合学习活动的认可度较高。

对照班学生较少对学习活动持肯定态度,如 DS4 认为"课堂上,老师只要求我们照着老师讲的例子编写程序,没感觉有什么学习活动";DS1 认为"老师一般是用一半的时间来讲知识点和例子,剩下一半时间给我们编写程序,这种活动形式大家基本上也都适应了,谈不上感兴趣"。相较而言,传统课堂教学方式采用统一的组织形式和程序步骤来完成统一的任务,学习活动形式较为单一,学生对学习活动的认可度不高。

3. 学习平台体验分析

在混合学习中,学习者可以方便快捷地查看和下载各种学习资源,实现更高层次的自主学习，学习平台是否便于使用对学生的学习效果具有直接影响[1]。实验班学生对学习平台的认可度较高，如 SS1 认为"学习平台上的资源很丰富，微课视频比较有意思，我很喜欢"，SS2 认为"学习平台会根据我的答题情况，给我推荐学习资源，提高了我的学习效率，而学习资源可以反复观看，便于我改进不足"，SS4 认为"我经常在学习平台的讨论区发帖和回复同学的帖子，学习平台促进了师生之间的交流和讨论"。总的来说，学习平台上提供了丰富的学习资源，且能够根据学生的不足推荐合适的资源，激发了学生的学习兴趣，提高了学生的学习效率，促进了师生间的交流互动。

4. 学习评价体验分析

"Python 程序语言设计"课程的学习评价采用线上和线下学习过程表现、知识掌握、高阶思维发展、情感体验相结合的多元评价方案。实验班学生均认为这种多元评价方式比较合理，如 SS1 认为"我们的课程比较重视过程性评价，如观看视频时长、查阅资料次数、参与交流讨论等，我认为这种评价方式挺合理的，这样可以让每个人都能知道自己的得分情况，缺了哪部分成绩学生可以自己补上，这促使我们积极完成各项指标，还可以提升学习效果"，SS4 认为"这种评价方式比较合理，很多项目的评价是通过学生自评和同学评价的方式完成的，而不是采用教师'一言堂'的方式，这可以让我们大家都参与到评分过程中，比较有参与感"，SS5 认为"我喜欢这种评价方式，因为它包含过程性评价和总结性评价，每完成一个任务就会有相应的得分，可以避免出现以一次考试成绩来判断学生是否合格的情况"。总的来说，这种多元评价方式不仅能够科学评价学生的学习过程和结果，还能有效提升学生的参与度。

对照班的部分学生对传统评价方式持消极态度，如 DS2 认为"我觉得这种评价方式太简单，平时成绩大家都差不多，体现不出差异"，DS3 认为"老师说了我们这门课程的评价标准是平时成绩加期末成绩，但我跟我同学的期末成绩差不多，不知道为什么我的平时成绩比他低"。相较而言，传统评价方式虽然也是过程性评价与总结性评价相结合，但过程性评价的标准相对单一，且完全由教师评分，学生参与度较低，学生对其认可程度不高。

---

[1] 杜世纯，傅泽田. 混合式学习接受度的影响因素研究[J]. 中国电化教育，2018(6): 123-128.

5. 高阶思维体验分析

通过对问卷调查数据进行量化分析，结果表明，混合学习对学生高阶思维的发展产生了积极影响，学生的问题解决能力、批判性思维、创造性思维和团队协作能力均得到了显著提升。但是学生对高阶思维的体验和评价，还需要通过访谈来进行探讨。

通过实验班学生针对自己的思维能力变化发表的观点，我们可以从中提取出能够体现高阶思维特征的关键词，以此来反映混合学习对学生高阶思维发展产生的影响。在问题解决能力方面，我们提取到的关键词包括本质、解决、解答等，如 SS1 认为"当我遇到问题时，我会先找到问题的本质，思考解决问题的关键点"，SS2 认为"在课前自主学习的时候，我会提出疑问，在课堂上逐步解决问题"。在批判性思维方面，我们提取到的关键词包括不同看法、质疑等，如 SS4 认为"在与同学的讨论过程中，我们的思维比较发散，每个同学的看法都是不同的，我也会质疑同学的观点"。在创造性思维方面，我们提取到的关键词包括新的、新颖、全新、独特等，如 SS2 认为"大家一起讨论，往往能从全新的角度产生比较独特的观点"，SS5 认为"小组内同学相互讨论，能发现很多新的、老师没有讲过的东西，让我受益匪浅"。在团队协作能力方面，我们提取到的关键词包括合作、配合、互相帮助等，如 SS3 认为"混合学习能够促进学生间的合作交流"，SS1 认为"我们小组成员非常配合，有小组任务了，大家都会互相帮助，一起完成任务"。总体而言，在学生对自己思维能力变化的观点中，问题解决能力、批判性思维、创造性思维和团队协作能力四种高阶思维能力均有涉及。

对照班学生对思维能力的认识相对不足，如 DS2 认为"我的思维能力没有什么变化"，DS4 认为"一般都是照着老师讲的例子编写程序，没有时间思考其他的问题"。相对而言，在传统课堂教学方式中，学生对思维能力的思考不足，他们的主要精力集中在对教师的模仿上。

6. 学习满意度分析

大学生学习满意度是研究学习质量的关键，以学生为主体的课程教学更加强调学生的主体性，使学生能够参与建构其学习质量[①]。学习满意度是指大学生对自己所受的教育抱有期望，在学习体验中获得感知，形成对学习满意度的体验和评估。

实验班大部分学生对混合学习感到满意，例如，SS2 认为"非常满意，达到

---

① 文静. 大学生学习满意度：高等教育质量评判的原点[J]. 教育研究, 2015(1): 75-80.

了我预期的目标,如果我在生活和学习中有需求的话,我会先想到用 Python 编程来解决",SS1 认为"我喜欢我们上课的方式,比较灵活,大家各抒己见、不受限制",SS5 认为"通过这门课程,我觉得我跟同学的关系更加融洽了",也有同学表示体验一般,如 SS4 认为"我觉得一般,主要是线上学习加重了学习负担,我们还要抽时间完成任务"。总的来说,学生对混合学习课程感到满意的方面主要体现在学习内容的深入理解和迁移应用、灵活的学习方式、融洽的师生关系等方面,学生感到不满意的方面主要在于混合学习除了包括课堂学习外,还延伸到了课外,加重了学生的学习负担。

对照班大部分学生表示体验一般,如 DS3 认为"Python 是一门非常实用的语言,但我通过课程学习还是不太会独立编写程序",DS5 认为"课程内容太多,前面学的好多内容都不记得了"。相对而言,在传统课堂教学方式中,学生大多是浅层学习,没有深入理解学习内容,对这些内容比较容易遗忘。

第四节 比较研究的实验结论

本章以"Python 程序语言设计"课程为例,开展了一个学期的教学实施。为了综合评价高阶思维导向的大学生混合学习设计的应用效果,本书基于学生课程学习成绩、高阶思维能力、学习满意度、课堂教学结构和学习体验数据,开展了多维度的分析,发现本书提出的大学生混合学习设计对学生的学习和教师的教学都产生了积极的影响。

一、大学生混合学习设计有助于提升学生学习质量

从学生的学习来看,高阶思维导向的大学生混合学习设计有助于提升大学生

的学习质量，具体体现在以下方面：①在知识掌握方面，实验班的期末考试成绩和课程成绩均显著高于对照班，说明实验班学生较好地掌握了"Python 程序语言设计"课程的核心知识和技能；②在高阶思维能力培养方面，实验班学生的问题解决能力、批判性思维、创造性思维和团队协作能力均得到了显著提升，且他们在团队协作和创造性思维发展方面进步较大，而对照班学生仅在问题解决能力上得到了显著提升，在其他思维能力上的进步不大，说明高阶思维导向的大学生混合学习对学生的高阶思维发展产生了积极影响；③在学习满意度方面，实验班学生对课程感到非常满意和比较满意的人数超过 90%，而对照班学生对课程感到非常满意和比较满意的人数占 50%—64.58%，说明高阶思维导向的大学生混合学习能够有效提升学生的满意度；④在课堂教学结构方面，实验班学生比对照班学生主动发言和主动提问的比例大大升高，说明在高阶思维导向的大学生混合学习中，学生能更加积极主动地参与课堂教学，能够大胆发言，真正成为课堂的主体；⑤在学习体验方面，实验班学生对混合学习总体上持肯定态度，能够认识到混合学习的特点和优势，对学习活动、学习平台、学习评价、高阶思维发展、学习满意度的认可度较高，而对照班学生对传统课堂教学方式的认可度不高。

二、大学生混合学习设计有助于变革课堂教学结构

从教师的教学来看，高阶思维导向的大学生混合学习设计有助于课堂教学结构从"以教师为中心"向"以学生为中心"转变，具体体现在以下方面：①在教师语言方面，实验班比对照班的教师语言比例低，而学生发言比例高，说明在高阶思维导向的大学生混合学习中，学生表达、讨论、交流的机会大大增加，课堂环境趋于和谐；②在教师行为方面，实验班的教师行为比例低于学生行为比例，说明在高阶思维导向的大学生混合学习中，师生角色发生了转变，从"以教师为中心"转变为"以学生为中心"；③在教师影响方面，实验班比对照班的教师间接影响比例高，直接影响比例低，说明在高阶思维导向的大学生混合学习中，教师讲授和指令逐渐减少，教师接纳及理解学生的态度或情感、表扬或鼓励学生、采纳学生观点的情况增多，师生情感融洽，课堂氛围轻松；④在教师提问方面，

实验班比对照班的教师提问开放性问题比例高，封闭性问题比例低，说明在高阶思维导向的大学生混合学习中，教师更善于采用开放性问题来引导学生讨论，让学生带着问题去合作探究、交流讨论，有助于培养学生的问题意识，提高学生发现问题、分析问题和解决问题的能力。

第五节　比较研究的实验反思

本书提出的大学生混合学习设计初步实现了大班模式下的大学生混合学习，提升了学生的学习质量和四项高阶思维能力，同时达成了课堂教学结构从"以教师为中心"向"以学生为中心"的转变。但是，由于研究水平和现实条件的局限性，大学生混合学习设计在学习活动设计、学习负担调控和学习过程监管三个方面仍有提升的空间。

一、对学习活动设计的反思

在本书设计的激发学习动机、掌握学习内容、促进课堂互动"三维一体"的学习活动干预下，实验班学生取得了较好的成绩，并有效地发展了高阶思维。但是，从对学生的访谈结果来看，学习活动设计仍然存在以下不足。

1）线上学习活动设计的重心放在了自主学习任务单的设计上，如帮助学生明确自主学习的学习目标、学习任务和学习方法等，但是仍然有个别学生不能很好地完成自主学习任务。通过反思发现，本书对于学生如何完成学习目标、完成任务的策略、时间管理等方面的设计不足，即教师对学生自主学习策略的关注和指导不够。此外，教师对完成自主学习任务学生的评价和反馈不足，长此以往，学生完成线上自主学习任务的积极性和学习质量都会受到影响。

2）线下学习活动设计的重心放在了小组合作探究学习的设计上，尽管教学实践结果表明，学生的学习成绩和高阶思维能力都得到了显著提升，但小组合作探究学习还存在以下问题：第一，从小组合作来看，学生参与合作的态度积极，但是表面化的合作较多，有效讨论、深度思考、组间分享的小组合作学习机制还没有形成；第二，从学生课堂行为来看，学生主动发言和主动提问的能力仍有待强化和训练。

基于此，学习活动设计需要从以下几个方面加以改进和完善：①为了有效提高学生完成线上自主学习任务的质量，可以设计更多的学习活动以激发学生的学习动机，如小组内互帮互助共同学习、小组间竞争机制、同伴和教师的评价与反馈等；②在小组合作方面，可以设计丰富多样的学习活动，如小组游戏竞赛活动、小组成绩分工活动、共学活动等，帮助小组形成组内合作、组间竞争的格局。在这种格局中，小组成员有着共同的期望和目标，极大地消除了对竞争失败的恐惧，增强了"利益共同体"的集体荣誉感，从而激发了学生参与学习和乐于学习的兴趣[①]。

二、对学习负担调控的反思

由于混合学习包括线上学习和线下学习两部分，学习负担是否较重的问题一直是研究者讨论的热点之一。"Python 程序语言设计"课程的在线学习部分并没有具体的学习时间规定，学生可以利用碎片化的时间进行学习，但学生往往将线上学习时间看成是额外的学习负担，并在将其与传统课堂教学进行比较后得出混合学习的学习负担较重的结论。因此，在大学生混合学习设计中，需要设计具有层次性的学习任务，将学习任务细分、设梯度、突出重点、简化难点，尽可能面向不同层次学生的学习需求，接近学生的最近发展区，激发学生的探究欲望，此外还应加强对学生学习方法和学习策略的指导，提供学习支架，帮助学生提高学习效率，降低学习负担。

---

① 周俊. 论小组合作学习与学生主体性发展[J]. 教育科学, 1998(03): 35-38.

三、对学习过程监管的反思

在混合学习中,线上学习和线下学习相互衔接,学习难度逐渐深入。线上学习资源聚焦于事实性知识和概念性知识的学习,帮助学生构建基本的知识结构;线下学习资源聚焦于具体问题或任务,帮助学生深入理解和迁移应用所学知识,促进高阶思维发展。但在教学实施过程中,仍有个别学生的线上自主学习完成度和质量欠佳,线下教师不得不延长教学重难点的讲解时间,从而使得学生合作探究学习时间减少,影响了高阶思维发展的实际效果。混合学习虽然促使课堂教学结构从"以教师为中心"向"以学生为中心"转变,但并没有否定或削弱教师在教学中的主导作用,相反,"以学生为中心"的教学理念对教师素养提出了更高的要求。因此,教师应参与学生的学习过程,加强对学生学习过程的指导和监管,对学习困难学生提供更有针对性的指导,帮助学生提高学习质量,促进高阶思维发展。

本 章 小 结

本章基于本书第四章和第五章提出的大学生混合学习设计方案,通过一个学期的教学实施,将高阶思维导向的大学生混合学习与传统课堂教学进行比较,验证了大学生混合学习设计的应用效果,通过对实验数据的分析和讨论,证明了相较于传统课堂教学,高阶思维导向的大学生混合学习设计在提高大学生学习成绩、发展大学生高阶思维、提升大学生满意度、变革课堂教学结构四个方面均更具优势。本书提出的高阶思维导向的大学生混合学习设计有助于提升大学生的学习质量和形成"以学生为中心"的课堂教学结构,通过对实验过程进行反思,发现大学生混合学习设计在学习活动设计、学习负担调控和学习过程监管三个方面仍有提升的空间,后续研究可进行进一步的优化与完善。

结　语

　　针对目前大学生混合学习应用效果不佳、学生学习"浅层化"等问题，本书从学习者的视角出发，以发展学生高阶思维为导向，探索大学生混合学习设计的理论与实践。首先，本书运用文献研究法，分析了国内外相关研究现状，厘清了高阶思维、混合学习、混合学习设计和大学生混合学习设计的内涵与特征，并分析了全视角学习理论和教学设计理论在大学生混合学习设计中的运用，为开展研究提供了理论支撑。其次，本书运用调查研究法和统计分析法，基于全视角学习理论，编制了大学生混合学习量表，对国内19所高校开展了问卷调查，分析了目前大学生混合学习存在的主要问题及其成因，探索了大学生混合学习中影响学生高阶思维发展的因素，明确了高阶思维导向的大学生混合学习设计思路。再次，基于以上内容，本书以全视角学习理论和教学设计理论为理论支撑，以学习发生的机制、大学生认知发展特点和混合学习设计原则为依据，从宏观和微观两个层面构建了高阶思维导向的大学生混合学习设计模式，并利用新兴信息技术设计开发学习支持平台，有效助推混合学习优势的充分发挥。最后，本书运用准实验研究法，通过一个学期的教学实施，将高阶思维导向的大学生混合学习与传统课堂教学进行比较，验证大学生混合学习设计的应用效果。回顾整个研究过程，本书主要得出了以下研究结论。

　　1）本书在参考国内外已有的混合学习量表的基础上，以全视角学习理论为理论指导，结合混合学习的新兴信息技术特征，将高阶思维作为混合学习效果的评价指标，编制了大学生混合学习量表。该量表包括五个维度，即动机（为什么学）、内容（学什么）、互动（如何学）、技术（学习支持）和高阶思维（学习效果），通过项目分析、信效度检验、探索性因素分析等方法，对量表进行了修订，形成了正式量表。本书使用该量表，对 8 个省级行政区的 19 所高校开展了问卷调查，共收集有效问卷 3449 份，通过描述性统计、t 检验和单因素方差分析，以及对学生和教师的访谈，分析了目前大学生混合学习存在的问题，主要体现在如下方面：学习动机不足，缺乏明确的学习目标指引；高阶思维薄弱，批判性思维和创造性思维亟待提高；线上线下学习衔接不到位，缺乏系统性的设计方案等。究其原因，主要在于教师对大学生学习动机缺乏关注、应试教育存在一定的不足、缺乏对混合学习的精心设计、技术支持不到位、评价体系不完善等，从而为后续大学生混合学习中高阶思维发展的影响因素探索，以及对混合学习的预测、设计、干预等研究提供了参考。

2）本书构建了大学生混合学习中学生高阶思维发展的影响因素模型，采用结构方程模型对其进行了验证，厘清了各个影响因素之间的作用关系，以及各个因素对高阶思维的影响关系。研究结果表明，在混合学习中，动机、互动、技术三个因素对高阶思维具有显著正向影响，对高阶思维解释的变异量为 88.5%，且三个因素对高阶思维的影响系数由大到小依次为技术、互动、动机；内容因素对高阶思维不具有显著影响，进一步说明了目前的大学生混合学习中线上线下学习衔接不到位，存在线上线下学习内容简单重复、线上线下教材脱节等问题；动机、内容、互动和技术四个影响因素之间存在高度相关关系，说明这四个因素需要作为一个整体共同发展，由此才能发展学生的高阶思维。这些结论为后续大学生混合学习设计模式构建和课程建设奠定了基础。

3）在充分考虑大学生混合学习现状和影响机制的基础上，本书基于全视角学习理论和教学设计理论，从宏观和微观两个层面构建了高阶思维导向的大学生混合学习设计模式。该模式包含学习目标、学习活动、学习资源、技术支持、学习评价等关键要素：①学习目标是混合学习设计的起点和终点，本书从认知、动作技能、情感和思维能力四个领域制定学习目标，学习目标反映了从低阶到高阶的层级要求，线上学习主要实现低阶目标，为高阶目标的实现做准备；线下学习是实现高阶目标和发展高阶思维的关键。②学习活动是混合学习设计的核心，是学习目标达成的关键，本书基于动机、内容、互动三个影响因素，设计了激发学习动机、掌握学习内容、促进课堂互动"三维一体"的学习活动，并将其融入到线上自主学习和线下合作探究学习的混合学习过程中，以此来提高混合学习质量，发展学生的高阶思维。③学习资源是学习活动成功开展的有力支撑，线上和线下学习资源相互衔接，从简单到复杂，从良构到劣构，体现了学习的进阶。④技术支持是大学生混合学习实施的有力保障，本书设计并开发了以知识图谱为服务基础，以基于深度学习的动态学习者模型和推荐算法为服务核心的智能推荐学习平台。学习平台可以基于学生的知识状态、学习特征等提供有针对性的学习资源推荐服务，该平台还作为师生、生生交流互动工具，学生学习数据记录工具以及学习测评和反馈工具，为评价学生学习的过程表现提供了依据。⑤学习评价是对混合学习设计应用效果的科学测评，本书提出了线上和线下学习过程表现、知识掌握、高阶思维发展、情感体验并进的多元评价方案，以此促进学习目标的达成。这些关键要素并不是孤立的，而是紧密联系在一起的，它们相互制约、相互影响，共同作用于学生的学习过程中，实现了线上与线下学习的有效衔接。

4）本书设计了激发学习动机、掌握学习内容、促进课堂互动"三维一体"的学习活动，以此作为学生高阶思维发展的过程载体。具体来说：①激发学习动机是高阶思维发展的前提条件。本书通过创设情境、任务驱动、培养自我效能感等方式，激发和维持学生的学习兴趣和动机，为发展学生的高阶思维提供了有利条件。②掌握学习内容是高阶思维发展的关键因素。本书通过线上自主学习和线下合作探究学习，实现了学习内容从简单到复杂、从良构到劣构，学习难度逐渐深入，学习目标从低阶到高阶的逐步进阶。③促进课堂互动是高阶思维发展的重要保障。本书通过师生间的情感互动、合作学习、线上互动交流等方式，重构了课堂角色，营造出积极、和谐、民主、轻松的课堂环境，保障了学生的高阶思维发展。

5）本书通过一个学期的教学实施，证明了高阶思维导向的大学生混合学习设计能够有效改善大学生学习"浅层化"现状，提高大学生的混合学习效果，促进大学生的高阶思维发展。认知灵活性理论（cognitive flexibility theory）能够揭示混合学习促进大学生高阶思维发展的发生机制。这一理论指出，在学习同样的内容时，学习者需要在不同的时间里多次进行，每次的情境都是不同的，且分别关注学习内容的不同侧面，从而加深对知识的理解和迁移应用[1]。混合学习至少为学习者提供了两次学习同一内容的机会，即线上初步学习和线下进阶学习。因此，混合学习促进学生高阶思维发展的发生机制可以通过"初识—再识—关联—内化—迁移—思维发展"六个过程进行具体阐释。其中，在线上自主学习中，学生完成对所学内容的初步识别、记忆和浅层理解，构建基本的知识结构；在线下合作探究学习中，学生对重难点学习内容进行再识，并将其与自身原有的知识经验进行关联，进而通过小组讨论、小组协作、专题研讨、案例分析、问题探究等学习活动实现知识的内化和迁移应用，在深入理解和迁移应用知识的过程中完成高阶思维能力的发展。

6）本书通过教学实施，证明了高阶思维导向的大学生混合学习设计能够促使课堂教学结构从"以教师为中心"向"以学生为中心"转变。"以学生为中心"的教育理念是美国人本主义心理学家罗杰斯（Rogers）于 20 世纪 50 年代提出的，他认为学生"个人发展"和"自我完善"是教育发展的第一位目标，教学应"以学生为中心"，教师只是"促进者"，指导学生进行意义学习[2]。"以学生为中心"的教育理念，在我国是随着素质教育的推行而得到了教育界的高度重视[3]。赵炬明和高筱卉提出，"以学生为中心"的教育理念是指以学生发展、学生学习、学习效果为中心[4]。刘献君教授指出，"以学生为中心"最根本的是要实现从以"教"为中心向以"学"为中心转变，从"教师将知识传授给学生"向"让学生自己去发现和创造知识"转变，从"传授模式"向"学习模式"转变，真正关注学生的学习，关注他们如何学以及学到了什么。他还指出，高等教育质量的提高，必须要确立"以学生为中心"的教育理念、教学方式，从而提高学生的学习质量，使学生在知识、能力和素质上获得全面提升[5]。本书通过教学实施结果表明，本书提出的大学生混合学习设计方案对学生的学习和教师的教学都产生了积极的影响，学生真正成为课堂的主体，教师真正成为学生学习的引导者和促进者，改变了传统课堂教学的灌输式教育方式，促进了"以学生为中心"的课堂教学结构的形成。

---

[1] Spiro, R. J., Collins, B. P., Thota, J. J., et al. Cognitive flexibility theory: Hypermedia for complex learning, adaptive knowledge application, and experience acceleration[J]. Educational Technology, 2003, 43(5): 5-10.
[2] 黄碧玲. 罗杰斯"学生为中心"的教学理论及其对成人教学的启示[J]. 成人教育, 2007(10): 53-55.
[3] 李瑞贵. 高校"以学生为中心"教育理念的理论意义及实施策略[J]. 黑龙江高教研究, 2009(8): 132-134.
[4] 赵炬明, 高筱卉. 关于实施"以学生为中心"的本科教学改革的思考[J]. 中国高教研究, 2017(8): 36-40.
[5] 刘献君. 论"以学生为中心"[J]. 高等教育研究, 2012(8): 1-6.

本书的研究创新之处主要体现在以下几个方面。

其一，以学习者的视角，从宏观层面构建了高阶思维导向的大学生混合学习设计模式。本书通过分析国内外混合学习研究现状，发现目前混合学习设计大多是从教师或教学设计者视角进行设计的。随着"以学生为中心"的教育范式变革逐渐受到关注，本书采取了学习者视角，根据学习发生的机制和大学生认知发展特点，构建了大学生混合学习设计模式。具体来说，本书从宏观层面构建了由前端分析、学习目标制定、学习活动设计、活动支持设计和学习评价设计五个要素构成的高阶思维导向的大学生混合学习设计模式，并设计了激发学习动机、掌握学习内容、促进课堂互动"三维一体"的学习活动，以此作为学生高阶思维发展的过程载体，为丰富高等教育学习理论和混合学习理论、完善和优化大学生混合学习设计提供了参考借鉴。

其二，从微观层面提出了大学生混合学习课程设计方案，并设计开发了学习支持平台。目前大学生混合学习设计的实践研究不足，混合学习设计的研究需在大量实践研究的基础上，从教学实际问题出发进行具体的课程设计和学习活动设计。本书将宏观的大学生混合学习设计模式映射到大学课程教学中，从微观层面提出了大学生混合学习课程设计方案，设计了学习活动实施的具体策略和方法，为大学生混合学习实施提供了操作指南。此外，大学生混合学习缺乏专门的学习平台，大多是直接使用现有的网络平台，存在同质化严重、课程完成率低、功能不完善、学生学习体验差等问题，无法满足学生个性化的学习需求。本书设计开发了基于知识图谱的智能推荐学习平台，该平台作为学习资源承载工具、交流互动工具、学习数据记录工具，以及学习测评和反馈工具，为学生的个性化和差异化学习提供了有效支撑。

其三，提出了大学生线上和线下学习过程表现、知识掌握、高阶思维发展、情感体验并进的混合学习多元评价方案。目前大学生混合学习评价侧重于对知识掌握的评价，缺乏对学生的思维发展和情感体验的评价，更未形成系统性的评价方案。本书采用诊断性评价、形成性评价和总结性评价相结合，教师评价、自我评价、同伴评价和机器评价相结合的方式，提出了线上和线下学习过程表现、知识掌握、高阶思维发展、情感体验并进的多元评价方案，通过该评价方案，证明了高阶思维导向的大学生混合学习设计有助于提升学生的学习质量和形成以学生为中心的课堂教学结构，为科学测评大学生混合学习效果提供了参考依据。

未来的研究主要集中在以下几个方面。

1）混合学习质量保障体系研究。本书仅从教师和学生的层面探讨了如何提升混合学习质量，然而，混合学习质量的提升不仅涉及教师和学生层面，还涉及教育部门、学校、学院和学科等多个方面。只有多方通力合作，才能保障混合学习质量，促进混合学习的有效开展和发展。混合学习质量保障体系的研究主要聚焦在以下几个方面：一是制度保障研究，混合学习的有效开展需要有一定的制度体系作为保障，合理的管理制度对混合学习的发展和质量提升具有重要的作用；二是质量监控机制研究，混合学习的有效开展并非单个教师的责任，而是需要学校、学院、教师团队等多方的共同作用，建立相对稳定的质量监控机制，可以提升管理效果，保障混合学习质量；三是软硬件资源保障研究，混合学习不同于传统课堂教学，其对教室、教学设备、学习平台、管理系统、网络环境等软硬件资源提出了新的要求；四是教师混合学习胜任能力研究，在混合学习中，教师不再是知识的传递者和灌输者，而是学生学习的设计者和促进者，教师要具备哪些促使混合学习得以有效开展的胜任能力，也是需要深入研究的问题。

2）学科融合的混合学习设计研究。由于受研究条件和时间的限制，本书仅对一门大学课程进行了混合学习设计，随着智能时代的到来，新时代的知识呈现出开放性、关联性、共享性等特征，知识的边界呈现出模糊性和动态性，学科融合成为新时代学校教育的新问题和挑战。学科融合是指多门学科的参与和整合，并非多门学科的简单叠加，它是在保持主导学科特点的基础上，系统性地、有主次地将多门学科的知识进行整合。学科融合的最终目的是增加学生的认知深度和广度，促使学生的认知结构突破原有固化的学科知识体系，变得更加丰富和多样。学科融合的混合学习设计研究主要聚焦在以下几个方面：一是学科融合的混合学习设计理论研究，即对学科融合的混合学习设计的内涵、特征、价值和理论基础等进行研究，为指导学科融合的混合学习设计提供理论依据；二是学科知识融合的混合学习设计研究，即在设计一门学科时，与其他学科的知识进行联系，强调对知识的建构性、整体性和创造性的运用；三是基于综合项目或主题的混合学习设计研究，即设计综合性的项目或主题，促使学生在完成项目或主题的过程中，深化对相关知识的理解，提升团队协作能力，培养系统规划、综合思维、评价和反思等高阶思维能力。

3）新兴技术支持的学习分析研究。学习分析是以大数据技术为基础，利用人工智能、数据统计、数据可视化等技术，对学生的学习过程和学习结果数据进行捕获，基于捕获的海量数据评估学习者的学习，探究支持有效学习的因素和机制等。在混合学习中，新兴技术支持的学习分析研究主要聚焦在两个方面：一是可视化学习分析，即通过计算机自动分析和可视化技巧，启发教育决策，帮助人们理解复杂的学习现象和学习问题；二是多模态学习分析，即通过捕获、分析和处理多维数据，特别是学生学习过程中产生的多维数据，如表情、眼神、姿态、手势、眼动、心率、语音等，达到对学习行为、认知、情绪、动机等多个层面的客观理解和深刻洞察。

———————————————————————————— 附　　录 ————

附录 1　大学生混合学习现状调查问卷

亲爱的同学：

　　您好！本次问卷旨在调查大学生混合学习的现状，调查结果仅用于学术研究。本问卷采取匿名的方式，不会对您造成任何影响，请如实填写。非常感谢您在紧张的学习之余，提供您的看法与意见。能倾听您的意见，我们感到十分荣幸，谢谢！

　　注：本问卷所说的混合学习是指面对面课堂学习和在线学习相结合的学习方式。

一、基本情况

1. 您的性别是：A. 男　　　　B. 女
2. 您现在所处年级是：A. 大一　　B. 大二　　C. 大三　　D. 大四
3. 您所在高校的名称是（请填写学校全称）：_____
4. 您所学专业属于的学科：_____

A. 哲学　　　B. 经济学　　C. 法学　　　D. 教育学　　　E. 文学
F. 历史学　　G. 理学　　　H. 工学　　　I. 农学　　　　J. 医学
K. 管理学　　L. 其他　　　（请填写）

5. 您的专业是：_____

6. 在大学期间，您所学的课程采用混合学习的有（　　）门？
A. 0　　　　B. 1—3　　　C. 4—6　　　D. 7 以上

7. 采用混合学习最多的课程类型是？
A. 专业必修课　　　　B. 专业选修课
C. 通识必修课　　　　D. 通识选修课

8. 请填写采用混合学习的课程名称（不超过3门）：_____

9. 您每门混合学习课程平均每周在线学习的时间为：
A. 少于2小时　　　　B. 2—4 小时
C. 4—6 小时　　　　D. 6 小时以上

10. 您在线学习的时间占混合学习课程学习总时间的比例为：
A. 少于 20%　　　　B. 20%—40%
C. 40%—60%　　　　D. 60%以上

二、大学生混合学习现状及效果调查

（一）动机

请您对选择混合学习课程的理由进行判断：	非常不同意	不同意	一般	同意	非常同意
11. 我喜欢混合学习课程					
12. 为了扩展我的知识面					
13. 为了满足我的个人兴趣					
14. 为了充实我的课余时间					
15. 为了提高我的信息素养					
16. 课程需要或老师要求					
17. 为了取得好成绩					
18. 为了不辜负父母的期望					

（二）内容

请您对混合学习的课程内容和学习资源特征进行判断：	非常不同意	不同意	一般	同意	非常同意
19. 课程内容丰富有趣，能激发我的学习兴趣					
20. 课程内容很实用，能帮助我解决实际问题					
21. 课程内容衔接良好，线上与线下课程内容相互衔接					
22. 对于在线学习内容，我可以利用碎片化时间进行学习					
23. 课程内容和学习任务的难度适中					
24. 学习平台的学习资源及时更新					
25. 学习平台及时推送的资源符合我的学习需求					
26. 学习资源分类明确并且有对应的拓展资源					
27. 学习平台提供文本、PPT课件、视频等多样化的学习资源					
28. 学习平台可以根据学习者不同的学习风格呈现合适的学习资源					

（三）互动

在混合学习过程中，请对您的交互行为进行判断：	非常不同意	不同意	一般	同意	非常同意
29. 我会和老师、同学通过聊天工具一起讨论学习问题					
30. 我提出学习问题后，老师、同学能及时回复					
31. 每次与老师的交流都使我感受到了鼓舞					
32. 老师对小组或个人作品的评价和反馈，激发了我的学习兴趣					
33. 我乐于和同学进行讨论交流					
34. 以小组协作的方式开展学习时，同伴的见解可以加深我对所学内容的理解					
35. 我能在小组协作学习中发挥作用，并完成自己所承担的任务					
36. 我会参与在线学习平台中的一些讨论、评价的活动					
37. 混合学习通过线上和线下交流讨论，有助于我对知识的理解					

（四）技术

请您对混合学习方式和学习平台使用的感受进行判断：	非常不同意	不同意	一般	同意	非常同意
38. 混合学习能用更少的时间，获取更多的知识					
39. 混合学习方式比传统课堂学习方式能更快捷地获取知识					
40. 混合学习方式能够帮助我获取最新、最丰富的知识					
41. 学习平台能够提供实时分析学生学习过程的数据，对我的学习有帮助					
42. 学习平台能够将我参与的学习活动过程记录下来，对我的学习有帮助					
43. 学习平台运作良好					
44. 学习平台的设计（如布局、导航）清晰、界面美观					
45. 学习平台的功能比较多，能提高我的学习兴趣					
46. 学习平台中对用户发帖数量、在线时间的排行，能提高我的学习积极性					

（五）高阶思维

请您对混合学习能提升您的哪些能力进行评价：	非常不同意	不同意	一般	同意	非常同意
47. 问题解决能力					
48. 批判性思维					
49. 创造性思维					
50. 团队协作能力					

51. 您认为影响混合学习效果的主要因素有哪些？

52. 您认为面对面课堂学习和在线学习应该怎样有效结合（如学习时间的比例、学习内容、学习方式等），才能更好地培养学生的高阶思维？

53. 您认为混合学习存在的主要问题有哪些？您对混合学习有何建议？

调查问卷到此结束，再次感谢您的支持，祝您学习愉快！

附录2　高阶思维量表

维度	题项	非常不同意	不同意	一般	同意	非常同意
问题解决能力	1. 我在解决问题时经常能想出富有创意且高效的解决方案					
	2. 当我意识到我遇到问题时，我要做的第一件事是试图找到问题的本质					
	3. 当我为解决问题做计划时，大多数情况下计划能起作用					
	4. 做出决定后，我预期的结果和实际的结果通常是匹配的					
批判性思维	5. 我的信念都必须有依据支持					
	6. 我的好奇心和求知欲受到别人欣赏					
	7. 对自己能够想出有创意的选择，我很满足					
	8. 当问题变得棘手时，其他人会期待我继续处理					
创造性思维	9. 我不做盲目的事，总是有的放矢，用正确的步骤来解决每一个具体问题					
	10. 我能坚持很长一段时间解决难题					
	11. 纵使没有报答，我也乐意为新颖的想法而花费大量时间					
	12. 我对"这可能是什么"比"这是什么"更感兴趣					

维度	题项	非常不同意	不同意	一般	同意	非常同意
团队协作能力	13. 在团队合作中，我能合理分配工作，也可以积极配合工作					
	14. 我会大方地承认他人的长处，也能包容其短处					
	15. 我常常会赞美和鼓励他人，与他人和睦共处					
	16. 当团队中意见不合时，我能快速通过与各方沟通来助其达成共识					

附录3　学习满意度量表

请您对"Python 程序语言设计"课程的质量和满意度进行评价：

维度	题项	非常不满意	比较不满意	一般	比较满意	非常满意
质量感知	1. 学习内容					
	2. 学习活动					
	3. 课堂互动					
	4. 学习评价					
	5. 学习平台					
课程满意度	6. 我对本课程的上课形式					
	7. 通过本课程我的学习收获					
	8. 我对本课程的满意度					

附录 4　课程前测问卷

亲爱的同学：

您好！本次问卷旨在了解您的高阶思维能力和 Python 语言基础知识情况，调查结果仅供研究及后续教学改进。请您认真阅读题目，根据自身情况如实填写，感谢您的配合！

一、基本情况

1. 您的学号：_____
2. 您的姓名：_____
3. 您的性别：A. 男　　　　　B. 女
4. 您的班级：A. 1 班　　　　　B. 2 班
5. 您是否参加过混合课程学习（面对面课堂学习和在线学习相结合的学习方式）？　A. 是　　　　B. 否
6. 您了解 Python 语言吗？

A. 非常了解　　　B. 了解　　　C. 一般　　　D. 不了解

7. 对于 Python 语言的学习，您的看法是？

A. 非常有趣，想学习　　　　B. 兴趣一般，可以了解一下
C. 非常难，不太想学　　　　D. 不感兴趣，不想学习

二、高阶思维能力

附录 2　高阶思维量表

三、 Python 语言基础知识前测

1. 以下关于 Python 基本语法元素的描述，错误的是（　　）。
A. Python 语言只能用 4 个空格的缩进来实现程序的强制可读性
B. 变量是由用户定义的用来保存和表示数据的一种语法元素
C. 变量的命名规则之一是名字的首位不能是数字
D. 变量标识符是一个字符串，长度是没有限制的

2. 以下关于基本输入输出函数的描述，错误的是（　　）。
A. print()函数的参数可以是一个函数，执行结果是显示函数返回的值
B. 当 eval()函数的参数是 "3*4" 的时候，返回的值是整数 "12"
C. 当用户输入一个整数 "6" 的时候，input()函数返回的也是整数 "6"
D. 当 print()函数输出多个变量的时候，可以用逗号分隔多个变量名

3. 关于字符串 Str = "Hello World"，可以输出 "World" 子串的是（　　）。

A. print(Str[-5: 0])　　　　B. print(Str[-5:])
C. print(Str[-5: -1])　　　 D. print(Str[-4: -1])

4. 以下程序的输出结果是（　　）。

a = [1, 2, 3]

b = (a, a)

b[0][1] = 100

print(a, b)

A. [1, 2, 3] ([1, 100, 3], [1, 2, 3])
B. [1, 2, 3] ([1, 100, 3], [1, 100, 3])
C. [1, 100, 3] ([1, 100, 3], [1, 100, 3])
D. 程序有错，无法运行

5. 以下程序的输出结果是（　　）。

l= [1, 2, 3, 4, 5, 6, 7]

print(l[3: 2], l[-5: -3])

A. [] [3, 4]　　　　　　　B. [3, 4] []
C. [3, 4] [3, 4]　　　　　D. [] []

6. 以下关于控制结构的描述，错误的是（　　）。

A. if 条件满足情况下要执行的语句块，要放在 if 语句后面，并缩进

B. if 条件不满足情况下要执行的语句块，放在 else 语句后面

C. 分支结构中的判断条件只能是产生 True 或 False 的表达式或函数

D. 语句 if 1，这种表达式是可以执行的

7. 以下关于循环及分支语句的描述，错误的是（　　）。

A. 在 Python 中可以使用 if-elif-else 结构来表达多分支选择

B. 在 Python 中，elif 关键词可以用 else if 来等价替换

C. Python 中的 for 语句可以在任意序列上进行迭代访问，如字符串、列表和元组

D. while True 循环是一个永远不会自己停止的循环，可以在循环内部加入 break 语句，使得内部条件满足时终止循环

8. 执行以下程序，描述错误的是（　　）。

```
x, y = 1, 2
while x < 20:
    x, y = y, x + y
    print(x)
```

A. 循环次数大于 10 次

B. 输出结果包含 8

C. 循环次数小于 20 次

D. 输出结果包含 5 和 2

9. Python 中类的构造函数名为（　　）。

A. 类名　　　　B. _init_　　　　C. __init__　　　　D. init

10. 以下关于面向对象和面向过程编程的描述，正确的是（　　）。

A. 面向对象编程比面向过程编程更为高级

B. 面向对象和面向过程是编程语言的分类依据

C. 模块化设计就是面向对象程序设计

D. 所有面向对象编程能实现的功能采用面向过程编程同样能完成

附录 5　课程后测问卷

亲爱的同学：

您好！"Python 程序语言设计"课程学习即将结束，本次问卷旨在了解您的高阶思维发展情况和您对课程的满意度，调查结果仅供研究及后续教学改进。请您认真阅读题目，根据自身情况如实填写，感谢您的配合！

一、基本情况

1. 您的学号：_____
2. 您的姓名：_____
3. 您的性别：A. 男　　　B. 女
4. 您的班级：A. 1 班　　　B. 2 班
5. 在"Python 程序语言设计"课程学习中，您每周平均在线学习的时间为：
   A. 少于 2 小时　　B. 2—4 小时　　C. 4—6 小时　　D. 6 小时以上
6. 完成课程学习任务时，您喜欢如何安排学习时间？
   A. 集中时间，一次完成　　　B. 利用碎片化时间，多次完成

二、高阶思维能力

附录 2　高阶思维量表

三、课程学习满意度

附录 3　学习满意度量表